高速公路旅客周转量

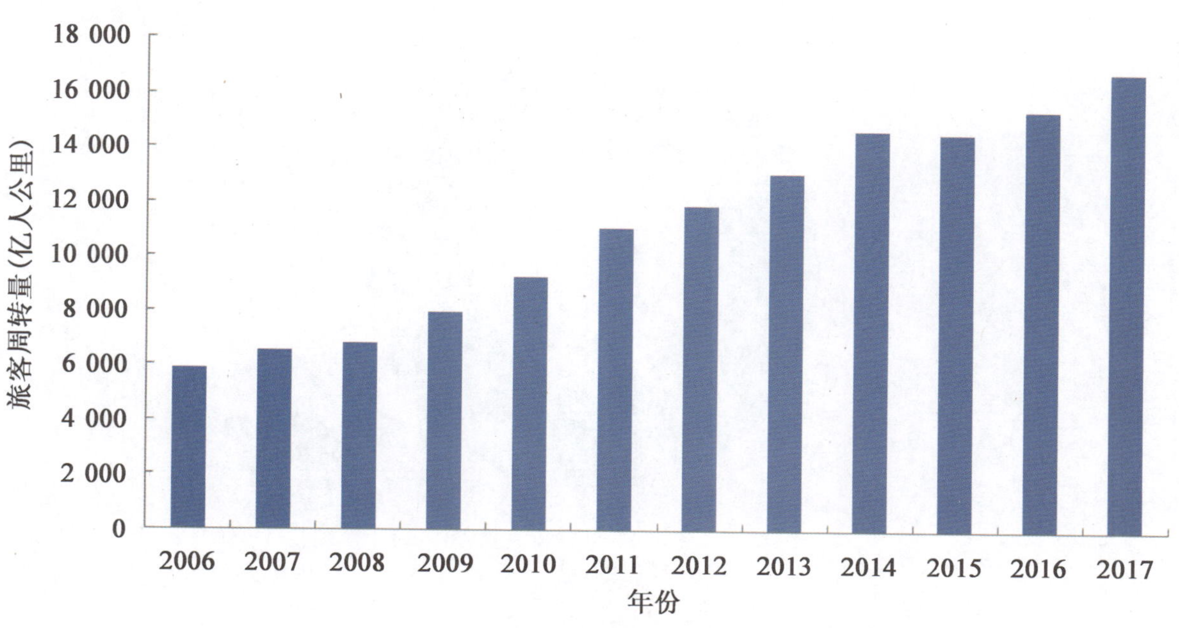

高速公路≥20座客车在全社会营业性客车旅客周转量中的比重

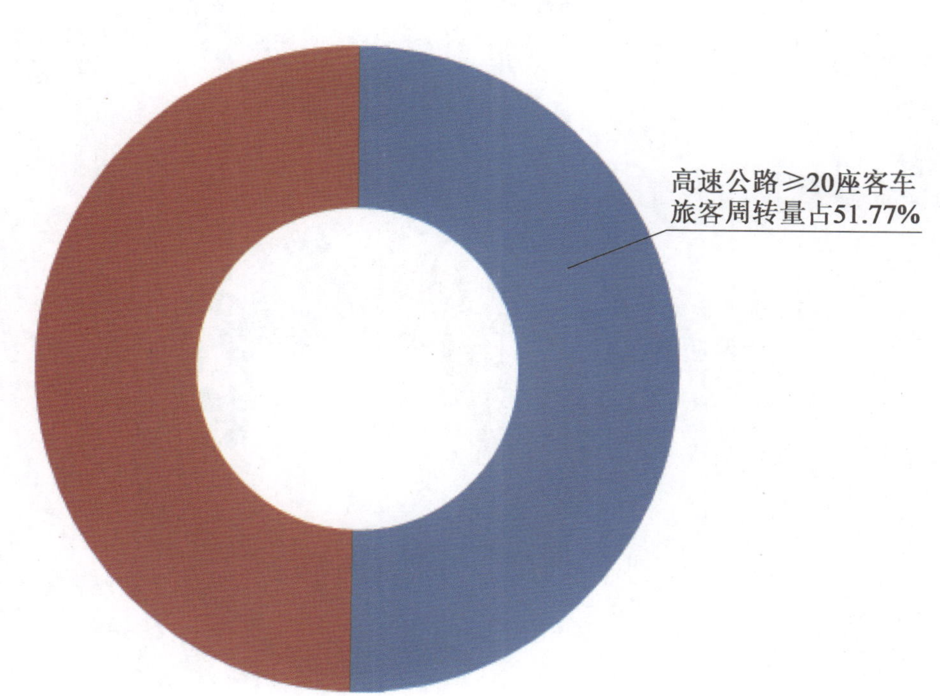

客车组成结构

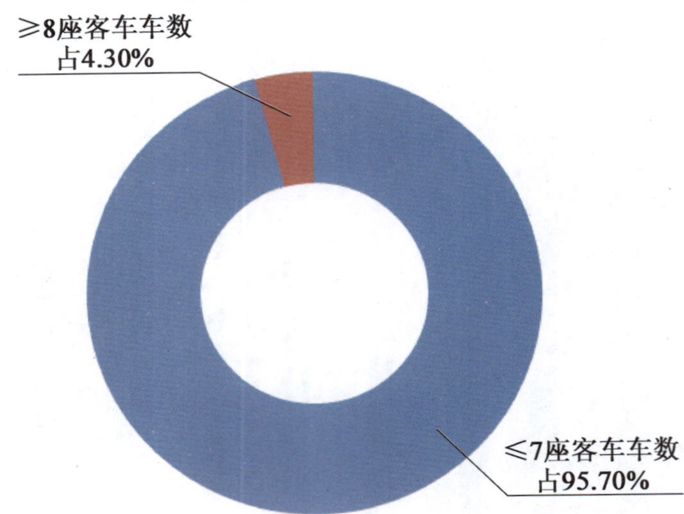

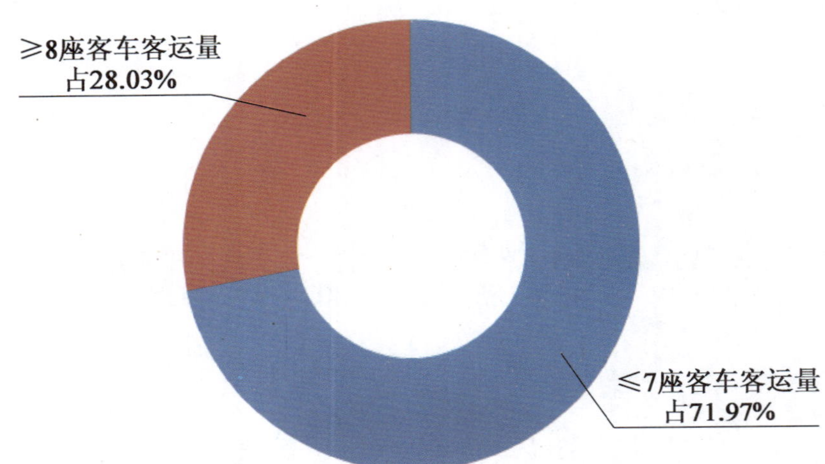

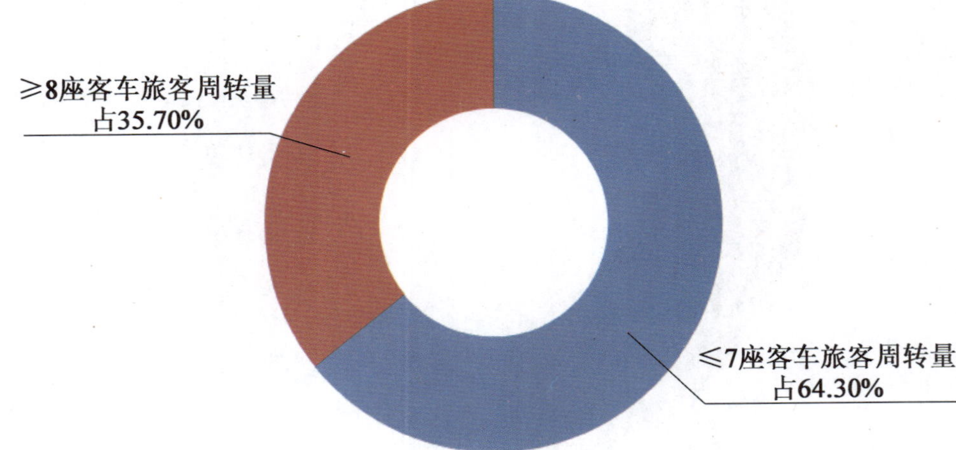

≥8座客车车数
占4.30%
≤7座客车车数
占95.70%

≥8座客车客运量
占28.03%
≤7座客车客运量
占71.97%

≥8座客车旅客周转量
占35.70%
≤7座客车旅客周转量
占64.30%

高速公路货物周转量

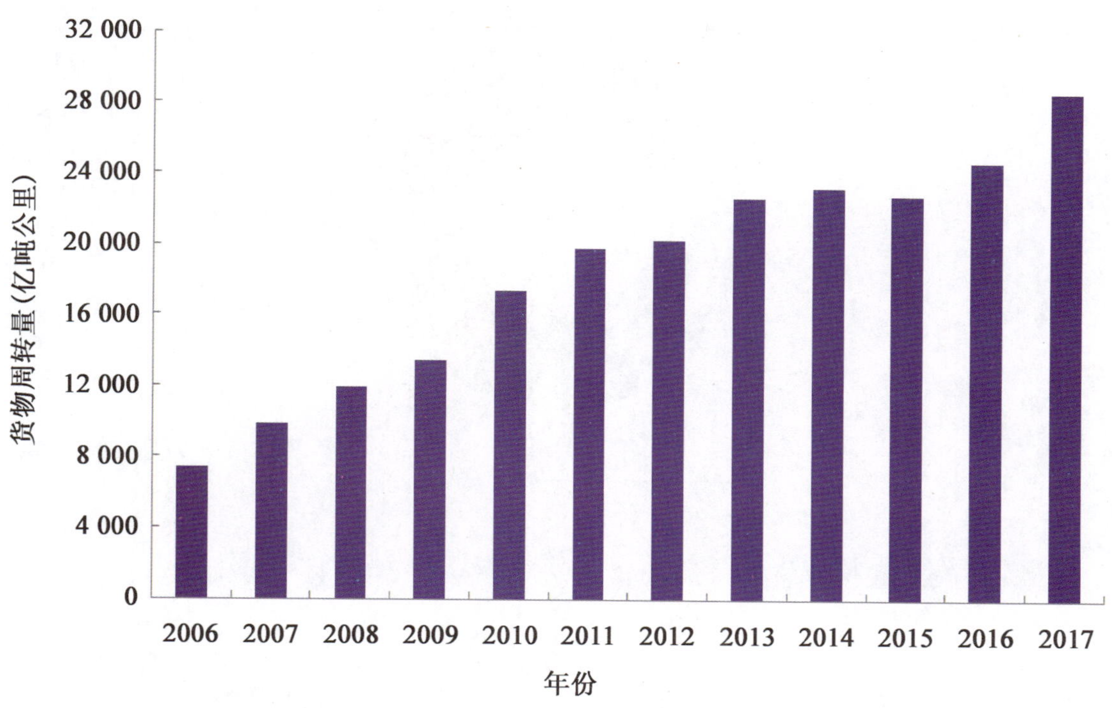

高速公路在全社会营业性货车货物周转量中的比重

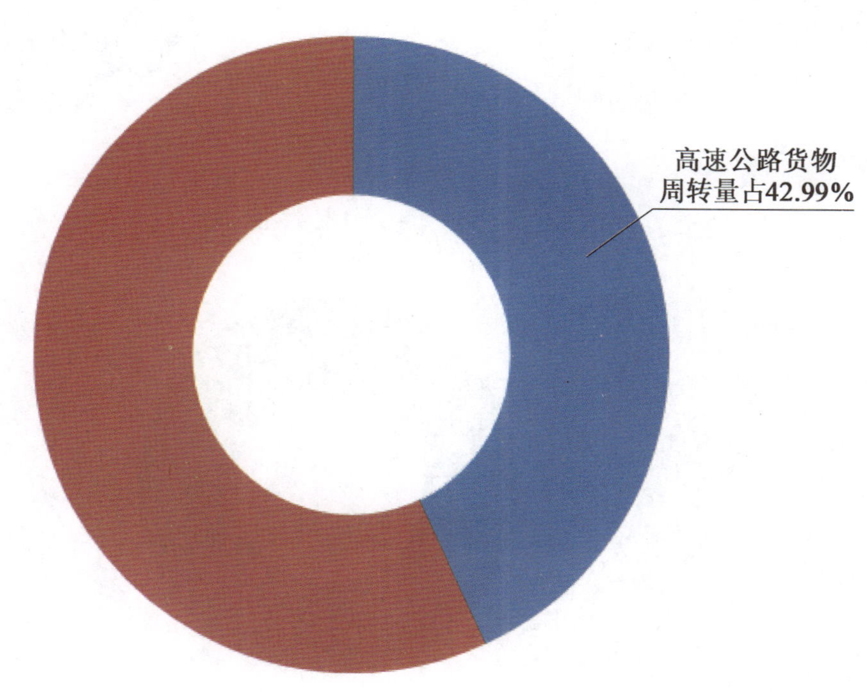

货车组成结构车数构成

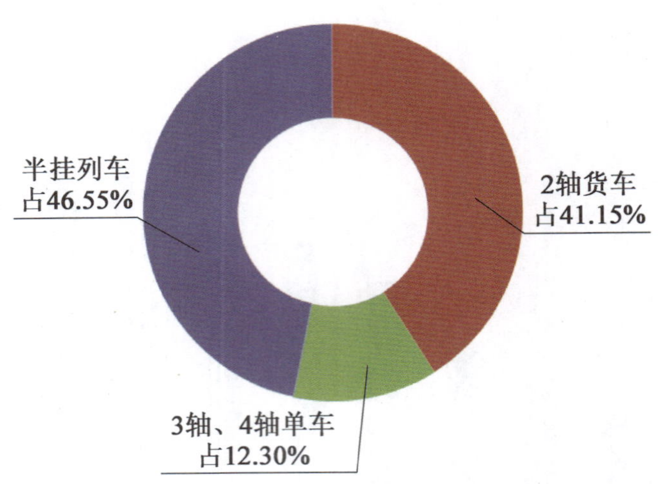

行驶量构成

2轴货车
占30.56%
半挂列车
占56.89%
3轴、4轴单车
占12.55%

周转量构成

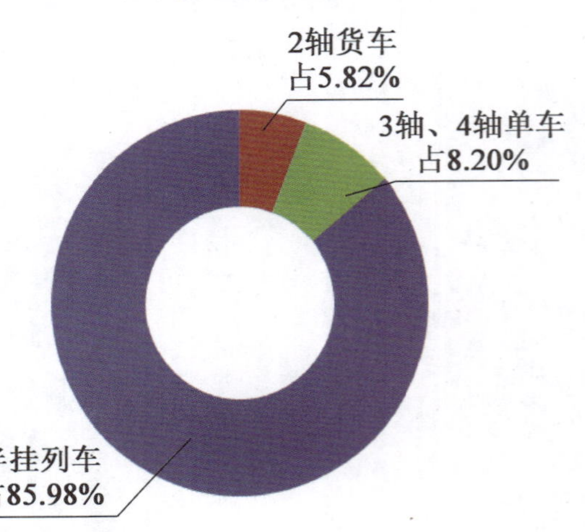

高速公路行驶量

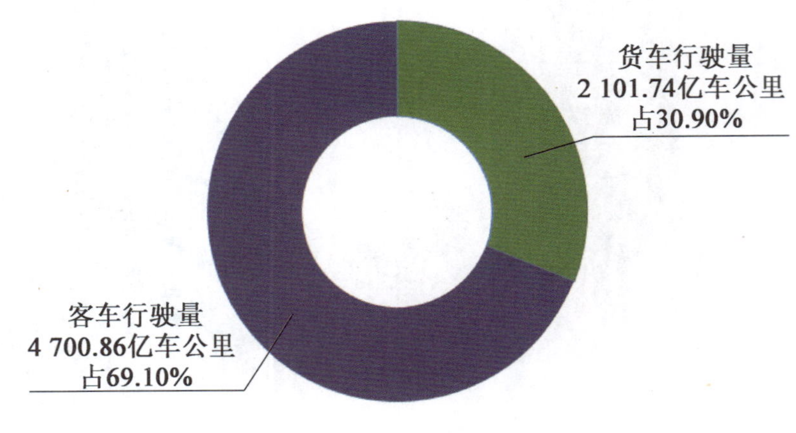

2017

中国高速公路
运输量统计调查分析报告

陈荫三　肖润谋　闫晟煜　李　彬　编著

人民交通出版社股份有限公司
China Communications Press Co.,Ltd.

内 容 提 要

2017 年底,我国高速公路通车里程 136 449 公里(不含港澳特别行政区和台湾省),同比增长 4.18%。2017 年高速公路里程虽占公路总里程的 2.86%,但承担了 42.99% 的全社会营业性货车货物周转量,51.77% 的全社会营业性客车旅客周转量。本报告由长安大学运输科学研究院撰写,发布了 2017 年中国高速公路运输量数据和节假日乘用车出行情况,分析了我国高速公路近年来运输结构的变化,也对高速公路运输量和 GDP 的关系等问题展开讨论。

本书可以作为高速公路的规划、设计,以及相关科研工作的基础资料,也可以作为高速公路建设、管理、运营和养护工作决策的依据。

图书在版编目(CIP)数据

2017 中国高速公路运输量统计调查分析报告 / 陈萌三等编著. —北京 : 人民交通出版社股份有限公司, 2018.10

ISBN 978-7-114-15070-8

Ⅰ. ①2… Ⅱ. ①陈… Ⅲ. ①高速公路—运输量—调查报告—中国—2017 Ⅳ. ①U492.2

中国版本图书馆 CIP 数据核字(2018)第 232965 号

2017 Zhongguo Gaosu Gonglu Yunshuliang Tongji Diaocha Fenxi Baogao

书　　名: 2017 中国高速公路运输量统计调查分析报告
著 作 者: 陈荫三　肖润谋　闫晟煜　李　彬
责任编辑: 赵瑞琴
责任校对: 尹　静
责任印刷: 张　凯
出版发行: 人民交通出版社股份有限公司
地　　址: (100011)北京市朝阳区安定门外外馆斜街 3 号
网　　址: http://www.ccpress.com.cn
销售电话: (010)59757973
总 经 销: 人民交通出版社股份有限公司发行部
经　　销: 各地新华书店
印　　刷: 北京市密东印刷有限公司
开　　本: 880×1230　1/16
印　　张: 13.5
字　　数: 390 千
版　　次: 2018 年 10 月　第 1 版
印　　次: 2018 年 10 月　第 1 次印刷
书　　号: ISBN 978-7-114-15070-8
定　　价: 68.00 元

目录 Mulu

第1章　高速公路运输态势分析

2017 年底，我国高速公路通车里程 136 449 公里（不含港澳特别行政区和台湾省，下同），同比增长 4.18%。

2017 年我国高速公路里程行驶量 6 802.60 亿车公里，同比增长 13.50%。实现货物周转量 28 705.02 亿吨公里，同比增长 16.17%。实现旅客周转量 16 886.05 亿人公里，同比增长 9.13%。

2017 年我国高速公路里程占公路总里程的 2.86%，实现的货物周转量占全社会营业性货车货物周转量的 42.99%，同比增长 2.54 个百分点。高速公路上≥20 座客车实现的旅客周转量占全社会营业性客车旅客周转量的 51.77%，同比增加 3.20 个百分点。

2017 年每万元国内生产总值（按现价计算）的高速公路货运量 2.060 8 吨，同比增长 0.074 8 吨。2017 年我国平均每人在高速公路上乘车次数为 16.520 4 次，同比增加 1.654 4 次。

1.1　高速公路交通状况

2017 年我国高速公路车道里程 604 285 公里，日均车道交通量为 3 223 辆次，其中货车 974 辆次，客车 2249 辆次。

2017 年我国高速公路行驶量 6 802.60 亿车公里，其中货车行驶量 2 101.74 亿车公里，客车行驶量 4 700.86 亿车公里。

历年行驶量状况、日均车道交通量变化情况见表 1.1。乘用车数量增长持续强劲，日均客车车道交通量涨幅明显。各省（区、市）日均车道交通量分布见图 1.1 和图 1.2。

高速公路交通状况　　表 1.1

年份	2010	2011	2012	2013	2014	2015	2016	2017
车道里程（公里）	328 642	375 866	424 588	461 284	495 614	548 421	579 471	604 285
行驶量（亿车公里）	2 808.29	3 240.26	3 633.75	4 229.61	4 827.14	5 277.28	5 993.42	6 802.60
日均车道交通量（辆次）	2 341	2 361	2 327	2 495	2 649	2 699	2 900	3 223
货车（辆次）	957	888	818	855	849	803	854	974
客车（辆次）	1 384	1 473	1 509	1 640	1 800	1 896	2 046	2 249

2017 年我国高速公路日均货车车道交通量 974 辆次。高于 974 辆次的有北京（2 020 辆次）、浙江（1 808 辆次）、上海（1 793 辆次）、山东（1 708 辆次）、江苏（1 638 辆次）、海南（1 365 辆次）、广东（1 300 辆次）、天津（1 189 辆次）、河北（1 178 辆次）、山西（1 074 辆次）共计 10 个省市。

2017 年我国高速公路日均客车车道交通量 2 249 辆次。高于 2 249 辆次的有北京（6 840 辆次）、上海（4 976 辆次）、江苏（4 334 辆次）、广东（4 115 辆次）、浙江（3 884 辆次）、海南（35 15 辆次）、重庆（2 999 辆次）、山东（2 676 辆次）、四川（2 653 辆次）、安徽（2 509 辆次）、河南（2 269 辆次）共计 11 个省市。

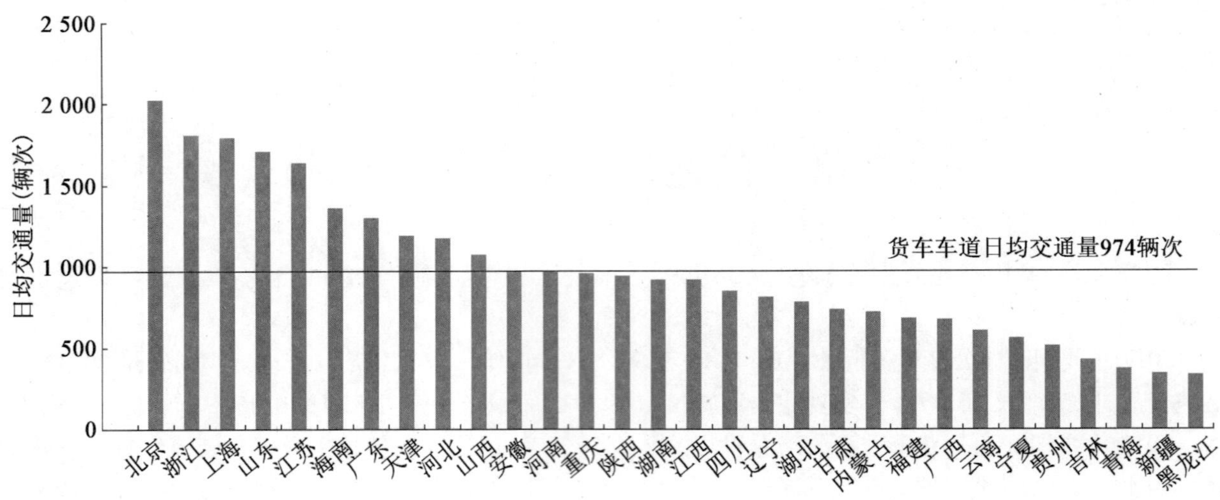

图 1.1　日均货车车道交通量分布

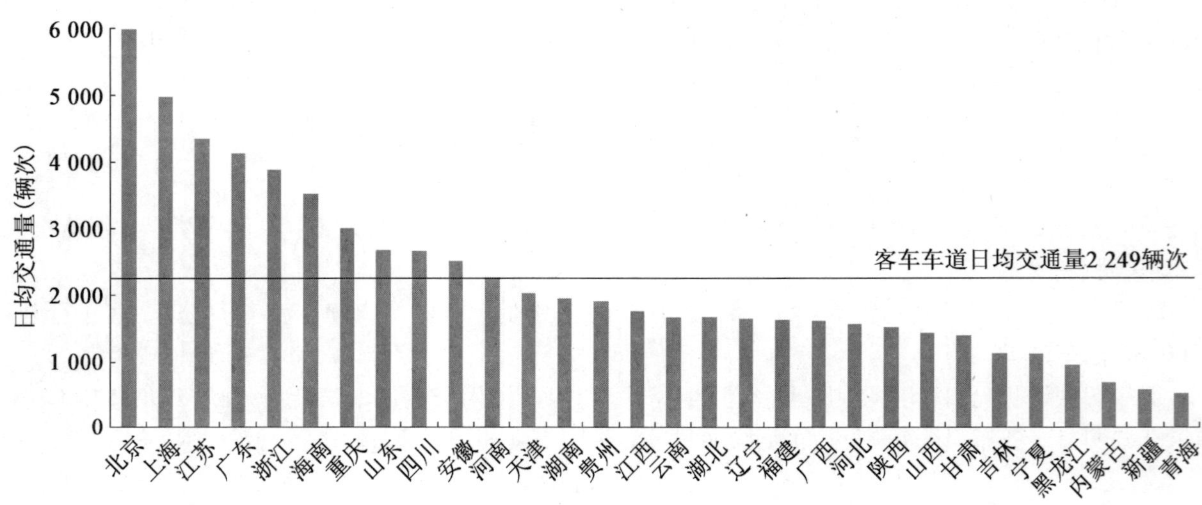

图 1.2　日均客车车道交通量分布

1.2　高速公路旅客运输状况

2017 年,高速公路旅客周转量达到 16 886.05 亿人公里,相当于铁路旅客周转量的 125.48%,见表 1.2、图 1.3。

2006—2017 年旅客周转量趋势(以 2006 年为 100%)　　表 1.2

运输方式	2006 年		2008 年		2010 年		2011 年		2012 年	
	亿人公里	%	亿人公里	%	亿人公里	%	亿人公里	%	亿人公里	%
铁路	6 622	100.0	7 778	117.5	8 762	132.3	9 612	145.2	9 812	148.2
高速公路	5 901	100.0	6 850	116.1	9 293	157.5	11 087	187.9	11 916	201.9

运输方式	2013 年		2014 年		2015 年		2016 年		2017 年	
	亿人公里	%	亿人公里	%	亿人公里	%	亿人公里	%	亿人公里	%
铁路	10 596	160.0	11 605	175.2	11 960	180.6	12 579	190.0	13 456	203.2
高速公路	13 112	222.2	14 695	249.0	14 609	247.6	15 473	262.2	16 886	286.2

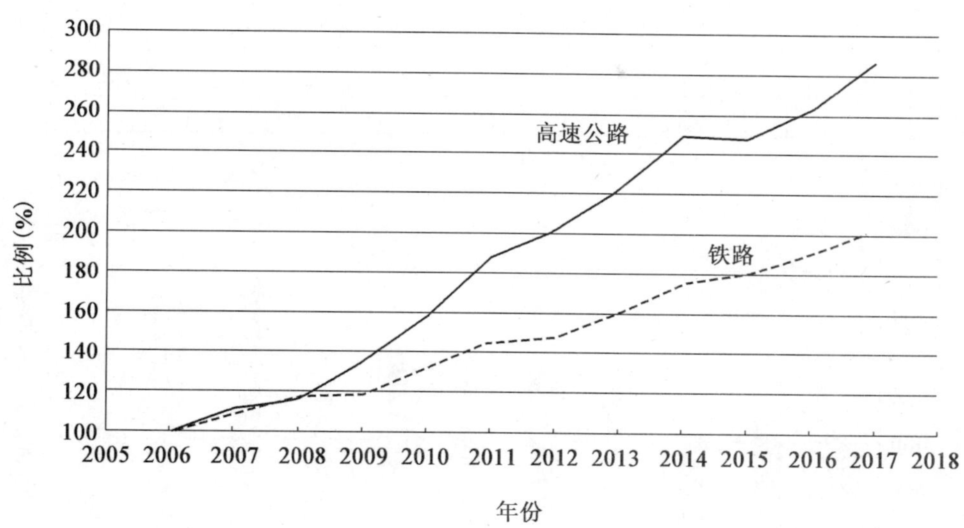

图 1.3 旅客周转量增长趋势(以 2006 年旅客周转量为基数)

1.2.1 乘用车出行持续快速增长

2017 年,高速公路乘用车旅客周转量占高速公路旅客周转量的比重为 65.16%,同比增长 2.25 个百分点。乘用车出行比重持续大幅增长,见表 1.3 和图 1.4。

高速公路客运中≤7 座客车客运比重(%) 表 1.3

年份	2006	2008	2010	2011	2012	2013	2014	2015	2016	2017
旅客周转量比重	29.75	41.01	45.09	47.10	49.99	55.64	59.18	54.37	62.91	65.16
客运量比重	41.07	48.54	56.56	60.09	63.64	66.55	68.24	66.78	69.77	72.12

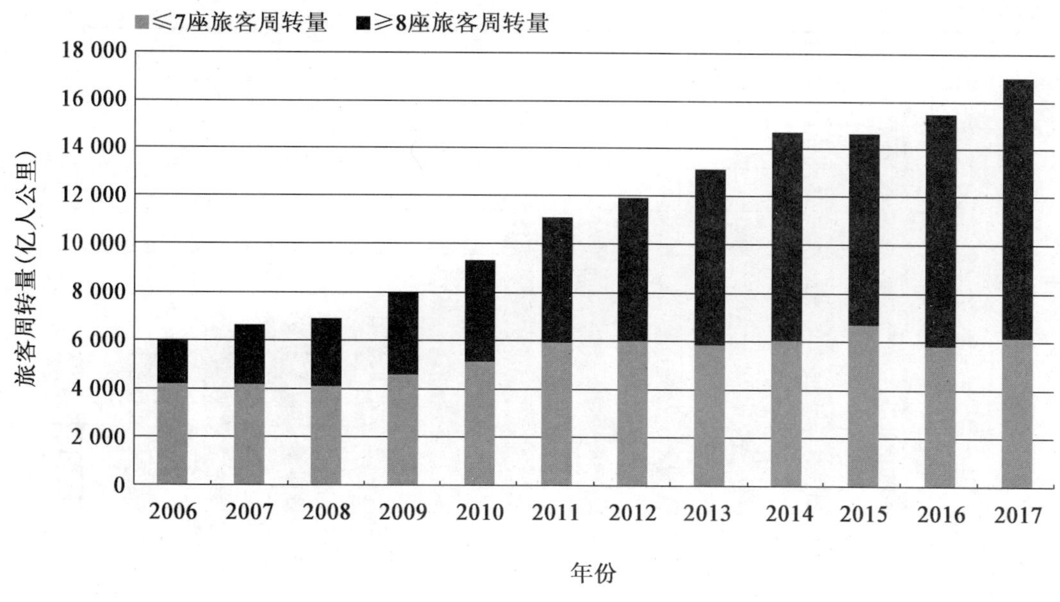

图 1.4 2006—2017 年高速公路旅客周转量

2017 年,高速公路上乘用车旅客运输密度(以下简称客运密度)为 763.45 万人公里/公里,比 2016 年下降 3.11%,见表 1.4 和图 1.5。

高速公路客运中≤7 座客车客运密度 表 1.4

年份	2006	2008	2010	2011	2012	2013	2014	2015	2016	2017
客运密度（万人公里/公里）	387.20	465.82	565.40	614.79	619.18	698.70	776.89	738.27	787.95	763.45

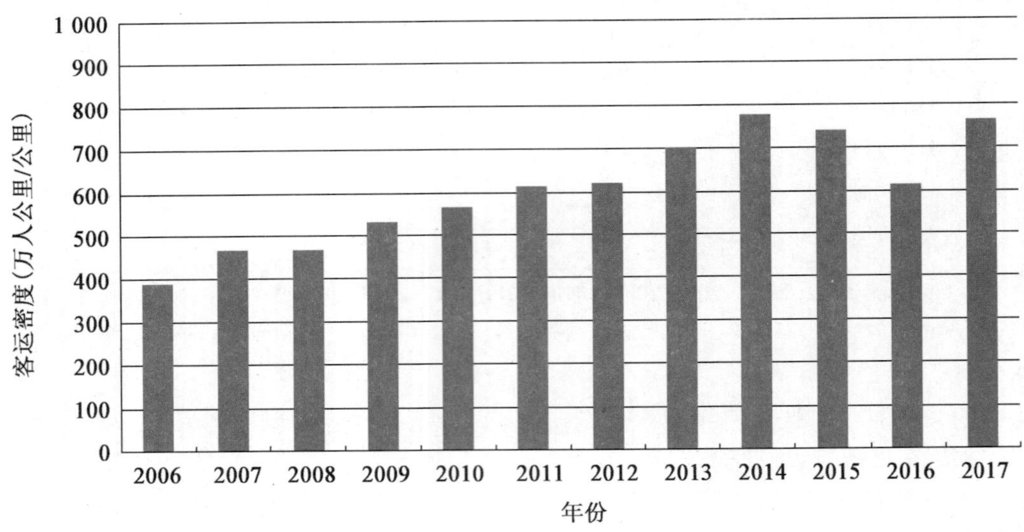

图 1.5 2006—2017 年高速公路≤7 座客车客运密度

1.2.2 ≥20 座客车旅客运输量继续下滑

2017 年，高速公路≥20 座客车旅客周转量占高速公路旅客周转量的比重同比下降 2.17%。客运密度为 370.52 万人公里/公里，同比下降 2.32%，见表 1.5 和图 1.6。

高速公路客运中≥20 座客车客运密度 表 1.5

年份	2006	2008	2010	2011	2012	2013	2014	2015	2016	2017
客运密度（万人公里/公里）	914.32	670.05	688.47	651.16	576.32	517.87	498.29	428.74	379.32	370.52

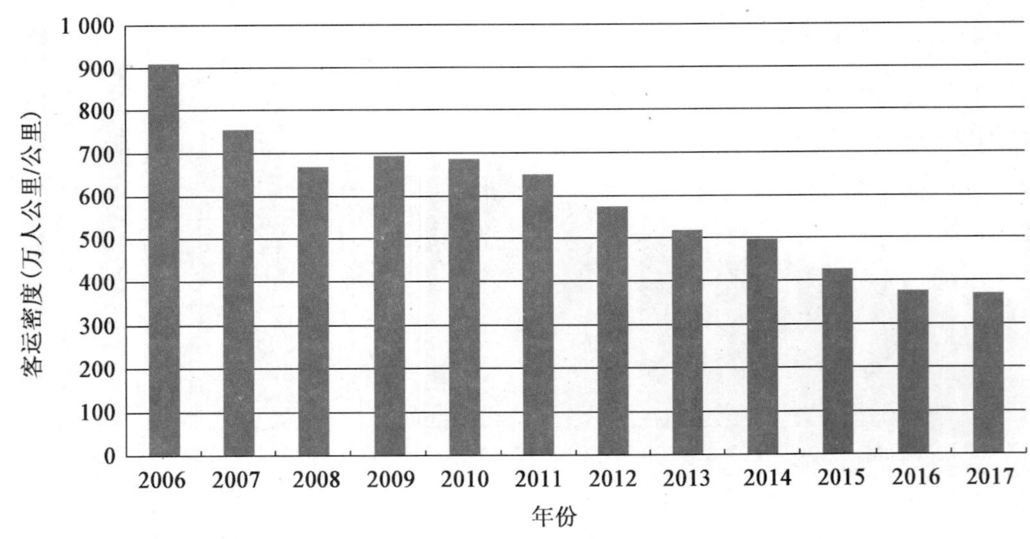

图 1.6 2006—2017 年高速公路≥20 座客车客运密度

1.2.3 节假日乘用车出行情况

2012 年 7 月，交通运输部出台了《重大节假日免收小客车通行费实施方案》，在春节、清明节、劳动

节、十一黄金周等4个节假日期间≤7座乘用车在高速公路上可以免费通行。

2017年,春节、清明节、劳动节、国庆节免费通行的节假日共计20天。收费通行的元旦、端午、中秋等三个节假日共计9天。

对北京、山西、辽宁、上海、江苏、浙江、安徽、江西、福建、山东、河南、湖北、湖南、广西、重庆、四川、贵州、云南、陕西、青海等20个省(自治区、直辖市,以下简称区、市)进行统计,结果表明:收费通行的节假日的日均乘用车交通量是平时的1.14倍;免费通行节假日的日均乘用车交通量是平时的1.95倍。免费通行政策对乘用车出行的拉动效果明显,北京市的日均乘用车交通量更是平时的2.68倍,高居各省(区、市)榜首。

在免费通行的4个节假日中,乘用车最大日均交通量发生在国庆节的省市有北京、上海、辽宁、山东、湖北、云南、贵州和青海等8个省市。山西、江苏、浙江、河南、陕西等5个省份劳动节的乘用车日均交通量最大。而江西省在清明节乘用车的日均交通量最大。

在20天的免费通行节假日期间,有228.39万辆次上海市籍乘用车离开上海市长途出行,与上海市乘用车保有量的比值达到95.08%。北京市籍乘用车出市远行的有337.86万辆次,与乘用车保有量的比值达到77.89%。都比其他省(区、市)高得多,表明京、沪两市乘用车出市远行的需求最为迫切。

国庆假期,到达云南省的北京市籍乘用车30 260辆次,上海市籍乘用车49 705辆次。到达福建省的北京市籍乘用车40 062辆次,上海市籍乘用车29 491辆次。

春节假期,到达四川省的北京市籍乘用车61 624辆次,上海市籍乘用车21 862辆次。到达福建省的北京市籍乘用车61 378辆次,上海市籍乘用车60 421辆次。

尽管与上海市相比,北京市到福建、四川、云南省更远,但到达的乘用车数量并不少。

总之,北京和上海两市乘用车对免费通行假期长途出行最为期待。北京市高速公路在免费通行期间乘用车车流量增加更明显。

1.3　高速公路货物运输

2017年高速公路货物周转量28 705.02亿吨公里,同比增长16.17%。高速公路货物周转量占全社会营业性货车货物周转量的42.99%,比2016年度增加2.54个百分点。相当于铁路货物周转量的106.46%,上升2.61个百分点;相当于内河和沿海水运货物周转量的65.95%,上升3.02个百分点。

2006—2017年货物周转量变化趋势如表1.6、图1.7和图1.8所示。

2006—2017年货物周转量趋势(以2006年为100%)　　表1.6

运输方式	2006年		2008年		2010年		2011年		2012年	
	亿吨公里	%	亿吨公里	%	亿吨公里	%	亿吨公里	%	亿吨公里	%
铁路	21 954	100.0	25 106	114.4	27 644	125.9	29 130	132.7	29 187	132.9
内河和沿海水运	12 908	100.0	17 413	134.9	22 428	173.8	26 068	202.0	28 295	219.2
高速公路	7 458	100.0	11981	160.6	17 452	234.0	19 802	265.5	20 275	271.9

运输方式	2013年		2014年		2015年		2016年		2017年	
	亿吨公里	%	亿吨公里	%	亿吨公里	%	亿吨公里	%	亿吨公里	%
铁路	29 174	132.9	27 530	125.4	23 754	108.2	23 792	108.4	26 962	122.8
内河和沿海水运	30 730	238.1	36 839	285.4	37 536	290.8	39 264	304.2	43 527	337.2
高速公路	22 720	304.6	23 253	311.8	22 863	306.6	24 709	331.3	28 705	384.9

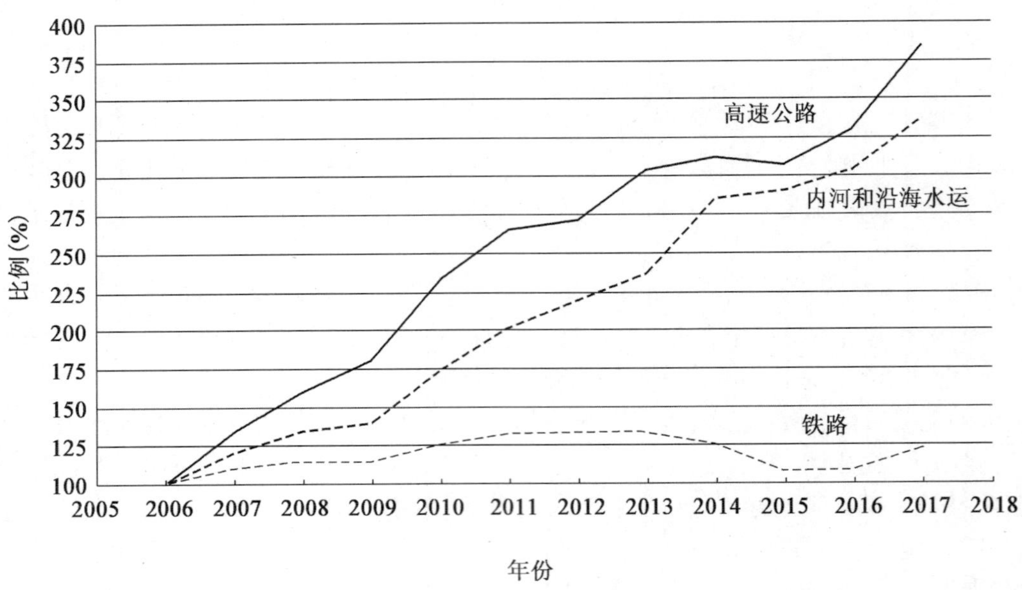

图 1.7 货物周转量增长趋势(以 2006 年货物周转量为基数)

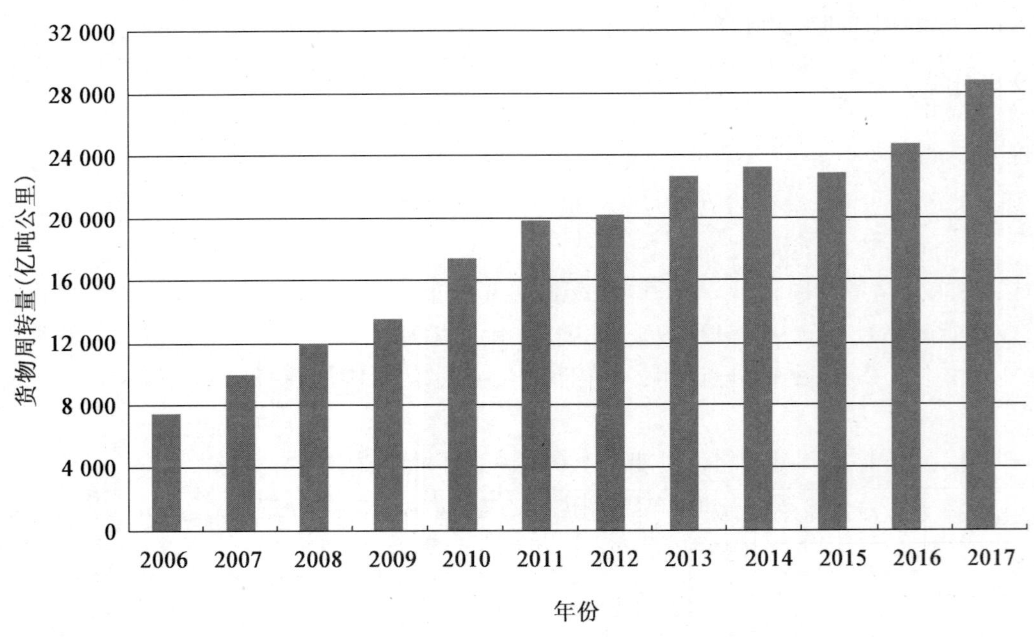

图 1.8 高速公路货物周转量增长趋势

2017 年高速公路货运密度为 2138.32 万吨公里/公里,比 2016 年增长 11.37%,见表 1.7 和图 1.9。

高速公路货运密度 表 1.7

年份	2006	2008	2010	2011	2012	2013	2014	2015	2016	2017
货运密度(万吨公里/公里)	1 645.09	1 986.79	2 354.76	2 331.07	2 107.61	2 175.49	2 077.38	1 937.51	1 920.02	2 138.32

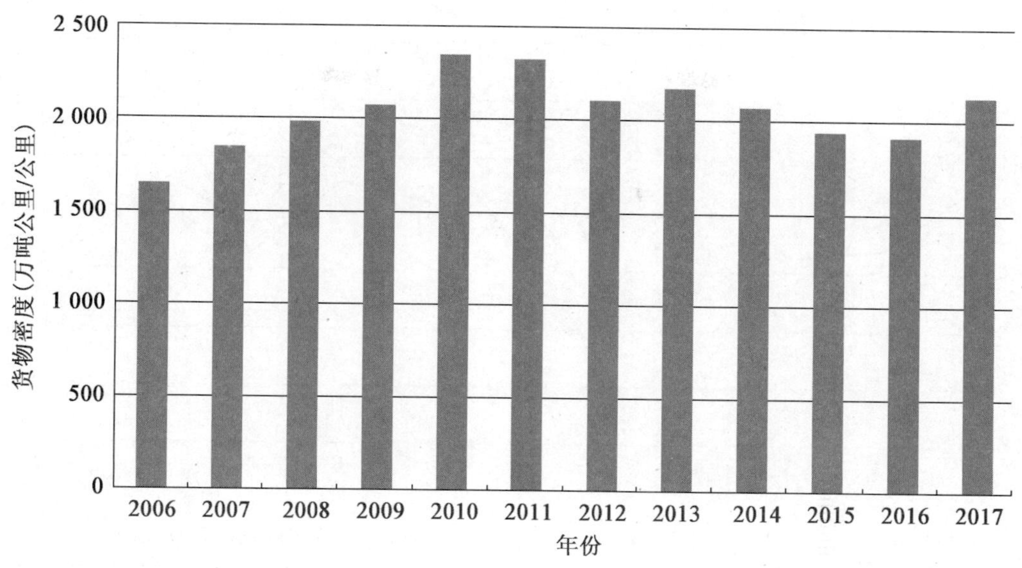

图1.9　2006—2017年高速公路货运密度

1.4　高速公路运输量的月度波动

1.4.1　客运月度波动

2017年旅客发送量、旅客周转量和旅客平均行程的月度波动如表1.8～表1.10和图1.10～图1.12所示。

2017年旅客发送量月度波动(%)(以月均旅客发送量为100.00%)　　表1.8

旅客发送量 \ 月份	1	2	3	4	5	6	7	8	9	10	11	12
高速公路	104.91	94.10	92.81	105.03	102.34	91.57	101.92	105.69	92.99	122.12	93.39	93.13
铁路	96.33	99.33	88.04	103.14	102.72	93.69	114.32	119.43	96.83	107.48	88.34	90.35

2017年旅客周转量月度波动(以月均旅客周转量为100.00%)　　表1.9

旅客周转量 \ 月份	1	2	3	4	5	6	7	8	9	10	11	12
高速公路	125.64	116.39	86.22	97.38	96.63	86.53	105.96	114.06	90.53	111.43	84.93	84.30
铁路	106.26	113.36	85.79	95.78	94.99	92.13	124.71	129.68	98.18	100.06	80.25	78.83

2017年旅客平均行程月度波动(%)(以月均旅客平均行程为100.00%)　　表1.10

旅客平均行程 \ 月份	1	2	3	4	5	6	7	8	9	10	11	12
高速公路	119.75	123.69	92.90	92.71	94.43	94.50	103.96	107.91	97.35	91.25	90.94	90.53
铁路	110.69	114.53	97.79	93.19	92.80	98.68	109.48	108.96	101.75	93.42	91.15	87.55

2017年10月份高速公路的旅客发送量达到峰值,而铁路的峰值出现在8月份;高速公路和铁路的旅客周转量峰值均出现在8月份。同时,旅客平均行程均在2月份(农历春节期间)达到年内峰值,第二季度开始企稳,第3季度高速公路和铁路旅客发送量和旅客周转量的波动性较大。7、8月份高速公路和铁路客流上升明显,而受节假日小客车免费通行政策影响,高速公路在10月份迎来客流高峰。

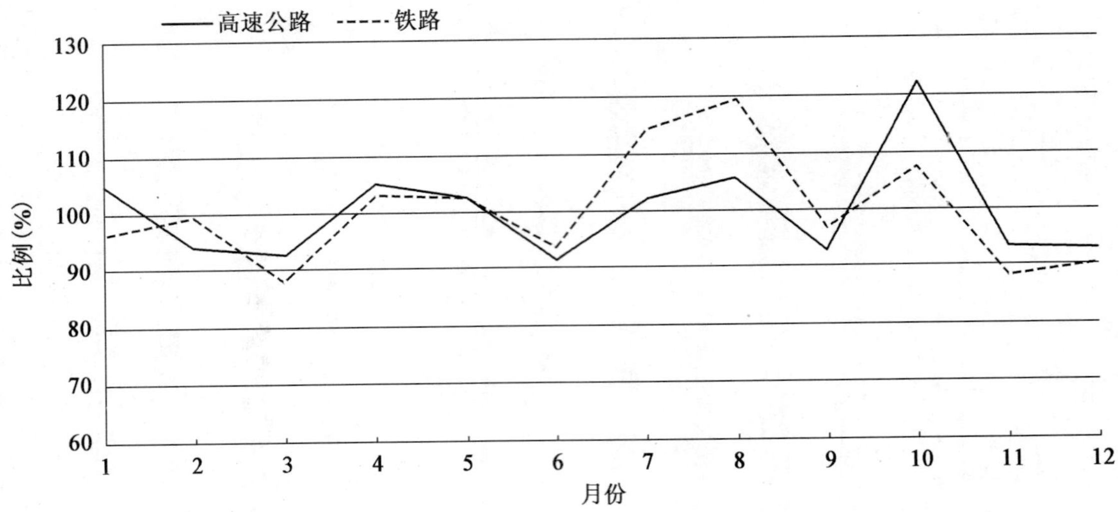

图1.10　2017年高速公路与铁路旅客发送量月度波动(以月均值为100%)

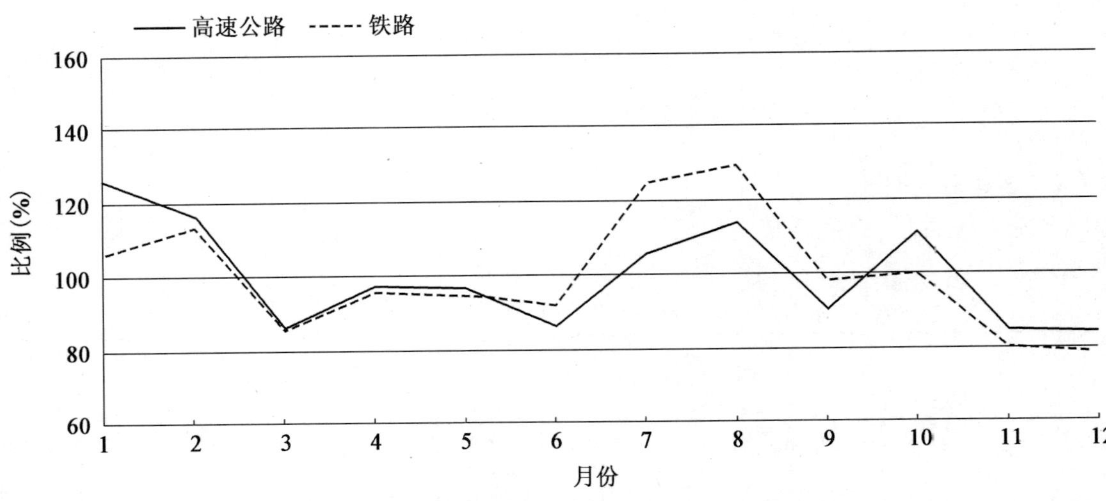

图1.11　2017年高速公路与铁路旅客周转量月度波动(以月均值为100%)

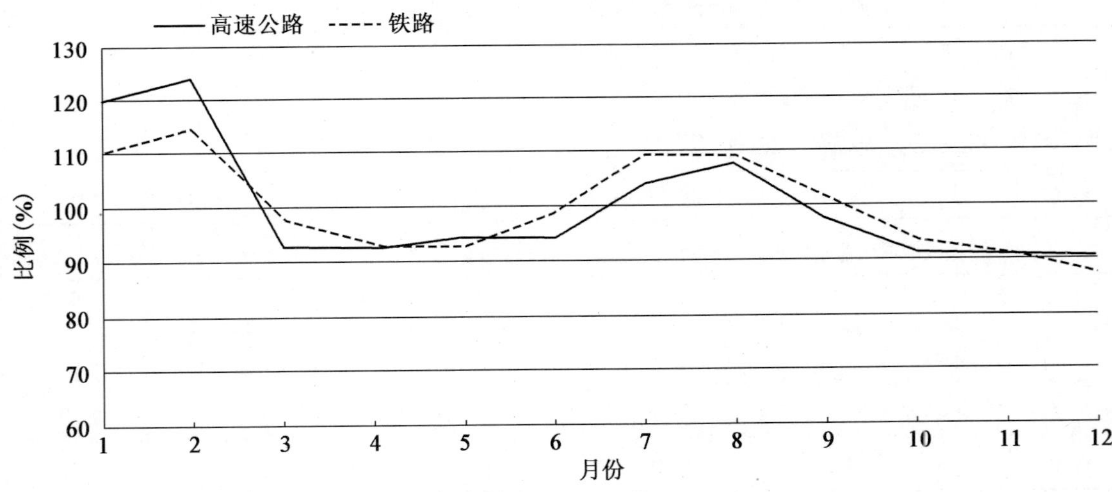

图1.12　2017年高速公路与铁路旅客平均行程月度波动(以月均值为100%)

1.4.2　货运月度波动

2017年货物发送量、货物周转量和货物平均运距的月度波动如表1.11～表1.13和图1.13～图1.15所示。

2017 年货物发送量月度波动(%)(以月均货物发送量为 100.00%)　　表 1.11

货物发送量＼月份	1	2	3	4	5	6	7	8	9	10	11	12
高速公路	63.98	63.63	98.86	99.28	103.91	107.74	108.67	110.58	110.91	105.58	115.87	111.00
铁路	101.04	91.48	104.70	98.03	98.59	97.38	100.86	102.77	101.43	104.75	100.11	98.86

2017 年货物周转量月度波动(%)(以月均货物周转量为 100.00%)　　表 1.12

货物周转量＼月份	1	2	3	4	5	6	7	8	9	10	11	12
高速公路	73.15	69.40	102.55	99.91	101.67	102.23	104.27	108.37	110.33	108.07	115.36	104.71
铁路	99.58	91.44	105.88	95.67	96.72	96.14	98.32	100.67	101.17	105.95	104.62	103.84

2017 年货物平均运距月度波动(%)(以月均货物周转量为 100.00%)　　表 1.13

货物平均运距＼月份	1	2	3	4	5	6	7	8	9	10	11	12
高速公路	113.37	108.15	102.87	99.79	97.02	94.09	95.15	97.17	98.65	101.50	98.72	93.55
铁路	100.98	102.42	103.61	100.00	100.52	101.15	99.88	100.37	102.21	103.63	107.08	107.63

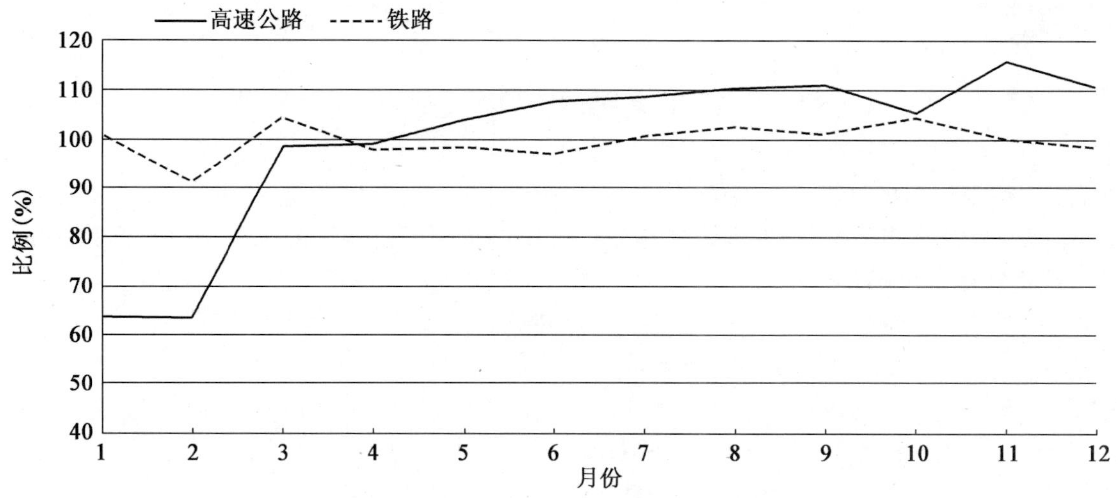

图 1.13　2017 年高速公路与铁路货物发送量月度波动(以月均值为 100%)

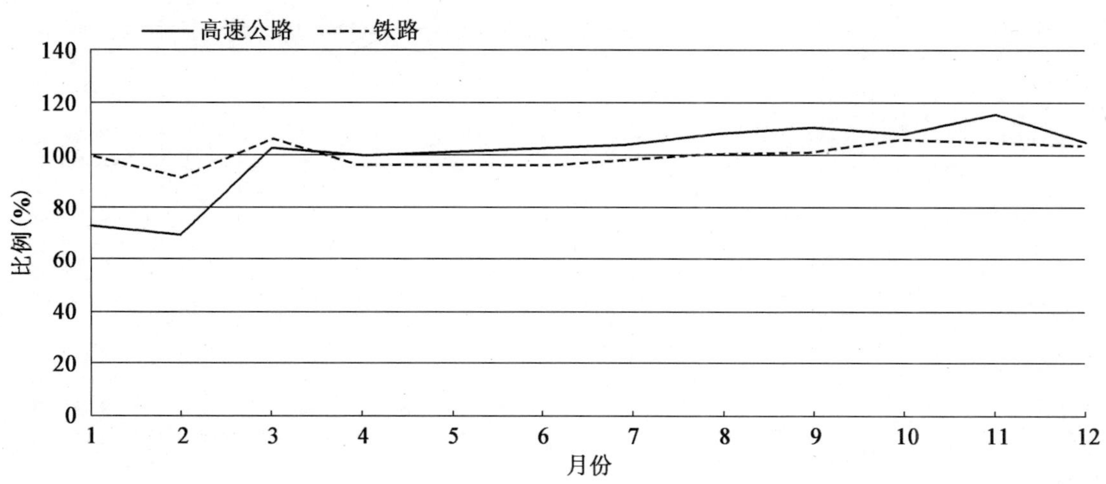

图 1.14　2017 年高速公路与铁路货物周转量月度波动(以月均值为 100%)

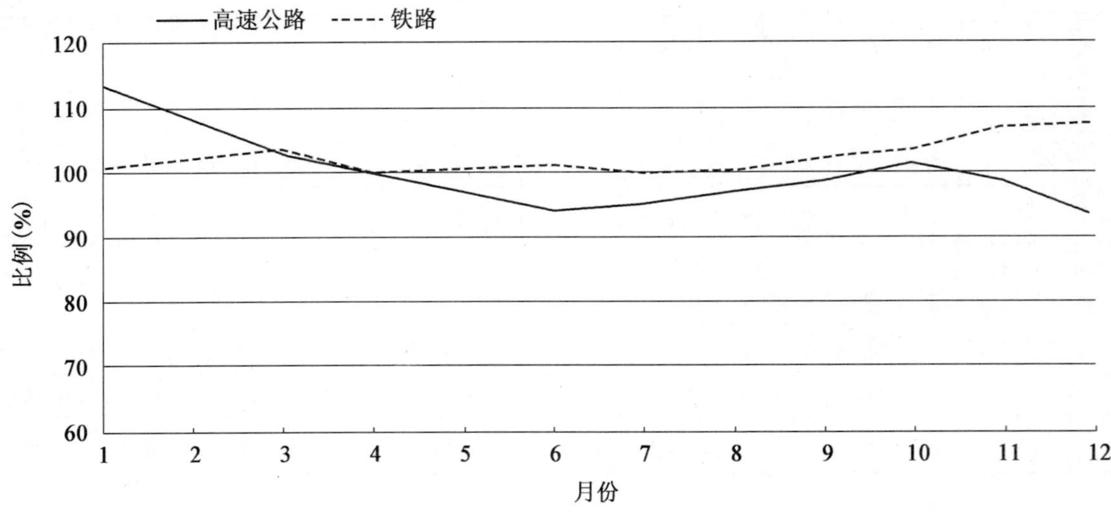

图 1.15　2017 年高速公路与铁路货物平均运距月度波动(以月均值为 100%)

2017 年,高速公路、铁路的货物发送量和货物周转量均在 2 月份(农历春节期间)达到年内最低值,在 3 月份触底反弹后基本保持平稳,货物发送量在 10 月份前后波动明显。高速公路平均运距全年内波动大,铁路货物平均运距相对较为平稳。

1.5　货运运输量和 GDP 的关联

2017 年,按现价计算的每万元 GDP 的干线货物周转量为 1 199.27 吨公里,比 2016 年同比增长 1.68%,小幅回升,见表 1.14。按现价计算的每万元 GDP 的干线货运量为 3.22 吨,增长 1.26%,见表 1.15。干线货物运距为 372 公里,比 2016 年增长 0.59%,见表 1.16。

2017 年,按现价计算的每万元 GDP 铁路货物周转量同比增幅为 1.95%,高速公路货物周转量同比降幅为 4.52%,内河和沿海水运货物周转量同比降幅为 0.27%,见表 1.14。

2017 年,按现价计算的每万元 GDP 铁路货运量同比降幅为 0.40%,高速公路货运量同比增幅为 3.52%,沿海和内河水运货运量同比降幅为 4.00%,见表 1.15。

每万元 GDP(按现价计算)的货物周转量(吨公里)　　表 1.14

年　份	铁　路	沿海和内河水运	高 速 公 路	干线运输合计
2006	1 035.95	609.08	351.95	1 996.98
2008	835.00	579.14	398.46	1 812.60
2010	681.27	558.86	434.99	1 675.12
2011	617.74	552.81	414.91	1 585.46
2012	562.02	544.85	390.42	1 497.29
2013	510.35	540.22	399.41	1 449.98
2014	432.55	578.82	365.35	1 376.72
2015	351.01	554.68	337.85	1 243.54
2016	319.73	527.65	332.05	1 179.44
2017	325.97	526.25	347.05	1 199.27

每万元 GDP(按现价计算)的货运量(吨) 表 1.15

年 份	铁 路	沿海和内河水运	高 速 公 路	干线运输合计
2006	1.36	0.91	2.05	4.32
2008	1.10	0.83	1.95	3.88
2010	0.90	0.80	2.09	3.79
2011	0.83	0.77	2.02	3.62
2012	0.75	0.76	1.89	3.40
2013	0.70	0.86	1.91	3.47
2014	0.60	0.82	1.81	3.23
2015	0.50	0.80	1.88	3.18
2016	0.45	0.75	1.98	3.18
2017	0.45	0.71	2.06	3.22

干线平均货物运输距离(公里) 表 1.16

年份	2006	2008	2010	2011	2012	2013	2014	2015	2016	2017
平均运距	462	467	442	438	440	418	426	412	370	372

第 2 章　运输结构主要数据

2.1　高速公路运输与国民经济

(1)每万元国内生产总值(按现价计算)的高速公路货运量 2.060 8 吨。

(2)每万元国内生产总值(按现价计算)的高速公路货物周转量 347.05 吨公里。

(3)全国平均每人高速公路乘车次数 16.520 4 人次。

(4)全国平均每人高速公路乘行距离 1 214.753 6 公里。

2.2　高速公路基础设施

(1)通车里程 136 449 公里。

(2)车道里程 604 285 公里。

(3)平均车道数 4.428 7 条。

2017 年部分省(市)高速公路平均车道数见表 2.1。

2017 年部分省(市)高速公路平均车道数　　表 2.1

区　域	平均车道数	区　域	平均车道数
上海	5.852 2	浙江	4.823 0
天津	5.643 1	河南	4.786 5
北京	5.239 7	辽宁	4.777 0
广东	5.134 1	陕西	4.642 6
江苏	4.994 1	福建	4.513 4
河北	4.871 3	云南	4.486 7

2.3　高速公路交通状况

(1)行驶量 6 802.60 亿车公里,同比增长 13.50%。

(2)货车在行驶量中比重 30.90%,同比增加 0.84 个百分点。

2017 年各省(区、市)高速公路行驶量见表 2.2,部分省(区、市)高速公路客货车车流量见表 2.3、表 2.4。

2017 年各省(区、市)高速公路行驶量(亿车公里)　　表 2.2

区　域	货　车	客　车	合　计	区　域	货　车	客　车	合　计
北京	39.137 4	132.506 5	171.643 9	河南	110.529 6	258.521 3	369.050 9
天津	30.551 8	52.175 4	82.727 2	湖北	74.346 8	157.233 5	231.580 3
河北	136.798 0	180.322 9	317.120 9	湖南	88.870 7	186.165 6	275.036 3
山西	91.100 4	121.244 4	212.344 8	广东	203.352 2	643.651 7	847.003 9
内蒙古	70.504 0	67.873 2	138.377 2	广西	53.343 5	126.392 1	179.735 6
辽宁	59.943 4	121.089 4	181.032 8	海南	16.174 1	41.657 6	57.831 7

续上表

区 域	货 车	客 车	合 计	区 域	货 车	客 车	合 计
吉林	20.474 0	52.659 0	73.133 0	重庆	45.564 6	142.439 1	188.003 7
黑龙江	22.263 7	62.432 4	84.696 1	四川	89.648 7	278.122 7	367.771 4
上海	31.770 0	88.186 9	119.956 9	贵州	44.906 9	167.455 2	212.362 1
江苏	140.004 6	370.335 0	510.339 6	云南	49.864 7	137.145 3	187.010 0
浙江	132.191 2	284.011 1	416.202 3	陕西	84.834 4	135.480 7	220.315 1
安徽	69.699 3	179.888 9	249.588 2	甘肃	43.604 3	82.780 7	126.385 0
福建	56.934 6	135.626 1	192.560 7	宁夏	13.784 0	27.033 6	40.817 6
江西	82.291 9	156.925 9	239.217 8	青海	17.957 1	24.876 4	42.833 5
山东	157.722 0	247.121 0	404.843 0	新疆	23.567 4	39.507 8	63.075 2

2017 年部分省(区、市)高速公路客车车流量(万辆次) 表 2.3

区域	车流量	穿 越	到 达	发 送	省 内	合 计
北京	自然车流量	118	2 500	2 901	45 323	50 842
	折算车流量	120	2 540	2 941	45 766	51 367
天津	自然车流量	619	1 550	1 623	4 036	7 828
	折算车流量	626	1 568	1 643	4 075	7 912
河北	自然车流量	866	2 539	2 997	17 006	23 408
	折算车流量	872	2 559	3 020	17 070	23 521
山西	自然车流量	101	850	1 028	12 806	14 785
	折算车流量	102	865	1 044	1 2940	1 4951
辽宁	自然车流量	75	543	652	1 3711	1 4981
	折算车流量	76	550	660	1 3824	15 110
吉林	自然车流量	86	395	496	5 483	6 460
	折算车流量	87	401	501	5 544	6 533
黑龙江	自然车流量	1	160	173	6 658	6 992
	折算车流量	1	162	175	6 760	7 098
上海	自然车流量	108	5 311	5 809	22 368	33 596
	折算车流量	108	5 402	5 899	22 647	34 056
江苏	自然车流量	1 146	5 534	5 937	39 904	52 521
	折算车流量	1 169	5 657	6 061	40 757	53 644
浙江	自然车流量	611	3 439	3 929	35 266	43 245
	折算车流量	623	3 522	4 012	35 738	43 895
安徽	自然车流量	1 238	2 505	3 156	11 412	18 311
	折算车流量	1 268	2 574	3 225	11 616	18 683
福建	自然车流量	45	557	676	23 603	24 881
	折算车流量	46	573	691	23 877	25 187
江西	自然车流量	447	1 341	1 681	11 433	14 902
	折算车流量	459	1 381	1 721	11 577	15 138
山东	自然车流量	283	1 592	1 567	24 201	27 643
	折算车流量	322	1 786	1 756	27 069	30 933

续上表

区域车流量		穿越	到达	发送	省内	合计
河南	自然车流量	665	1 569	2 003	30 174	34 411
	折算车流量	675	1 612	2 048	30 570	34 905
湖北	自然车流量	357	1 043	1 350	19 484	22 234
	折算车流量	365	1 067	1 375	19 728	22 535
湖南	自然车流量	247	1 270	1 569	20 769	23 855
	折算车流量	255	1 313	1 609	21 068	24 245
广西	自然车流量	256	796	782	12 589	14 423
	折算车流量	258	842	828	12 851	14 779
重庆	自然车流量	257	1 232	1 329	16 029	18 847
	折算车流量	260	1 261	1 358	16 237	19 116
四川	自然车流量	165	1 386	1 602	47 589	50 742
	折算车流量	167	1 411	1 627	47 891	51 096
贵州	自然车流量	134	848	1 017	22 169	24 168
	折算车流量	136	867	1 037	22 423	24 463
云南	自然车流量	5	928	732	27 511	29 176
	折算车流量	5	941	745	27 873	29 564
陕西	自然车流量	102	601	770	22 016	23 489
	折算车流量	103	612	780	22 312	23 807
甘肃	自然车流量	47	443	459	7 092	8 041
	折算车流量	48	449	466	7 251	8 214
宁夏	自然车流量	146	257	259	2 772	3 434
	折算车流量	149	264	266	2 825	3 504
青海	自然车流量	1	112	511	3 753	4 377
	折算车流量	1	114	517	3 805	4 437

2017 年部分省(区、市)高速公路货车车流量(万辆次) 表 2.4

区域车流量		穿越	到达	发送	省内	合计
北京	自然车流量	74	766	1 093	11 187	13 120
	折算车流量	234	1 635	2 545	17 659	22 073
天津	自然车流量	646	992	934	1 641	4 213
	折算车流量	2 211	2 927	2 690	3 766	11 594
河北	自然车流量	842	2 798	2 590	10 012	16 242
	折算车流量	2 652	8 442	7 844	26 021	44 959
山西	自然车流量	492	1 825	1 730	5 574	9 621
	折算车流量	1 876	6 628	6 255	17 239	31 998
辽宁	自然车流量	105	616	504	3 643	4 868
	折算车流量	349	1 948	1 626	8 409	12 332
吉林	自然车流量	124	332	289	1 263	2 008
	折算车流量	425	1 057	900	3 219	5 601

续上表

区域车流量		穿越	到达	发送	省内	合计
黑龙江	自然车流量	2	158	136	1 925	2 221
	折算车流量	5	512	439	4 296	5 252
上海	自然车流量	103	1 618	1 637	5 850	9 208
	折算车流量	266	3 523	3 641	12 614	20 044
江苏	自然车流量	602	2 618	2 626	9 079	14 925
	折算车流量	1 960	7 219	7 225	21 489	37 893
浙江	自然车流量	343	1 850	1 836	11 605	15 634
	折算车流量	1 103	5 013	4 970	24 250	35 336
安徽	自然车流量	800	1 098	1 084	3 185	6 167
	折算车流量	2 501	3 043	3 002	8 243	16 789
福建	自然车流量	36	477	483	5 856	6 852
	折算车流量	118	1 396	1 415	11 599	14 528
江西	自然车流量	517	774	789	3 166	5 246
	折算车流量	1 827	2 299	2 350	7 328	13 804
山东	自然车流量	459	1 860	1 954	9 142	13 415
	折算车流量	1 586	5 968	6 252	23 395	37 201
河南	自然车流量	788	1 411	1 411	6 729	10 339
	折算车流量	2 605	4 355	4 334	16 877	28 171
湖北	自然车流量	596	895	891	4 824	7 206
	折算车流量	2 030	2 689	2 670	10 702	18 091
湖南	自然车流量	497	857	843	4 115	6 312
	折算车流量	1 805	2 615	2 584	8 672	15 676
广西	自然车流量	91	512	502	3 757	4 862
	折算车流量	317	1 494	1 441	8 007	11 259
重庆	自然车流量	115	521	494	3 591	4 721
	折算车流量	367	1 401	1 324	6 683	9 775
四川	自然车流量	160	705	709	8 554	10 128
	折算车流量	507	1 981	1 985	16 623	21 096
贵州	自然车流量	149	350	367	4 051	4 917
	折算车流量	487	870	946	6 449	8 752
云南	自然车流量	9	368	394	5 163	5 934
	折算车流量	33	907	962	9 551	11 452
陕西	自然车流量	392	819	864	5 024	7 099
	折算车流量	1 433	2 811	2 958	12 407	19 609
甘肃	自然车流量	98	338	351	1 946	2 733
	折算车流量	364	1 090	1 139	4 319	6 912
宁夏	自然车流量	124	300	324	997	1 745
	折算车流量	414	1 012	1 099	2 343	4 868
青海	自然车流量	1	118	250	1 256	1 625
	折算车流量	1	374	670	3 333	4 378

2.4　高速公路旅客运输

（1）客运量229.65亿人次，同比增长11.72%。2017年部分省（区、市）高速公路客运量见表2.5。

2017年部分省（区、市）高速公路客运量（万人）　　表2.5

省区市	穿越旅客数	进省旅客数	出省旅客数	省内旅客数	合　计
天津	2 057	5 300	5 610	13 171	26 138
河北	2 946	8 765	9 968	55 397	77 076
山西	304	2 788	3 243	37 382	437 17
辽宁	279	2 081	2 467	48 534	53 360
吉林	315	1 543	1 856	20 618	24 332
黑龙江	3	624	722	28 372	29 722
上海	305	19 266	20 486	71 056	111 113
江苏	3 476	17 302	18 274	123 848	162 900
浙江	2 242	12 994	14 056	106 959	136 251
安徽	5 048	10 676	12 412	41 126	69 262
福建	152	2 365	2 701	79 552	84 770
江西	1 898	5 904	6 582	36 768	51 152
山东	1 071	6 290	6 196	87 326	100 884
河南	2 168	6 257	7 377	92 072	107 874
湖北	1 369	3 971	4 722	59 588	69 649
湖南	1 266	6 474	7 141	77 356	92 237
广东	28	5 316	6 389	446 456	458 188
广西	785	4 735	4 655	46 861	57 037
重庆	806	4 743	4 975	50 684	61 208
四川	728	6 605	7 250	177 097	191 680
贵州	454	3 199	3 601	68 772	76 026
云南	3	1 666	1 805	75 310	78 784
陕西	326	2 209	2 634	74 061	79 230
甘肃	150	1 611	1 680	27 971	31 412
宁夏	610	1 139	1 139	11 273	14 161
青海	0	491	1 921	14 625	17 037

注：河北省不含京津塘高速河北段、京承高速，江苏省为联网路段，湖南省不含绕城高速段、机场高速段，重庆市不含绕城高速段，陕西省不含铜川—西安路段。

（2）旅客周转量16886.05亿人公里，同比增加9.13%。2017年各省（区、市）高速公路旅客周转量见表2.6。

2017年各省（区、市）高速公路旅客周转量（亿人公里）　　表2.6

省区市	旅客周转量	省（区、市）	旅客周转量
北京	462.913 9	河南	862.089 8
天津	180.456 4	湖北	530.163 8
河北	603.004 0	湖南	845.817 6
山西	364.368 7	广东	2 118.147 2

续上表

省区市	旅客周转量	省(区、市)	旅客周转量
内蒙古	245.457 7	广西	533.438 5
辽宁	446.836 9	海南	279.446 6
吉林	200.297 7	重庆	452.018 0
黑龙江	269.507 0	四川	1 128.733 8
上海	292.028 8	贵州	556.977 2
江苏	1 211.099 9	云南	516.407 0
浙江	963.600 4	陕西	491.368 5
安徽	701.373 7	甘肃	314.217 9
福建	488.083 4	宁夏	111.608 5
江西	581.852 3	青海	97.690 7
山东	879.711 2	新疆	157.329 5

(3)客运密度1257.47万人公里/公里,同比增长4.21%。

(4)旅客平均行程72.96公里,同比下降3.07%。

(5)省(区、市)内旅客平均行程56.55公里,同比下降5.27%。

(6)跨省(区、市)的旅客平均行程275.39公里,同比下降15.89%。

(7)客车平均速度86.77公里/小时,同比增长3.17%。

2017年各车型客车平均速度见表2.7。

2017年各车型客车平均速度　　表2.7

车　型	座　位　数	平均速度(公里/小时)	样本数(万辆)
Ⅰ	≤7	87.10	370 716
Ⅱ	8~19	78.30	5 339
Ⅲ	20~39	80.50	5 794
Ⅳ	≥40	80.53	6 356

与2016年相比,Ⅰ、Ⅱ、Ⅲ、Ⅳ型客车速度均有所上升。

(8)高速公路客运结构分析如下:

①≤7座客运车辆在客车车流量中的比重为95.70%,同比增长0.42个百分点;

②乘坐≤7座客运车辆人数在客运量中的比重为71.97%,同比增长2.20个百分点;

③≤7座客运车辆完成的周转量在旅客周转量中的比重为64.30%,同比增长1.39个百分点;

④客运车辆平均座位数和乘坐率见表2.8;

⑤轿车平均乘坐人数2.39人。

各型客车平均座位数和乘坐率　　表2.8

车　型	座　位　数	平均座位数	乘坐率(%)
Ⅰ	≤7	5.242	45.62
Ⅱ	8~19	12.255	48.17
Ⅲ	20~39	35.326	61.14
Ⅳ	≥40	50.978	56.44

2.5　高速公路货物运输

(1)货运量170.45亿吨,同比增长15.33%。其中部分省(区、市)高速公路货运量,表2.9。

2017 年部分省(区、市)高速公路货运量(万吨) 表 2.9

省(区、市)	穿越货物量	进省货物量	出省货物量	省内货物量	合计
天津	11 870	14 630	9 811	13 275	49 586
河北	15 616	42 725	39 080	100 012	197 433
山西	9 611	23 841	34 266	66 276	133 994
辽宁	1 881	11 378	8 990	29 386	51 635
吉林	2 699	6 176	4 886	14 261	28 022
黑龙江	32	2 803	2 644	12 304	17 783
上海	1 265	15 339	15 751	59 766	92 122
江苏	10 213	32 778	31 911	74 980	149 882
浙江	5 900	24 970	21 338	82 186	134 394
安徽	13 569	15 975	13 320	34 748	77 612
福建	678	6 897	7 360	31 618	46 553
江西	10 334	11 978	13 260	32 845	68 417
山东	9 682	32 991	32 477	86 701	161 851
河南	15 673	25 316	20 129	65 881	126 999
湖北	11 227	12 822	13 091	37 556	74 696
湖南	10 869	14 662	11 687	25 238	62 456
广东	458	22 710	22 370	210 815	256 353
广西	1 852	7 632	8 412	33 852	51 748
重庆	2 073	6 557	5 795	17 304	31 729
四川	2 773	9 692	7 982	39 140	59 587
贵州	2 731	4 197	3 283	15 870	26 082
陕西	9 381	13 669	18 652	44 653	86 355
甘肃	2 465	6 474	7 185	17 348	33 472
宁夏	2 198	5 342	4 537	7 087	19 164
青海	0	2 277	2 853	15 671	20 802

注:河北省不含京津塘高速河北段、京承高速,江苏省为联网路段,湖南省不含绕城高速段、机场高速段,重庆市不含绕城高速段,陕西省不含铜川-西安路段。

(2)货物周转量28705.02亿吨公里,同比增加16.17%。其中各省(区、市)高速公路货物周转量见表2.10。

2017 年各省(区、市)高速公路货物周转量(亿吨公里) 表 2.10

省(区、市)	货物周转量	省(区、市)	货物周转量
北京	364.17	河南	1 670.15
天津	435.34	湖北	973.59
河北	1 994.55	湖南	1 379.33
山西	1 309.48	广东	2 478.29
内蒙古	1 179.43	广西	753.61
辽宁	954.17	海南	137.41
吉林	325.32	重庆	436.65
黑龙江	256.63	四川	919.27
上海	356.68	贵州	419.38

续上表

省(区、市)	货物周转量	省(区、市)	货物周转量
江苏	1 685.26	云南	619.25
浙江	1 660.72	陕西	1 440.88
安徽	956.07	甘肃	791.09
福建	630.99	宁夏	172.20
江西	1 373.63	青海	277.17
山东	2 429.28	新疆	325.03

(3)货运密度2138.32万吨公里/公里,同比增长11.37%。

(4)货物平均运距167.89公里,同比增长0.42%。

(5)省(区、市)内货物平均运距76.87公里,同比增长3.25%。

(6)跨省(区、市)货物平均运距469.26公里,同比下降0.83%。

(7)货车平均速度64.95公里/小时,同比增长6.08%。

2017年各型货车平均速度见表2.11。与2016年相比,单车和半挂列车平均速度均有所提高。

2017年各型货车平均速度　表2.11

车　型	轴　型	平均速度(公里/小时)	样本数(万辆)
单车	2轴4胎	74.05	10 662
	2轴6胎	66.45	31 235
	3轴和4轴	63.02	12 578
半挂列车	3~6轴	62.34	45 697

(8)高速公路路网货运分析如下:

①货车轴型构成如表2.12所示。

2017年高速公路货车主要轴型　表2.12

轴　型		车流量比重(%)	行驶量比重(%)	周转量比重(%)
2轴4胎		10.65	6.29	0.18
2轴6胎		30.49	24.28	5.64
3轴、4轴单车	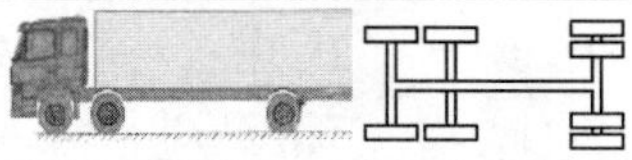	4.79	5.44	2.22
		1.03	0.78	0.36
		6.48	6.32	5.62
半挂列车		0.35	0.30	0.07
		0.04	0.06	0.01
		1.29	1.32	0.76

续上表

轴　　型		车流量比重（%）	行驶量比重（%）	周转量比重（%）
半挂列车		1.23	1.78	1.30
		0.24	0.25	0.21
		17.56	19.84	32.00
		25.85	33.34	51.63

注：表中比重由天津、河北、山西、黑龙江、江苏、江西、安徽、福建、山东、河南、湖北、湖南、重庆、贵州、陕西、宁夏、青海合计17个省（区、市）数据整理所得。这些省（区、市）高速公路里程占全国高速公路通车里程的60.04%。

与2016年相比，3轴和3轴以上货车车流量比重为58.85%，同比增长1.13个百分点（表2.13）；行驶量比重为69.43%，同比增长1.28个百分点（表2.14）；完成的货物周转量比重达到94.18%，同比增长0.27个百分点（表2.14）。

按照《道路车辆外廓尺寸、轴荷及质量限值》（GB1589—2016）的最大允许总质量限值要求，6×2牵引车带3轴半挂车的总质量限值为46吨，而6×4牵引车带3轴半挂车的总质量限值为49吨。两种货车车型同为6轴半挂列车，6×4牵引车带3轴半挂车具备更大的货物核定载质量优势，导致6×2牵引车带3轴半挂车的车流量比重比2016年降低2.50个百分点，6×4牵引车带3轴半挂车的车流量比重比2016年提高6.42个百分点。

高速公路货车车流量比重的变化（%）　　表2.13

轴　　型	2010年	2011年	2012年	2013年	2014年	2015年	2016年	2017年
2轴4胎单车	11.43	11.44	12.40	12.84	13.28	11.95	11.68	10.65
2轴6胎单车	31.00	30.84	30.34	31.16	29.17	33.50	30.60	30.50
3轴、4轴单车	15.76	15.17	14.78	15.24	15.65	14.56	13.35	12.30
半挂列车	41.81	42.55	42.47	40.76	41.90	39.99	44.37	46.55

注：表列数据来源同表2.12。

高速公路货车行驶量比重的变化（%）　　表2.14

轴　　型	2010年	2011年	2012年	2013年	2014年	2015年	2016年	2017年
2轴4胎单车	6.84	6.76	7.30	7.47	7.74	6.86	6.84	6.29
2轴6胎单车	22.62	22.49	23.57	24.01	23.13	25.99	25.01	24.28
3轴、4轴单车	15.54	14.74	13.94	14.19	15.11	14.57	13.82	12.55
半挂列车	55.00	56.01	55.19	54.33	54.02	52.58	54.33	56.88

注：表列数据来源同表2.12。

高速公路货车完成的货物周转量比重的变化（%）　　表2.15

轴　　型	2010年	2011年	2012年	2013年	2014年	2015年	2016年	2017年
2轴4胎单车	0.78	0.69	0.71	0.64	0.58	0.23	0.22	0.18
2轴6胎单车	5.83	5.54	7.76	7.47	7.25	5.91	5.95	5.64
3轴、4轴单车	12.44	11.46	11.07	10.88	10.67	9.99	9.44	8.20
半挂列车	80.95	82.31	80.46	81.01	81.50	83.87	84.47	85.98

注：表列数据来源同表2.12。

②货车空驶状况如表2.16所示。

高速公路路网空车走行率为26.81%，同比增长7.39个百分点。

高速公路空车走行率及其变化　　表2.16

轴　型	年　度	省内运输(%)	跨省运输(%)	总　量(%)
2轴单车	2017	47.84	28.93	40.77
	2016	52.46	30.17	43.74
	2015	48.96	29.98	41.88
	2014	45.30	29.67	39.73
	2013	41.39	28.34	36.78
	2012	33.92	21.41	29.37
	2011	35.30	26.13	31.65
	2010	37.60	29.10	33.30
	2009	34.77	24.95	30.48
	2008	32.78	18.84	26.33
	2007	36.17	15.03	24.95
	2006	36.01	15.87	26.52
3轴、4轴单车	2017	37.79	14.36	23.80
	2016	36.32	13.46	21.59
	2015	36.14	14.42	22.29
	2014	48.18	21.91	32.09
	2013	42.14	17.66	26.96
	2012	37.64	13.04	22.61
	2011	34.44	12.30	20.23
	2010	34.17	12.42	17.93
	2009	35.03	9.46	16.95
	2008	36.40	10.81	18.05
	2007	33.24	8.38	15.00
	2006	32.82	9.38	17.73
半挂列车	2017	41.85	12.85	21.39
	2016	31.77	7.03	12.77
	2015	27.53	5.73	10.66
	2014	37.17	10.85	18.55
	2013	36.51	10.88	17.59
	2012	35.34	10.15	17.04
	2011	43.27	10.84	18.48
	2010	31.34	13.14	14.90
	2009	34.14	7.90	14.73
	2008	42.67	10.16	18.37
	2007	28.74	10.37	15.28
	2006	35.02	9.28	13.93
合计	2017	43.80	15.67	26.81
	2016	39.62	10.13	19.42
	2015	36.45	9.08	17.70
	2014	42.11	15.34	26.01

续上表

轴　型	年　度	省内运输(%)	跨省运输(%)	总　量(%)
合计	2013	39.54	14.57	24.15
	2012	35.00	12.41	21.22
	2011	38.33	13.55	22.24
	2010	34.42	16.37	20.05
	2009	34.56	11.68	19.84
	2008	36.71	12.37	20.97
	2007	33.30	11.37	18.93
	2006	35.33	10.97	20.13

注:1. 空车走行率 = 空车行驶量/重车行驶量; 2. 表列数据来源同表2.12。

③货车超限运输状况如表2.17所示。

按国家强制标准《道路车辆外廓尺寸、轴荷及质量限值》(GB1589—2016)规定的限值,超限率(超限车数/货车总数)为13.10%,比2016年下降6.30个百分点;其中超限30%以上的货车比重为0.92%,比2016年下降0.74个百分点。

2017年高速公路各类货车车流量比重(%)　　表2.17

	空车	不超限重车	超限0~30%	超限30%~50%	超限50%~100%	超限>100%	超限合计
按GB1589标准	29.82	57.08	12.18	0.60	0.29	0.03	100.00

注:表列数据来源同表2.12。

2.6　县乡区域发送客货比重

县乡区域发送货物量占发送货物总量的69.39%,同比增加0.82个百分点。

县乡区域发送旅客量占发送旅客总量的59.33%,同比增加0.77个百分点。

2.7　省(区、市)的穿越车流状况

2017年部分省份和地区穿越货车车流见表2.18。

2017年部分省份和地区穿越货车车流　　表2.18

省份或地区	穿越货车行驶量(万车公里)	货车总行驶量(万车公里)	穿越货车比重(%)
河南	304 257	1 105 296	27.53
冀南和冀西北	123 835	1 086 641	11.40
湖南	252 232	875 296	28.82
冀东	36 561	278 381	13.13
湖北	215 026	743 468	28.92
山西	192 009	911 004	21.08
吉林	35 862	204 740	17.52
江西	314 465	822 919	38.21
安徽	213 989	696 993	30.70
贵州	68 615	449 069	15.28

第3章　部分高速公路干线运输密度

3.1　京哈高速公路(G1)运输密度

3.1.1　客运密度分布如表3.1和图3.1所示。

2017年京哈高速公路(G1)客运密度　　表3.1

路　段	路段起止点	客运密度(人公里/公里)	路段起止点	客运密度(人公里/公里)
北京段	六环—香河	84 991	香河—六环	81 355
河北段	香河—丰润	18 082	丰润—香河	18 087
	丰润—秦皇岛	33 730	秦皇岛—丰润	33 104
	秦皇岛—万家主线(冀辽界)	12 012	万家主线(冀辽界)—秦皇岛	20 573
辽宁段	万家主线(辽冀界)—葫芦岛	25 172	葫芦岛—万家主线(辽冀界)	25 796
	葫芦岛—锦州	31 175	锦州—葫芦岛	32 093
	锦州—沈阳	32 756	沈阳—锦州	33 295
	沈阳—毛家店(辽吉界)	21 956	毛家店(辽吉界)—沈阳	21 275
吉林段	五里坡(吉辽界)—长春	21 504	长春—五里坡(吉辽界)	20 090
	长春—拉林河(吉黑界)	18 799	拉林河(吉黑界)—长春	18 824
黑龙江段	拉林河(黑吉界)—哈尔滨	13 568	哈尔滨—拉林河(黑吉界)	13 677

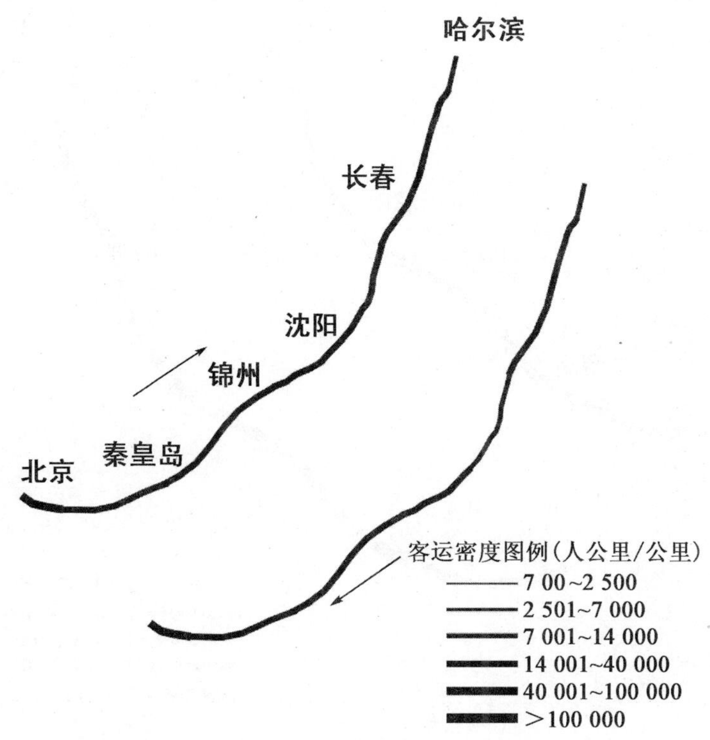

图3.1　2017年京哈高速公路(G1)日均客运密度

3.1.2　货运密度分布如表 3.2 和图 3.2 所示。

2017 年京哈高速公路(G1)货运密度　　表 3.2

路　段	路段起止点	货运密度（吨公里/公里）	路段起止点	货运密度（吨公里/公里）
北京段	六环—香河	73 546	香河—六环	74 980
河北段	香河—丰润	55 410	丰润—香河	48 587
	丰润—秦皇岛	124 215	秦皇岛—丰润	120 210
	秦皇岛—万家主线(冀辽界)	96 841	万家主线(冀辽界)—秦皇岛	199 672
辽宁段	万家主线(辽冀界)—葫芦岛	179 954	葫芦岛—万家主线(辽冀界)	194 098
	葫芦岛—锦州	196 699	锦州—葫芦岛	208 847
	锦州—沈阳	150 974	沈阳—锦州	134 872
	沈阳—毛家店(辽吉界)	90 060	毛家店(辽吉界)—沈阳	76 454
吉林段	五里坡(吉辽界)—长春	116 116	长春—五里坡(吉辽界)	92 683
	长春—拉林河(吉黑界)	58 167	拉林河(吉黑界)—长春	56 156
黑龙江段	拉林河(黑吉界)—哈尔滨	45 865	哈尔滨—拉林河(黑吉界)	38 938

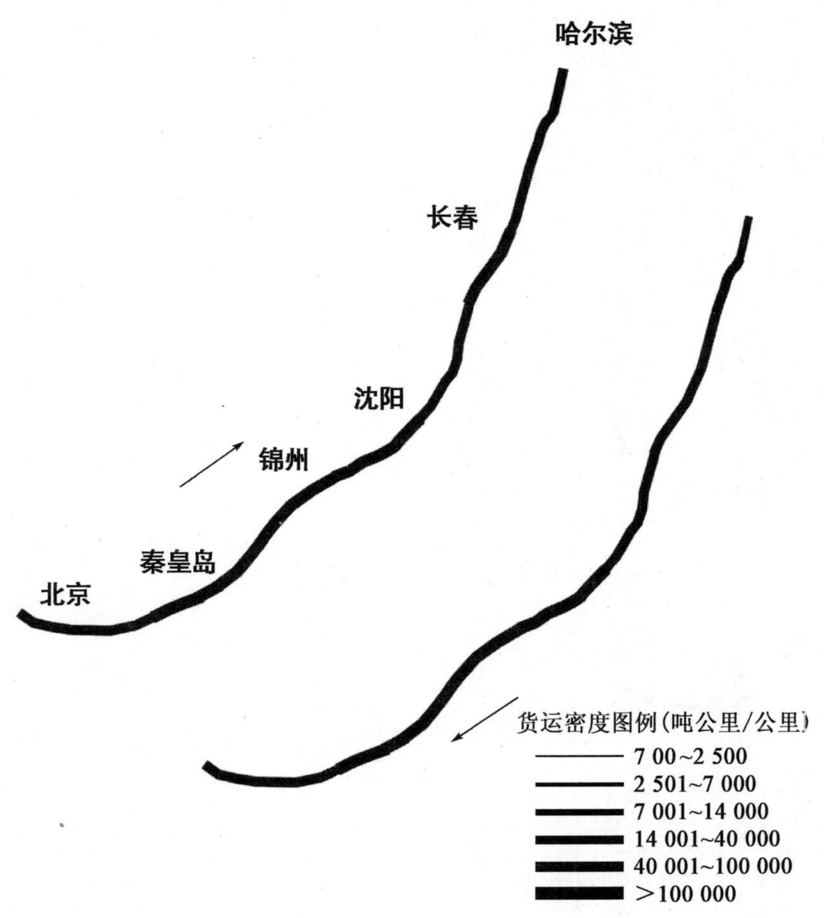

图 3.2　2017 年京哈高速公路(G1)日均货运密度

3.2　京沪高速公路(G2)运输密度

3.2.1　客运密度分布如表3.3和图3.3所示。

2017年京沪高速公路(G2)客运密度　　表3.3

路　段	路段起止点	客运密度(人公里/公里)	路段起止点	客运密度(人公里/公里)
北京段	大羊坊—廊坊	73 195	廊坊—大羊坊	75 737
河北段	廊坊—泗村店	15 014	泗村店—廊坊	14 794
天津段	泗村店—汉沽	46 545	汉沽—泗村店	49 054
	汉沽—独流	25 345	独流—汉沽	25 981
	独流—九宣闸(津冀界)	19 558	九宣闸(津冀界)—独流	17 795
河北段	青县主线(冀津界)—沧州	25 031	沧州—青县主线(冀津界)	24 898
	沧州—吴桥(冀鲁界)	14 682	吴桥(冀鲁界)—沧州	14 310
山东段	京福鲁冀(德州)—齐河	23 961	齐河—京福鲁冀(德州)	24 841
	齐河—济南	53 204	济南—齐河	61 319
	济南—泰安	49 739	泰安—济南	44 390
	泰安—京沪鲁苏	24 994	京沪鲁苏—泰安	24 135
江苏段	苏鲁省界—淮安	21 692	淮安—苏鲁省界	22 516
	淮安—江都	54 373	江都—淮安	54 337
	江都—江阴	53 950	江阴—江都	53 124
	江阴—无锡	42 111	无锡—江阴	41 232
	无锡—苏州北	150 317	苏州北—无锡	157 972
	苏州北—花桥主线(苏沪界)	105 654	花桥主线(苏沪界)—苏州北	108 615
上海段	安亭主线(沪苏界)—江桥	129 673	江桥—安亭主线(沪苏界)	129 821

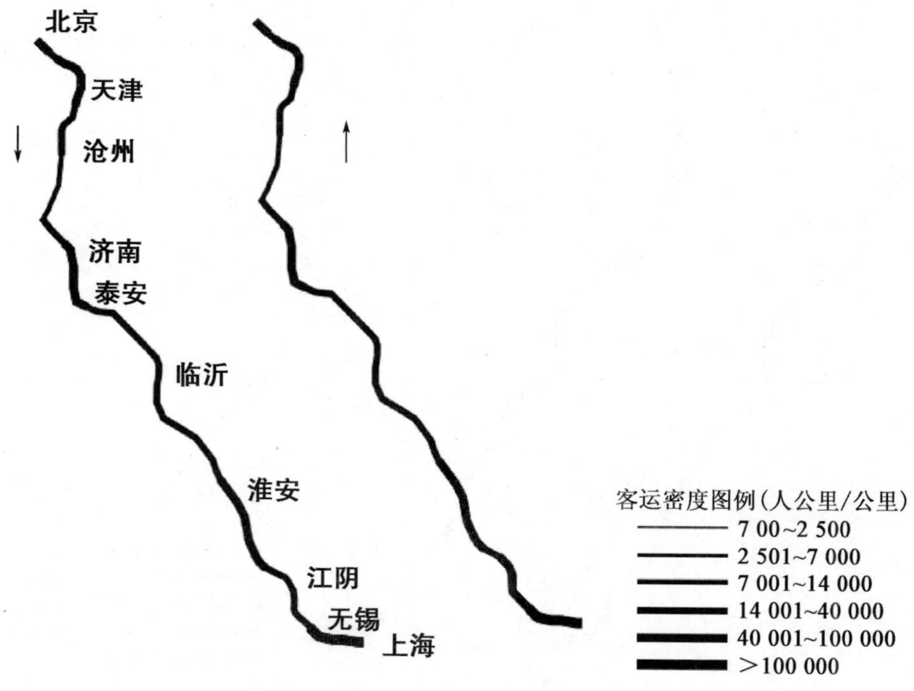

图3.3　2017年京沪高速公路(G2)日均客运密度

3.2.2 货运密度分布如表 3.4 和图 3.4 所示。

2017 年京沪高速公路(G2)货运密度

表 3.4

路　段	路段起止点	货运密度(吨公里/公里)	路段起止点	货运密度(吨公里/公里)
北京段	大羊坊—廊坊	63 176	廊坊—大羊坊	74 323
河北段	廊坊—泗村店	31 223	泗村店—廊坊	32 673
天津段	泗村店—汉沽	53 825	汉沽—泗村店	63 593
	汉沽—独流	63 460	独流—汉沽	72 168
	独流—九宣闸(津冀界)	22 372	九宣闸(津冀界)—独流	24 242
河北段	青县主线(冀津界)—沧州	101 669	沧州—青县主线(冀津界)	86 495
	沧州—吴桥(冀鲁界)	45 069	吴桥(冀鲁界)—沧州	50 791
山东段	京福鲁冀(德州)—齐河	144 697	齐河—京福鲁冀(德州)	111 205
	齐河—济南	310 525	济南—齐河	224 563
	济南—泰安	252 104	泰安—济南	185 006
	泰安—京沪鲁苏	182 005	京沪鲁苏—泰安	143 748
江苏段	苏鲁省界—淮安	144 734	淮安—苏鲁省界	107 935
	淮安—江都	87 747	江都—淮安	82 603
	江都—江阴	42 869	江阴—江都	42 978
	江阴—无锡	22 716	无锡—江阴	16 609
	无锡—苏州北	168 427	苏州北—无锡	162 677
	苏州北—花桥主线(苏沪界)	78 758	花桥主线(苏沪界)—苏州北	89 250
上海段	安亭主线(沪苏界)—江桥	60 302	江桥—安亭主线(沪苏界)	61 271

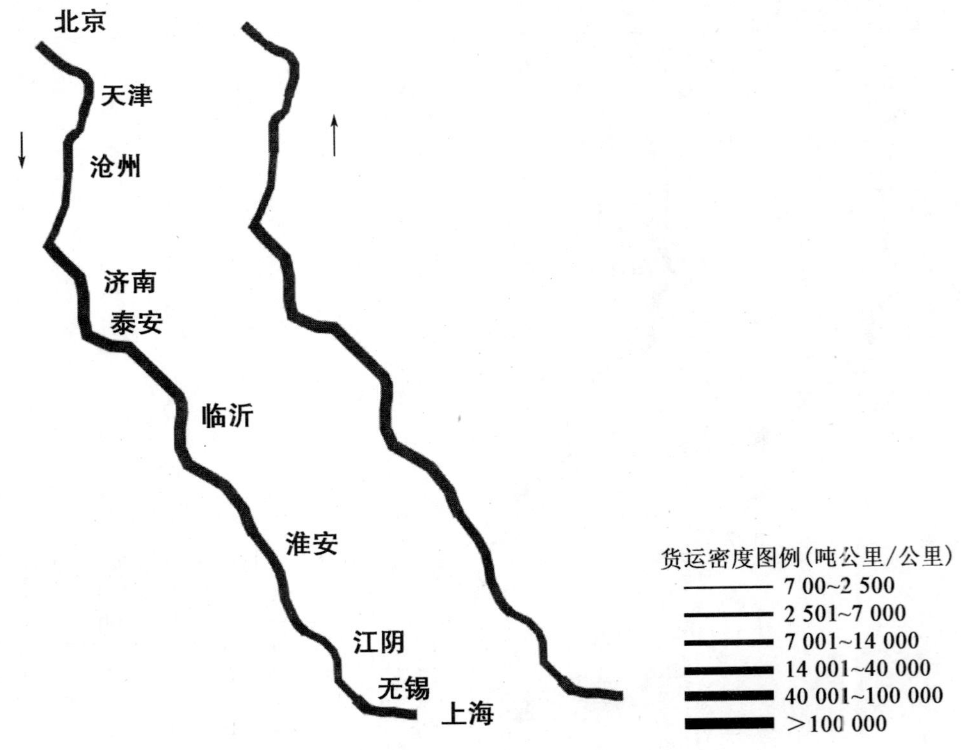

图 3.4　2017 年京沪高速公路(G2)日均货运密度

3.3　京港澳高速(G4)运输密度

3.3.1　客运密度分布如表3.5和图3.5所示。

2017年京港澳高速公路(G4)客运密度　　表3.5

路　段	路段起止点	客运密度(人公里/公里)	路段起止点	客运密度(人公里/公里)
北京段	六环—琉璃河南(京冀界)	108 562	琉璃河南(京冀界)—六环	91 057
河北段	涿州北(冀京界)—保定	37 074	保定—涿州北(冀京界)	34 807
	保定—石家庄	28 131	石家庄—保定	27 459
	石家庄—栾城	37 232	栾城—石家庄	37 675
	栾城—临漳(冀豫界)	23 051	临漳(冀豫界)—栾城	22 880
河南段	京港澳豫冀界—鹤壁	27 153	鹤壁—京港澳豫冀界	27 082
	鹤壁—新乡	47 214	新乡—鹤壁	47 576
	新乡—郑州	61 251	郑州—新乡	61 024
	郑州—许昌	73 623	许昌—郑州	72 148
	许昌—漯河	42 089	漯河—许昌	41 106
	漯河—驻马店	31 315	驻马店—漯河	30 949
	驻马店—京港澳豫鄂界	15 166	京港澳豫鄂界—驻马店	14 938
湖北段	豫鄂界—武汉北	15 438	武汉北—豫鄂界	14 951
	武汉北—鄂南(鄂湘界)	20 320	鄂南(鄂湘界)—武汉北	19 674
湖南段	羊楼司(湘鄂界)—岳阳	14 275	岳阳—羊楼司(湘鄂界)	12 562
	岳阳—长沙	39 634	长沙—岳阳	38 942
	长沙—湘潭	58 814	湘潭—长沙	57 903
	湘潭—衡阳	41 570	衡阳—湘潭	43 961
	衡阳—郴州	30 266	郴州—衡阳	31 797
	郴州—宜章	31 095	宜章—郴州	32 318
	宜章—小塘(湘粤界)	25 400	小塘(湘粤界)—宜章	28 687
广东段	粤北(粤湘界)—广州	15 468	广州—粤北(粤湘界)	15 601
	广州—太平	173 009	太平—广州	160 996
	太平—深圳皇岗	159 974	深圳皇岗—太平	141 449

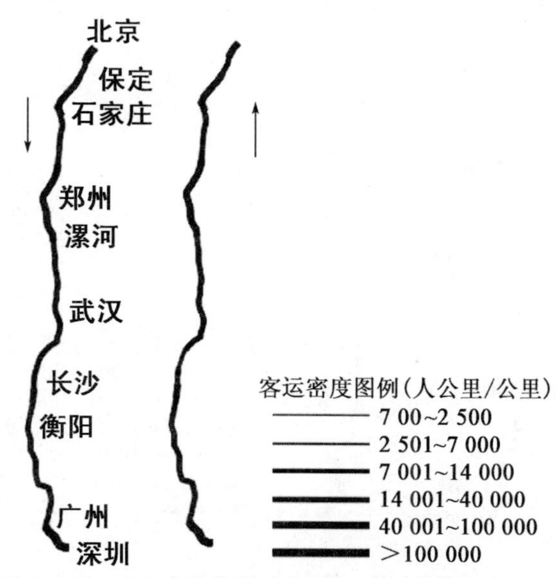

图3.5　2017年京港澳高速公路(G4)日均客运密度

3.3.2 货运密度分布如表 3.6 和图 3.6 所示。

2017 年京港澳高速公路(G4)货运密度

表 3.6

路　段	路段起止点	货运密度（吨公里/公里）	路段起止点	货运密度（吨公里/公里）
北京段	六环—琉璃河南(京冀界)	72 167	琉璃河南(京冀界)—六环	56 902
河北段	涿州北(冀京界)—保定	43 366	保定—涿州北(冀京界)	16 529
	保定—石家庄	38 692	石家庄—保定	68 783
	石家庄—栾城	23 869	栾城—石家庄	21 461
	栾城—临漳(冀豫界)	57 791	临漳(冀豫界)—栾城	44 173
河南段	京港澳豫冀界—鹤壁	100 283	鹤壁—京港澳豫冀界	71 906
	鹤壁—新乡	104 929	新乡—鹤壁	79 035
	新乡—郑州	146 357	郑州—新乡	98 637
	郑州—许昌	107 978	许昌—郑州	100 101
	许昌—漯河	98 038	漯河—许昌	80 217
	漯河—驻马店	101 101	驻马店—漯河	91 553
	驻马店—京港澳豫鄂界	99 141	京港澳豫鄂界—驻马店	92 993
湖北段	豫鄂界—武汉北	76 505	武汉北—豫鄂界	68 312
	武汉北—鄂南(鄂湘界)	86 348	鄂南(鄂湘界)—武汉北	81 131
湖南段	羊楼司(湘鄂界)—岳阳	99 307	岳阳—羊楼司(湘鄂界)	84 096
	岳阳—长沙	171 946	长沙—岳阳	135 674
	长沙—湘潭	166 599	湘潭—长沙	154 122
	湘潭—衡阳	157 577	衡阳—湘潭	158 997
	衡阳—郴州	114 711	郴州—衡阳	115 435
	郴州—宜章	116 552	宜章—郴州	118 667
	宜章—小塘(湘粤界)	115 549	小塘(湘粤界)—宜章	117 253
广东段	粤北(粤湘界)—广州	51 002	广州—粤北(粤湘界)	50 948
	广州—太平	95 033	太平—广州	82 725
	太平—深圳皇岗	51 286	深圳皇岗—太平	39 022

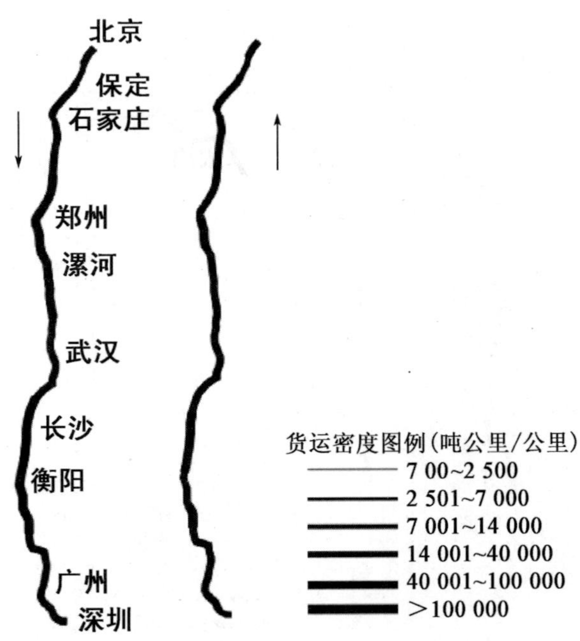

图 3.6　2017 年京港澳高速公路(G4)日均货运密度

3.4　京昆高速公路(G5)运输密度

3.4.1　客运密度分布如表3.7和图3.7所示。

2017年京昆高速公路(G5)客运密度　　表3.7

路　段	路段起止点	客运密度（人公里/公里）	路段起止点	客运密度（人公里/公里）
北京段	六环—琉璃河南(京冀界)	108 562	琉璃河南(京冀界)—六环	91 057
河北段	涿州—满城	10 707	满城—涿州	11 127
	满城—石家庄	10 415	石家庄—满城	11 110
	石家庄—井陉西(冀晋界)	8 070	井陉西(冀晋界)—石家庄	8 610
山西段	旧关(晋冀界)—阳泉	5 739	阳泉—旧关(晋冀界)	7 886
	阳泉—太原	21 181	太原—阳泉	23 109
	太原—罗城	17 490	罗城—太原	17 457
	罗城—交城	50 876	交城—罗城	50 776
	交城—侯马	20 821	侯马—交城	20 168
	侯马—龙门大桥(晋陕界)	10 057	龙门大桥(晋陕界)—侯马	9 335
陕西段	禹门口(陕晋界)—西安	22 696	西安—禹门口(陕晋界)	22 344
	西安—汉中	20 807	汉中—西安	20 813
	汉中—棋盘关(陕川界)	9 767	棋盘关(陕川界)—汉中	9 689
四川段	棋盘关—广元	10 340	广元—棋盘关	10 773
	广元—绵阳	21 328	绵阳—广元	22 568
	绵阳—德阳	37 168	德阳—绵阳	39 342
	德阳—成都	64 209	成都—德阳	72 578
	成都—青龙	110 971	青龙—成都	102 140
	青龙—雅安东	32 610	雅安东—青龙	31 235
	雅安东—西昌	20 236	西昌—雅安东	19 182
	西昌—攀枝花	10 961	攀枝花—西昌	10 145

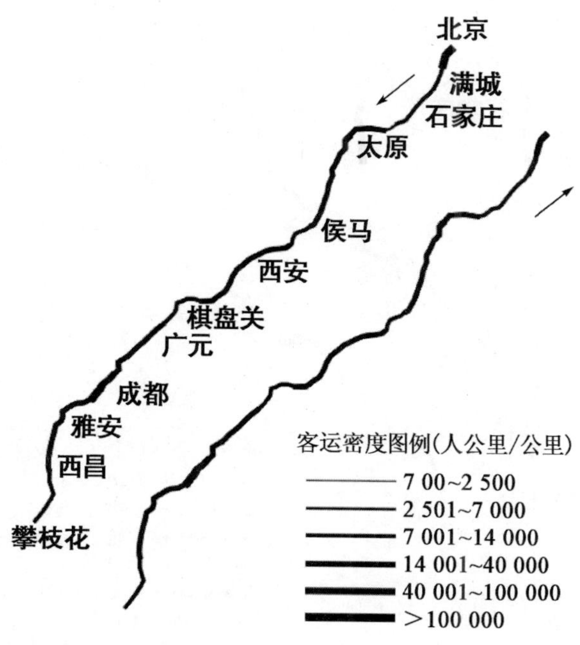

图3.7　2017年京昆高速公路(G5)客运密度

3.4.2 货运密度分布如表3.8和图3.8所示。

2017 年京昆高速公路(G5)货运密度

表3.8

路　段	路段起止点	货运密度（吨公里/公里）	路段起止点	货运密度（吨公里/公里）
北京段	六环—琉璃河南(京冀界)	72 167	琉璃河南(京冀界)—六环	56 902
河北段	涿州—满城	71 519	满城—涿州	93 981
	满城—石家庄	62 454	石家庄—满城	58 097
	石家庄—井陉西(冀晋界)	32 559	井陉西(冀晋界)—石家主	22 323
山西段	旧关(晋冀界)—阳泉	60 890	阳泉—旧关(晋冀界)	91 499
	阳泉—太原	61 161	太原—阳泉	86 945
	太原—罗城	52 515	罗城—太原	39 399
	罗城—交城	92 198	交城—罗城	96 723
	交城—侯马	30 867	侯马—交城	23 766
	侯马—龙门大桥(晋陕界)	45 835	龙门大桥(晋陕界)—侯马	24 754
陕西段	禹门口(陕晋界)—西安	51 319	西安—禹门口(陕晋界)	22 609
	西安—汉中	81 297	汉中—西安	70 833
	汉中—棋盘关(陕川界)	79 369	棋盘关(陕川界)—汉中	94 698
四川段	棋盘关—广元	103 781	广元—棋盘关	57 153
	广元—绵阳	99 904	绵阳—广元	62 477
	绵阳—德阳	69 533	德阳—绵阳	41 340
	德阳—成都	39 031	成都—德阳	24 193
	成都—青龙	34 895	青龙—成都	49 701
	青龙—雅安东	11 215	雅安东—青龙	8 630
	雅安东—西昌	22 761	西昌—雅安东	20 372
	西昌—攀枝花	16 010	攀枝花—西昌	18 567

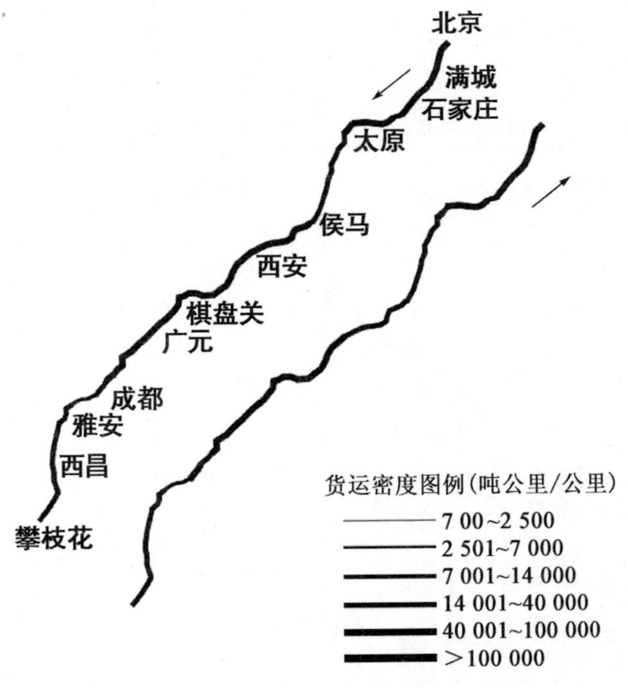

图3.8　2017 年京昆高速公路(G5)货运密度

3.5　京藏高速公路(G6)运输密度

3.5.1　客运密度分布如表3.9和图3.9所示。

2017年京藏高速公路(G6)客运密度　　表3.9

路　段	路段起止点	客运密度（人公里/公里）	路段起止点	客运密度（人公里/公里）
北京段	六环—居庸关	98 944	居庸关—六环	130 198
	居庸关—市界	51 910	市界—居庸关	60 921
河北段	东花园—宣化主线	18 181	宣化主线—东花园	17 554
	宣化主线—东洋河	9 251	东洋河—宣化主线	8 758
内蒙古段	蒙冀界—乌兰察布	6 407	乌兰察布—蒙冀界	7 867
	乌兰察布—呼和浩特	14 597	呼和浩特—乌兰察布	15 112
	呼和浩特—包头	24 904	包头—呼和浩特	25 704
	包头—临河	8 152	临河—包头	9 441
	临河—磴口	5 312	磴口—临河	5 236
	磴口—蒙宁界	5 149	蒙宁界—磴口	5 217
宁夏段	惠农主线(宁蒙界)—姚伏	9 270	姚伏—惠农主线(宁蒙界)	9 373
	姚伏—银川	20 973	银川—姚伏	19 979
	银川—吴忠	23 702	吴忠—银川	20 690
	吴忠—中宁	15 585	中宁—吴忠	15 710
	中宁—桃山	6 917	桃山—中宁	7 096
	桃山—兴仁主线(宁甘界)	3 670	兴仁主线(宁甘界)—桃山	3 344
甘肃段	刘家寨主线(甘宁界)—白银	9 140	白银—刘家寨主线(甘宁界)	8 428
	白银—树屏	22 503	树屏—白银	21 122
	树屏—河口	22 577	河口—树屏	21 702
	河口—海石湾主线(甘青界)	13 597	海石湾主线(甘青界)—河口	12 662
青海段	马场垣主线(青甘界)—平安	22 789	平安—马场垣主线(青甘界)	13 604
	平安—西宁	47 238	西宁—平安	37 106

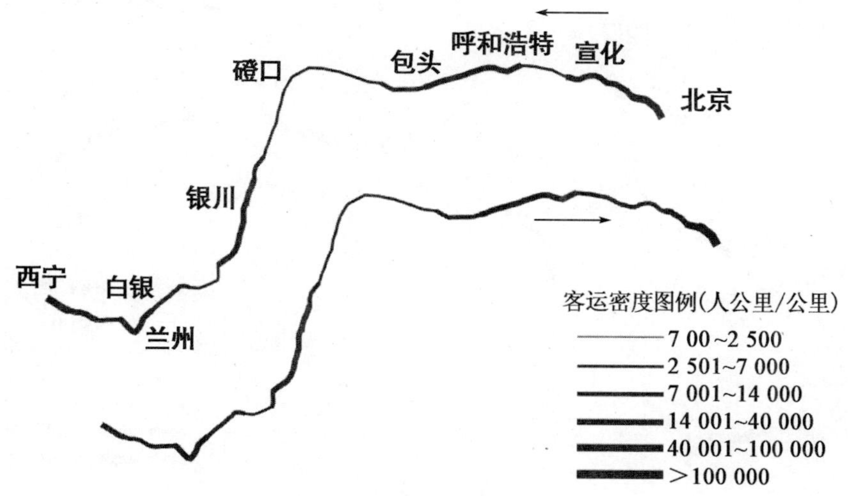

图3.9　2017年京藏高速公路(G6)客运密度

3.5.2　货运密度分布如表3.10和图3.10所示。

2017年京藏高速公路(G6)货运密度　　表3.10

路　段	路段起止点	货运密度（吨公里/公里）	路段起止点	货运密度（吨公里/公里）
北京段	六环—居庸关	135 903	居庸关—六环	29 477
	居庸关—市界	133 223	市界—居庸关	6 860
河北段	东花园—宣化主线	40 498	宣化主线—东花园	32 570
	宣化主线—东洋河	17 679	东洋河—宣化主线	23 319
内蒙古段	蒙冀界—乌兰察布	90 645	乌兰察布—蒙冀界	91 001
	乌兰察布—呼和浩特	80 323	呼和浩特—乌兰察布	83 227
	呼和浩特—包头	77 466	包头—呼和浩特	71 538
	包头—临河	30 935	临河—包头	39 582
	临河—磴口	7 638	磴口—临河	6 206
	磴口—蒙宁界	29 095	蒙宁界—磴口	37 052
宁夏段	惠农主线(宁蒙界)—姚伏	23 709	姚伏—惠农主线(宁蒙界)	15 425
	姚伏—银川	36 503	银川—姚伏	27 146
	银川—吴忠	15 644	吴忠—银川	11 355
	吴忠—中宁	11 814	中宁—吴忠	8 857
	中宁—桃山	21 347	桃山—中宁	12 470
	桃山—兴仁主线(宁甘界)	10 009	兴仁主线(宁甘界)—桃山	6 711
甘肃段	刘家寨主线(甘宁界)—白银	32 768	白银—刘家寨主线(甘宁界)	22 263
	白银—树屏	43 473	树屏—白银	32 852
	树屏—河口	67 976	河口—树屏	62 345
	河口—海石湾主线(甘青界)	56 783	海石湾主线(甘青界)—河口	45 605
青海段	马场垣主线(青甘界)—平安	45 440	平安—马场垣主线(青甘界)	75 694
	平安—西宁	55 559	西宁—平安	30 574

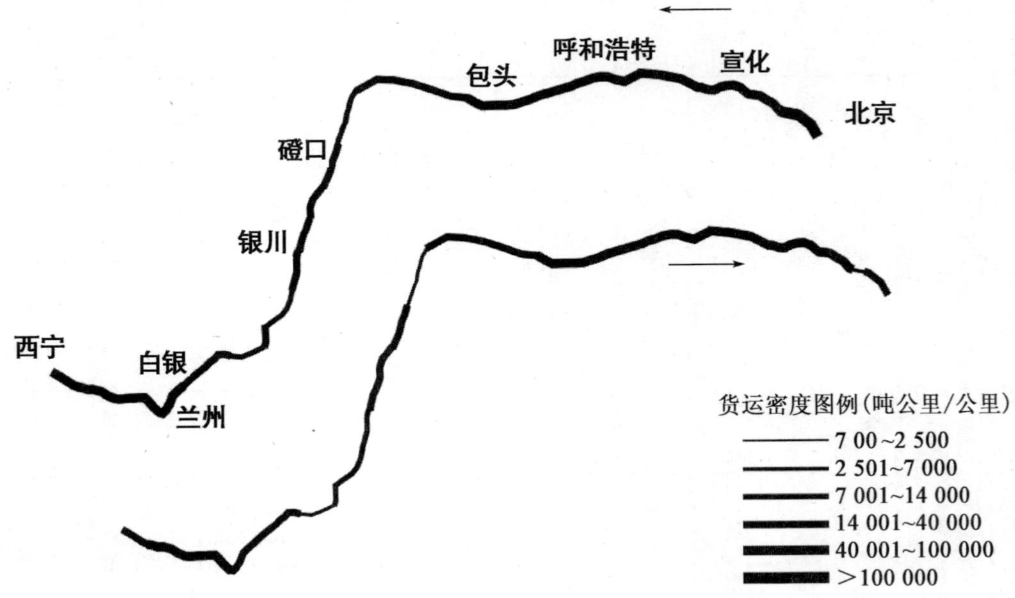

图3.10　2017年京藏高速公路(G6)货运密度

3.6　沈海高速公路(G15)运输密度

3.6.1　客运密度分布如表3.11和图3.11所示。

2017年沈海高速公路(G15)客运密度　　表3.11

路　段	路段起止点	客运密度(人公里/公里)	路段起止点	客运密度(人公里/公里)
辽宁段	沈阳—鞍山	46 088	鞍山—沈阳	46 123
	鞍山—营口	35 725	营口—鞍山	36 246
	营口—鲅鱼圈	41 401	鲅鱼圈—营口	42 340
	鲅鱼圈—大连	38 701	大连—鲅鱼圈	38 996
山东段	烟台—栖霞	31 363	栖霞—烟台	31 329
	栖霞—青岛	12 721	青岛—栖霞	12 000
	青岛—沈海鲁苏	31 877	沈海鲁苏—青岛	31 430
江苏段	沈海苏鲁—南通	33 556	南通—沈海苏鲁	32 444
	南通—常熟	109 598	常熟—南通	110 996
	常熟—太仓主线(苏沪界)	94 413	太仓主线(苏沪界)—常熟	94 199
上海段	朱桥(沪苏界)—嘉浏	99 582	嘉浏—朱桥(沪苏界)	102 689
	嘉浏—新桥	60 905	新桥—嘉浏	65 250
	新桥—嘉金莘奉金立交	41 729	嘉金莘奉金立交—新桥	40 956
	嘉金莘奉金立交—金山卫	22 648	金山卫—嘉金莘奉金立交	21 896
浙江段	浙沪主线—宁波北	33 705	宁波北—浙沪主线	33 729
	宁波姜山—宁海	40 518	宁海—宁波姜山	39 489
	宁海—吴岙	26 336	吴岙—宁海	25 975
	吴岙—台州	41 370	台州—吴岙	40 138
	台州—温州	31 853	温州—台州	33 665
	温州—平阳	64 882	平阳—温州	66 075
	平阳—分水关(浙闽界)	25 776	分水关(浙闽界)—平阳	25 236
福建段	闽浙—福州	20 631	福州—闽浙	19 469
	福州—莆田	37 358	莆田—福州	34 487
	莆田—泉州	45 510	泉州—莆田	44 312
	泉州—厦门	70 810	厦门—泉州	71 221
	厦门—漳州	60 607	漳州—厦门	60 283
	漳州—闽粤界	21 554	闽粤界—漳州	20 294
广东段	汾水关—汕头	23 156	汕头—汾水关	23 968
	汕头—陆丰	18 572	陆丰—汕头	22 720
	陆丰—深圳	38 857	深圳—陆丰	41 852
	深圳—广州	151 740	广州—深圳	153 257
	广州—阳江	84 116	阳江—广州	77 121
	阳江—湛江	48 160	湛江—阳江	40 519
	湛江—徐闻	11 806	徐闻—湛江	13 668

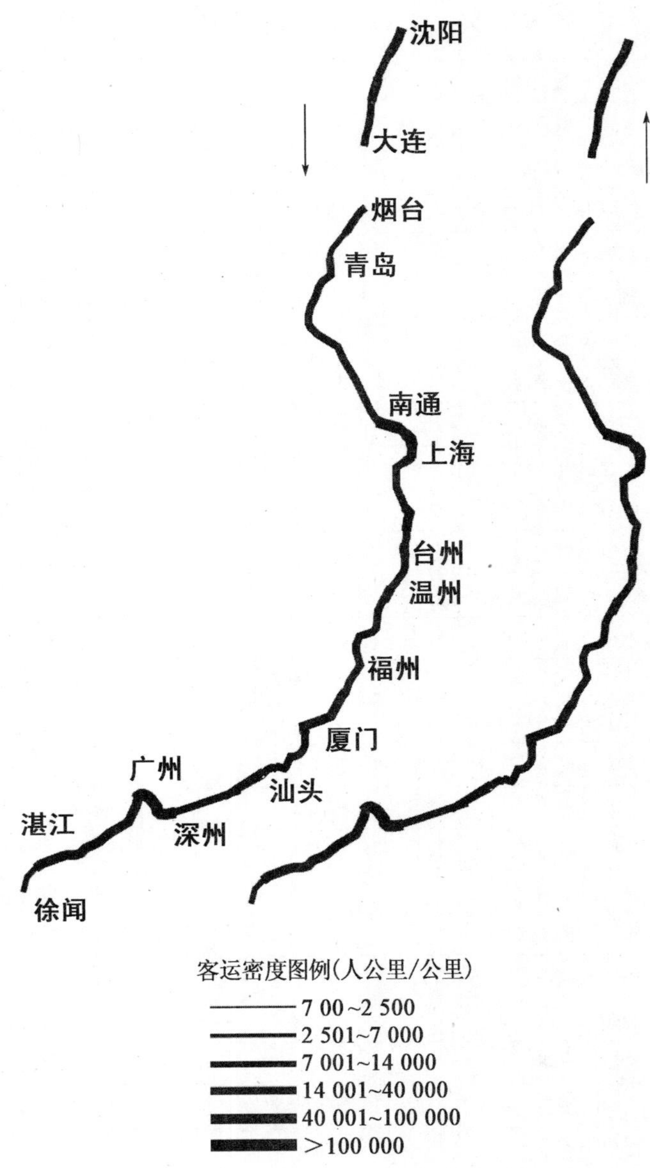

图 3.11、2017 年沈海高速公路(G15)客运密度

3.6.2　货运密度分布如表3.12和图3.12所示。

2017年沈海高速公路(G15)货运密度　　表3.12

路　段	路段起止点	货运密度（吨公里/公里）	路段起止点	货运密度（吨公里/公里）
辽宁段	沈阳—鞍山	41 318	鞍山—沈阳	38 337
	鞍山—营口	58 091	营口—鞍山	52 291
	营口—鲅鱼圈	86 339	鲅鱼圈—营口	69 273
	鲅鱼圈—大连	60 453	大连—鲅鱼圈	44 044
山东段	烟台—栖霞	26 169	栖霞—烟台	26 092
	栖霞—青岛	34 911	青岛—栖霞	29 622
	青岛—沈海鲁苏	79 212	沈海鲁苏—青岛	72 418
江苏段	沈海苏鲁—南通	67 226	南通—沈海苏鲁	65 213
	南通——常熟	184 888	常熟—南通	157 418
	常熟—太仓主线	112 083	太仓主线—常熟	102 923
上海段	朱桥(沪苏界)—嘉浏	111 266	嘉浏—朱桥(沪苏界)	107 392
	嘉浏—新桥	110 395	新桥—嘉浏	107 559
	新桥—嘉金莘奉金立交	46 833	嘉金莘奉金立交—新桥	45 486
	嘉金莘奉金立交—金山卫	47 306	金山卫—嘉金莘奉金立交	50 986
浙江段	浙沪主线—宁波北	72 426	宁波北—浙沪主线	62 303
	宁波姜山—宁海	92 100	宁海—宁波姜山	79 729
浙江段	宁海—吴岙	69 356	吴岙—宁海	97 367
	吴岙—台州	123 254	台州—吴岙	90 657
	台州—温州	74 782	温州—台州	81 193
	温州—平阳	88 654	平阳—温州	10 4614
	平阳—分水关(浙闽界)	81 691	分水关(浙闽界)—平阳	71 834
福建段	闽浙—福州	61 508	福州—闽浙	61 828
	福州—莆田	66 676	莆田—福州	59 742
	莆田—泉州	73 547	泉州—莆田	71 770
	泉州—厦门	75 245	厦门—泉州	74 459
	厦门—漳州	57 047	漳州—厦门	59 311
	漳州—闽粤界	41 305	闽粤界—漳州	38 019
广东段	汾水关—汕头	71 301	汕头—汾水关	62 424
	汕头—陆丰	42 175	陆丰—汕头	36 376
	陆丰—深圳	40 409	深圳—陆丰	38 829
	深圳—广州	79 807	广州—深圳	88 001
	广州—阳江	93 643	阳江—广州	87 620
	阳江—湛江	71 267	湛江—阳江	64 277
	湛江—徐闻	19 103	徐闻—湛江	34 493

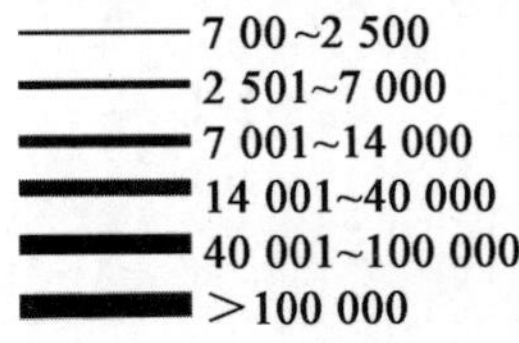

图3.12　2017年沈海高速公路(G15)货运密度

3.7　青银高速公路(G20)运输密度

3.7.1　客运密度分布如表3.13和图3.13所示。

2017年青银高速公路(G20)客运密度　　表3.13

路　段	路段起止点	客运密度（人公里/公里）	路段起止点	客运密度（人公里/公里）
山东段	青岛—胶州	21 918	胶州—青岛	20 210
	胶州—潍坊	16 581	潍坊—胶州	15 634
	潍坊—济南	18 987	济南—潍坊	23 707
	济南—齐河	61 319	齐河—济南	53 204
	齐河—青银鲁冀	13 685	青银鲁冀—齐河	12 243
河北段	清河(冀鲁界)—栾城	11 666	栾城—清河(冀鲁界)	11 742
	栾城—石家庄	8 792	石家庄—栾城	8 922
	石家庄—井陉西(冀晋界)	41 999	井陉西(冀晋界)—石家庄	39 538
山西段	旧关(晋冀界)—阳泉	5 739	阳泉—旧关(晋冀界)	7 886
	阳泉—太原	21 181	太原—阳泉	23 109
	太原—罗城	17 490	罗城—太原	17 457
	罗城—交城	50 876	交城—罗城	50 776
	交城—吕梁	19 911	吕梁—交城	19 999
	吕梁—柳林	14 732	柳林—吕梁	5 963
陕西段	吴堡主线(陕晋界)—靖边	2 687	靖边—吴堡主线(陕晋界)	2 638
	靖边—王圈梁(陕宁界)	7 234	王圈梁(陕宁界)—靖边	7 105
宁夏段	盐池主线(宁陕界)—临河	9 163	临河—盐池主线(宁陕界)	9 823
	临河—银川	52 990	银川—临河	48 389

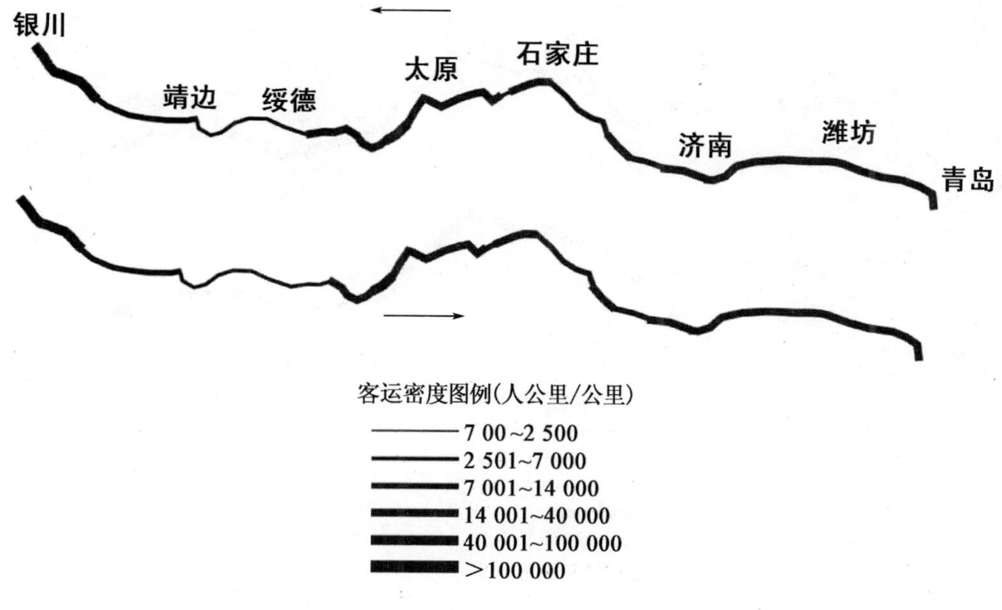

图3.13　2017年青银高速公路(G20)客运密度

3.7.2　货运密度分布如表3.14和图3.14所示。

2017年青银高速公路(G20)货运密度　　表3.14

路　段	路段起止点	货运密度(吨公里/公里)	路段起止点	货运密度(吨公里/公里)
山东段	青岛—胶州	25 144	胶州—青岛	18 644
	胶州—潍坊	27 347	潍坊—胶州	23 856
	潍坊—济南	51 034	济南—潍坊	51 787
	济南—齐河	106 465	齐河—济南	96 342
	齐河—青银鲁冀	73 486	青银鲁冀—齐河	146 624
河北段	清河(冀鲁界)—栾城	22 553	栾城—清河(冀鲁界)	56 302
	栾城—石家庄	36 543	石家庄—栾城	72 276
	石家庄—井陉西(冀晋界)	66 188	井陉西(冀晋界)—石家庄	106 219
山西段	旧关(晋冀界)—阳泉	60 890	阳泉—旧关(晋冀界)	91 499
	阳泉—太原	61 161	太原—阳泉	86 945
	太原—罗城	52 515	罗城—太原	39 399
	罗城—交城	92 198	交城—罗城	96 723
	交城—吕梁	65 543	吕梁—交城	124 044
	吕梁—柳林	102 414	柳林—吕梁	152 728
陕西段	吴堡主线(陕晋界)—靖边	74 712	靖边—吴堡主线(陕晋界)	76 582
	靖边—王圈梁(陕宁界)	58 917	王圈梁(陕宁界)—靖边	55 451
宁夏段	盐池主线(宁陕界)—临河	15 786	临河—盐池主线(宁陕界)	16 640
	临河—银川	40 943	银川—临河	45 757

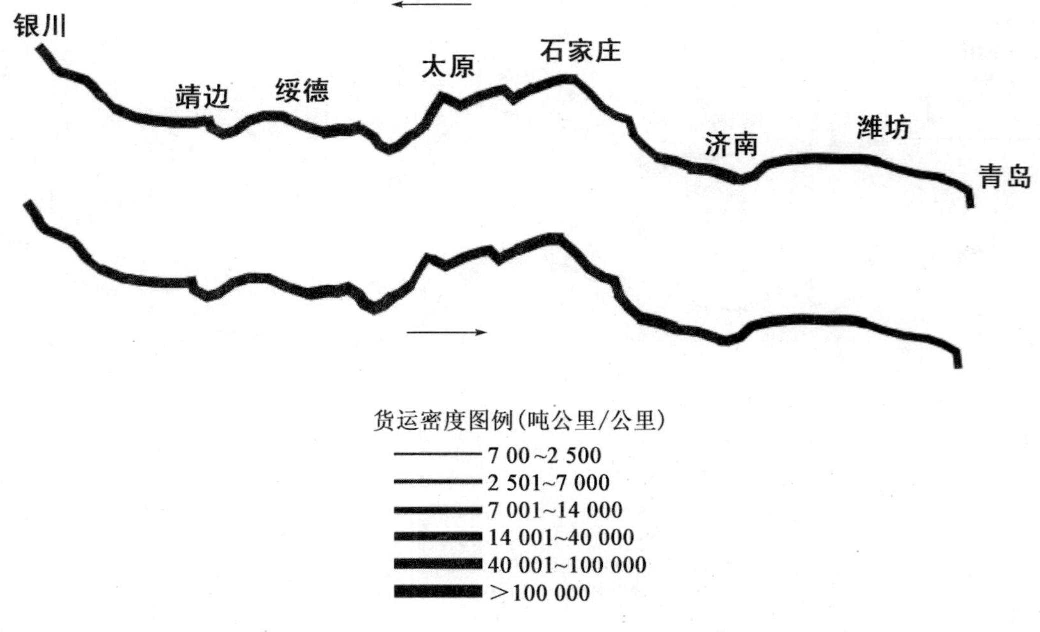

图3.14　2017年青银高速公路(G20)货运密度

3.8　连霍高速公路(G30)运输密度

3.8.1　客运密度分布如表3.15和图3.15所示。

2017年连霍高速公路(G30)客运密度　　表3.15

路　段	路段起止点	客运密度（人公里/公里）	路段起止点	客运密度（人公里/公里）
江苏段	连云港—徐州	15 340	徐州—连云港	15 505
	徐州—苏皖省界	23729	苏皖省界—徐州	22019
安徽段	皖苏—皖豫	20 806	皖豫—皖苏	21 382
河南段	连霍豫皖界—商丘	22 209	商丘—连霍豫皖界	25 714
	商丘—开封	31 817	开封—商丘	33 275
	开封—郑州	63 074	郑州—开封	63 147
	郑州—洛阳	40 339	洛阳—郑州	39 746
	洛阳—三门峡	23 754	三门峡—洛阳	23 202
	三门峡—连霍豫陕界	15 538	连霍豫陕界—三门峡	15 239
陕西段	潼关(陕豫界)—西安	38 405	西安—潼关(陕豫界)	39 974
	西安—咸阳	63 579	咸阳—西安	67 122
	咸阳—杨凌	47 492	杨凌—咸阳	43 612
	杨凌—宝鸡	28 525	宝鸡—杨凌	27 549
	宝鸡—陈仓(陕甘界)	7 239	陈仓(陕甘界)—宝鸡	7 026
甘肃段	陈仓(甘陕界)—天水	5 173	天水—陈仓(甘陕界)	5 165
	天水—定西	10 164	定西—天水	9 935
	定西—兰州	35 484	兰州—定西	35 285
	兰州—龙泉寺	24 156	龙泉寺—兰州	22 080
	龙泉寺—华藏寺	10 750	华藏寺—龙泉寺	10 805
	华藏寺—双塔	10 320	双塔—华藏寺	10 411
	双塔—武威	15 345	武威—双塔	14 968
	武威—张掖	6 139	张掖—武威	6 013
	张掖—清水主线	6 373	清水主线—张掖	6 514
	清水主线—嘉峪关	6 861	嘉峪关—清水主线	7 029
	嘉峪关—瓜州站	6 915	瓜州站—嘉峪关	7 254
	瓜州站—柳园北主线(甘疆界)	2 637	柳园北主线(甘疆界)—瓜州站	2 001

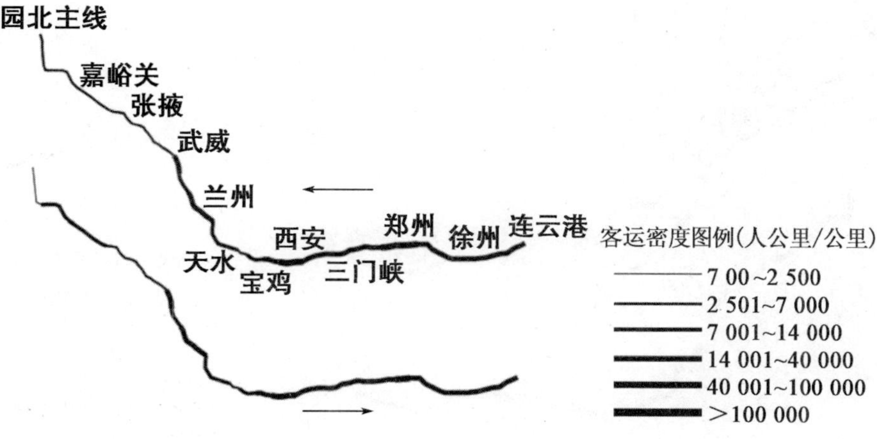

图3.15　2017年连霍高速公路(G30)客运密度

3.8.2 货运密度分布如表3.16和图3.16所示。

2017年连霍高速公路(G30)货运密度 表3.16

路　段	路段起止点	货运密度（吨公里/公里）	路段起止点	货运密度（吨公里/公里）
江苏段	连云港—徐州	27 979	徐州—连云港	29 296
	徐州—苏皖省界	64 954	苏皖省界—徐州	162 455
安徽段	皖苏—皖豫	41 048	皖豫—皖苏	37 996
河南段	连霍豫皖界—商丘	24 336	商丘—连霍豫皖界	29 002
	商丘—开封	39 472	开封—商丘	42 140
	开封—郑州	74 586	郑州—开封	64 283
	郑州—洛阳	83 840	洛阳—郑州	78 384
	洛阳—三门峡	142 902	三门峡—洛阳	98 038
	三门峡—连霍豫陕界	151 411	连霍豫陕界—三门峡	94 865
陕西段	潼关(陕豫界)—西安	157 928	西安—潼关(陕豫界)	111 076
	西安—咸阳	33 073	咸阳—西安	45 402
	咸阳—杨凌	53 969	杨凌—咸阳	42 092
	杨凌—宝鸡	42 793	宝鸡—杨凌	39 608
	宝鸡—陈仓(陕甘界)	27 509	陈仓(陕甘界)—宝鸡	23 115
甘肃段	陈仓(甘陕界)—天水	21 405	天水—陈仓(甘陕界)	20 135
	天水—定西	13 928	定西—天水	14 868
	定西—兰州	54 523	兰州—定西	57 042
	兰州—龙泉寺	41 452	龙泉寺—兰州	47 280
	龙泉寺—华藏寺	16 196	华藏寺—龙泉寺	23 696
	华藏寺—双塔	21 149	双塔—华藏寺	27 959
	双塔—武威	45 936	武威—双塔	51 015
	武威—张掖	41 527	张掖—武威	42 952
	张掖—清水主线	29 122	清水主线—张掖	31 419
	清水主线—嘉峪关	43 111	嘉峪关—清水主线	44 758
	嘉峪关—瓜州站	54 326	瓜州站—嘉峪关	57 459
	瓜洲站—柳园北主线(甘疆界)	39 405	柳园北主线(甘疆界)—瓜洲站	33 268

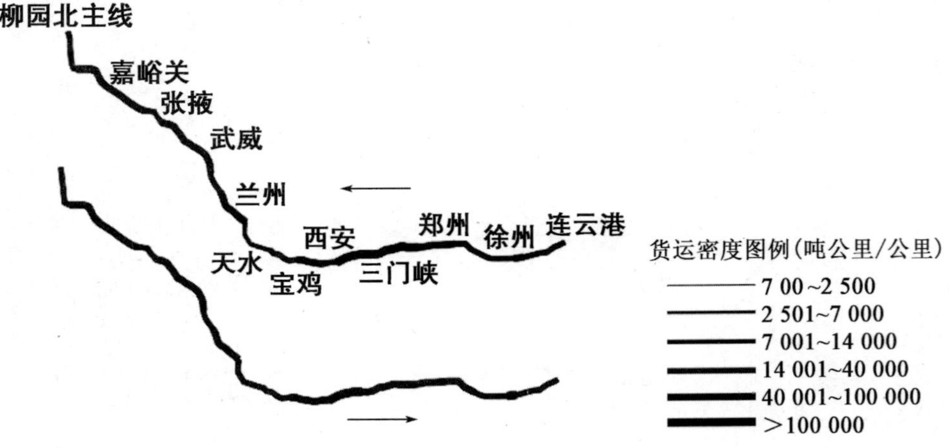

图3.16　2017年连霍高速公路(G30)货运密度

3.9　宁洛高速公路(G36)运输密度

3.9.1　客运密度分布如表3.17和图3.17所示。

2017年宁洛高速公路(G36)客运密度　　表3.17

路　段	路段起止点	客运密度（人公里/公里）	路段起止点	客运密度（人公里/公里）
安徽段	曹庄(皖苏界)—滁州	57 882	滁州—曹庄(皖苏界)	57 445
	滁州—蚌埠	52 869	蚌埠—滁州	55 792
	蚌埠—界首(皖豫界)	25 499	界首(皖豫界)—蚌埠	26 998
河南段	宁洛豫皖界—漯河	25 338	漯河—宁洛豫皖界	23 696
	漯河—平顶山	17 026	平顶山—漯河	16 578
	平顶山—洛阳	15 476	洛阳—平顶山	14 975

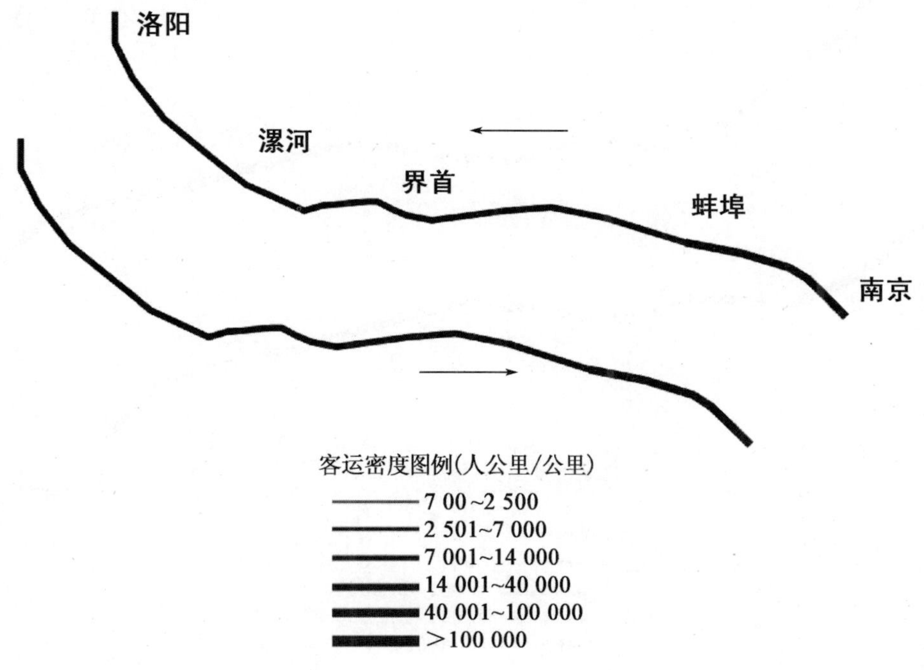

图3.17　2017年宁洛高速公路(G36)客运密度

3.9.2 货运密度分布如表3.18和图3.18所示。

2017年宁洛高速公路(G36)货运密度 表3.18

路 段	路段起止点	货运密度(吨公里/公里)	路段起止点	货运密度(吨公里/公里)
安徽段	曹庄(皖苏界)—滁州	79 831	滁州—曹庄(皖苏界)	81 013
	滁州—蚌埠	79 311	蚌埠—滁州	70 086
	蚌埠—界首(皖豫界)	44 978	界首(皖豫界)—蚌埠	45 673
河南段	宁洛豫皖界—漯河	37 303	漯河—宁洛豫皖界	44 049
	漯河—平顶山	25 956	平顶山—漯河	50 985
	平顶山—洛阳	28 508	洛阳—平顶山	47 763

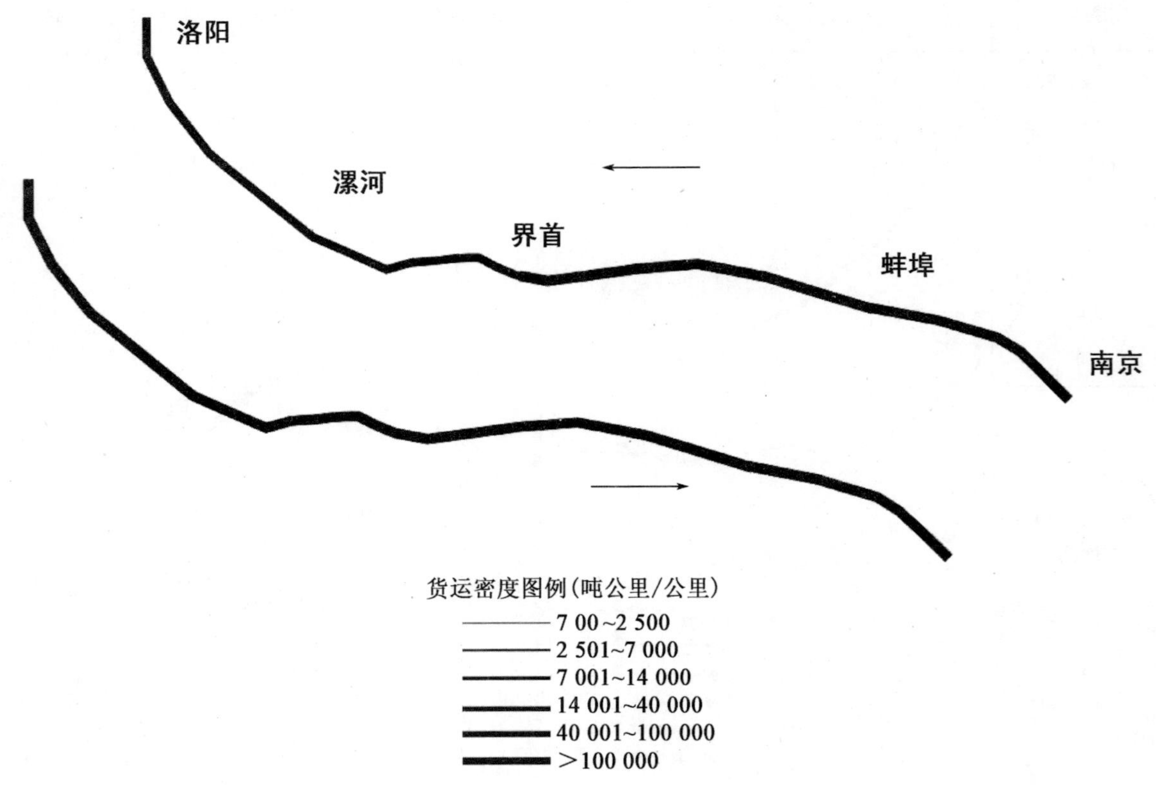

图3.18 2017年宁洛高速公路(G36)货运密度

3.10　沪陕高速公路(G40)运输密度

3.10.1　客运密度分布如表3.19和图3.19所示。

2017年沪陕高速公路(G40)客运密度　　表3.19

路　段	路段起止点	客运密度（人公里/公里）	路段起止点	客运密度（人公里/公里）
江苏段	南通—广陵	35 366	广陵—南通	36 178
	广陵—南京	47 225	南京—广陵	47 132
	南京—皖苏界	33 063	皖苏界—南京	40 751
安徽段	吴庄(皖苏界)—合肥	41 064	合肥—吴庄(皖苏界)	40 398
	合肥—叶集(皖豫界)	40 150	叶集(皖豫界)—合肥	38 281
河南段	沪陕豫皖界—南阳	14 698	南阳—沪陕豫皖界	14 574
	南阳—沪陕豫陕界	11 213	沪陕豫陕界—南阳	10 799
陕西段	界牌(陕豫界)—商洛	6 139	商洛—界牌(陕豫界)	6 063
	商洛—西安	18 070	西安—商洛	16 367

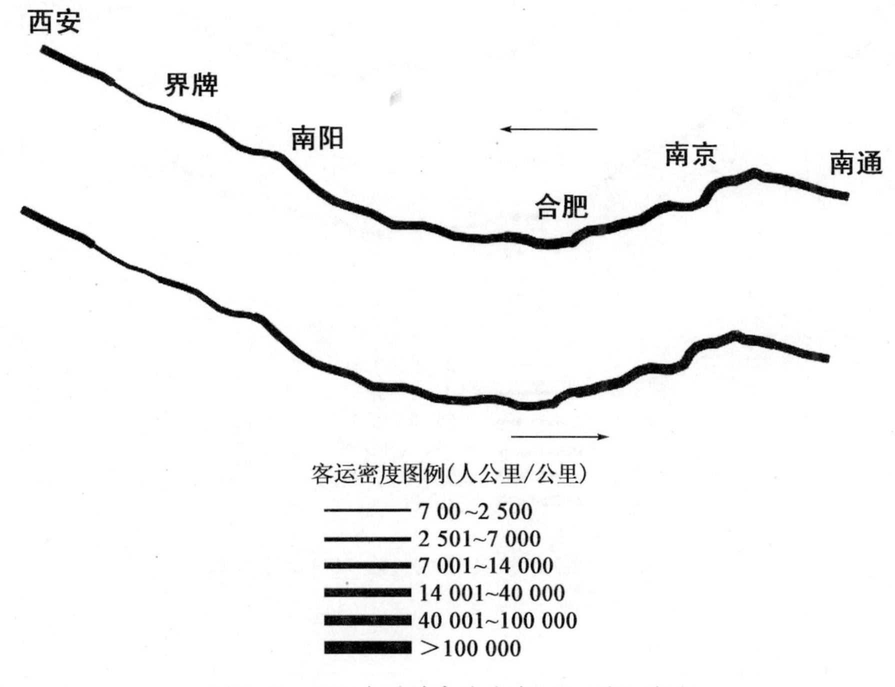

图3.19　2017年沪陕高速公路(G40)客运密度

3.10.2 货运密度分布如表 3.20 和图 3.20 所示。

2017 年沪陕高速公路(G40)货运密度 表 3.20

路　段	路段起止点	货运密度(吨公里/公里)	路段起止点	货运密度(吨公里/公里)
江苏段	南通—广陵	20 286	广陵—南通	18 188
	广陵—南京	34 429	南京—广陵	32 894
	南京—皖苏界	76 049	皖苏界—南京	81 468
安徽段	吴庄(皖苏界)—合肥	39 217	合肥—吴庄(皖苏界)	50 843
	合肥—叶集(皖豫界)	85 576	叶集(皖豫界)—合肥	83 945
河南段	沪陕豫皖界—南阳	24 496	南阳—沪陕豫皖界	25 539
	南阳—沪陕豫陕界	28 747	沪陕豫陕界—南阳	43 055
陕西段	界牌(陕豫界)—商洛	67 490	商洛—界牌(陕豫界)	106 361
	商洛—西安	64 558	西安—商洛	100 722

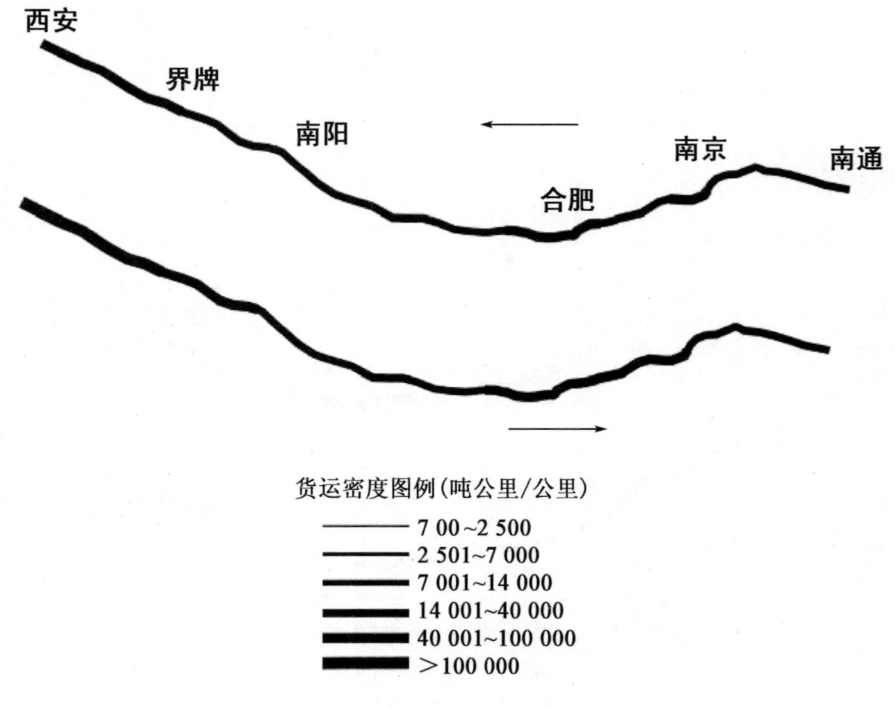

图 3.20 2017 年沪陕高速公路(G40)货运密度

3.11　沪蓉高速公路(G42)运输密度

3.11.1　客运密度分布如表3.21和图3.21所示。

2017年沪蓉高速公路(G42)客运密度　　表3.21

路　　段	路段起止点	客运密度（人公里/公里）	路段起止点	客运密度（人公里/公里）
上海段	江桥—安亭主线(沪苏界)	130 455	安亭主线(沪苏界)—江桥	130 388
江苏段	花桥主线(苏沪界)—苏州北	103 714	苏州北—花桥主线(苏沪界)	104 071
	苏州北—无锡	152 402	无锡—苏州北	155 887
	无锡—南京	108 695	南京—无锡	110 754
	南京—苏皖界	33 063	苏皖界—南京	40 751
安徽段	吴庄(皖苏界)—合肥	40 398	合肥—吴庄(皖苏界)	41 064
	合肥—六安	49 799	六安—合肥	47 365
	六安—长岭关(皖鄂界)	19 980	长岭关(皖鄂界)—六安	19 069
湖北段	麻城—武汉	17 832	武汉—麻城	17 378
	武汉—荆门	18 884	荆门—武汉	18 232
	荆门—宜昌	17 572	宜昌—荆门	15 614
	宜昌—神农溪	12 083	神农溪—宜昌	11 214
重庆段	巫山—云阳	11 602	云阳—巫山	11 580
	云阳—垫江	13 352	垫江—云阳	13 795
	垫江—邻水	6 454	邻水—垫江	6 215
四川段	邻水—南充	14 205	南充—邻水	15 204
	南充—遂宁	25 514	遂宁—南充	26 642
	遂宁—成都	33 826	成都—遂宁	36 780

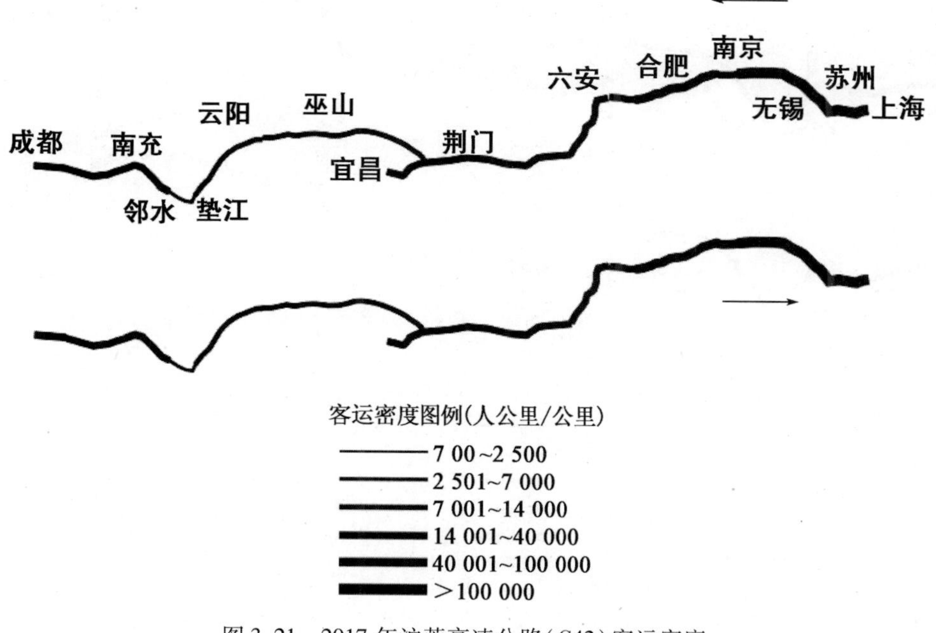

图3.21　2017年沪蓉高速公路(G42)客运密度

3.11.2 货运密度分布如表3.22和图3.22所示。

2017年沪蓉高速公路(G42)货运密度　　表3.22

路　　段	路段起止点	货运密度(吨公里/公里)	路段起止点	货运密度(吨公里/公里)
上海段	江桥—安亭主线(沪苏界)	55 264	安亭主线(沪苏界)—江桥	54 507
江苏段	花桥主线(苏沪界)—苏州北	82 888	苏州北—花桥主线(苏沪界)	81 164
	苏州北—无锡	167 809	无锡—苏州北	163 294
	无锡—南京	80 889	南京—无锡	82 196
	南京—苏皖界	76 049	苏皖界—南京	81 468
安徽段	吴庄(皖苏界)—合肥	50 843	合肥—吴庄(皖苏界)	39 217
	合肥—六安	93 102	六安—合肥	88 926
	六安—长岭关(皖鄂界)	71 545	长岭关(皖鄂界)—六安	66 074
湖北段	麻城—武汉	52 395	武汉—麻城	35 008
	武汉—荆门	14 887	荆门—武汉	14 496
	荆门—宜昌	25 490	宜昌—荆门	16 429
	宜昌—神农溪	13 073	神农溪—宜昌	7 540
重庆段	巫山—云阳	8 324	云阳—巫山	4 844
	云阳—垫江	8 416	垫江—云阳	8 539
	垫江—邻水	10 055	邻水—垫江	11 443
四川段	邻水—南充	13 669	南充—邻水	8 491
	南充—遂宁	18 733	遂宁—南充	22 379
	遂宁—成都	31 600	成都—遂宁	21 181

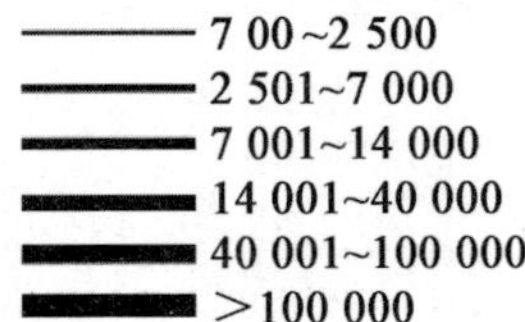

图3.22　2017年沪蓉高速公路(G42)货运密度

3.12　沪渝高速公路(G50)运输密度

3.12.1　客运密度分布如表3.23和图3.23所示。

2017年沪渝高速公路(G50)客运密度　　表3.23

路　段	路段起止点	客运密度(人公里/公里)	路段起止点	客运密度(人公里/公里)
上海段	徐泾—嘉松	125 341	嘉松—徐泾	119 660
	嘉松—G50沪苏(苏沪界)	63 648	G50沪苏(苏沪界)—嘉松	60 888
江苏段	苏沪主线—苏浙省界	45 525	苏浙省界—苏沪主线	43 038
浙江段	浙苏主线—湖州	30 624	湖州—浙苏主线	29 658
	湖州—浙皖主线	37 566	浙皖主线—湖州	35 846
安徽段	广德(皖浙界)—宣城	34 463	宣城—广德(皖浙界)	34 560
	宣城—芜湖	24 882	芜湖—宣城	24 374
	芜湖—安庆	22 575	安庆—芜湖	21 583
	安庆—怀宁	22 988	怀宁—安庆	22 668
	怀宁—宿松(皖鄂界)	21 276	宿松(皖鄂界)—怀宁	21 180
湖北段	鄂皖界—黄梅	13 828	黄梅—鄂皖界	13 519
	黄梅—黄石	32 128	黄石—黄梅	31 747
	黄石—武汉	52 122	武汉—黄石	50 579
	武汉—荆州	34 600	荆州—武汉	33 196
	荆州—宜昌	19 632	宜昌—荆州	18 885
	宜昌—白羊塘(鄂渝界)	12 998	白羊塘(鄂渝界)—宜昌	11 858
重庆段	冷水(渝鄂界)—垫江	8 031	垫江—冷水(渝鄂界)	7 972
	垫江—长寿	26 870	长寿—垫江	28 055
	长寿—重庆	43 284	重庆—长寿	43 947

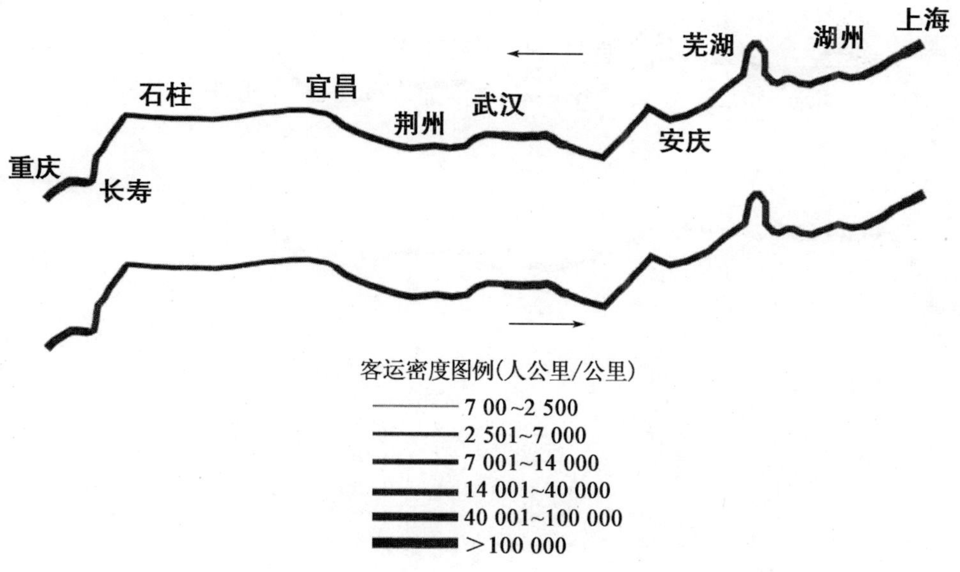

图3.23　2017年沪渝高速公路(G50)客运密度

3.12.2　货运密度分布如表 3.24 和图 3.24 所示。

2017 年沪渝高速公路(G50)货运密度　　表 3.24

路段	路段起止点	货运密度(吨公里/公里)	路段起止点	货运密度(吨公里/公里)
上海段	徐泾—嘉松	22 119	嘉松—徐泾	27 783
	嘉松—G50 沪苏(苏沪界)	22 259	G50 沪苏(苏沪界)—嘉松	23 741
江苏段	苏沪主线—苏浙省界	21 432	苏浙省界—苏沪主线	24 267
浙江段	浙苏主线—湖州	49 699	湖州—浙苏主线	46 691
	湖州—浙皖主线	22 514	浙皖主线—湖州	22 094
安徽段	广德(皖浙界)—宣城	37 197	宣城—广德(皖浙界)	37 767
	宣城—芜湖	44 862	芜湖—宣城	46 043
	芜湖—安庆	35 825	安庆—芜湖	33 152
	安庆—怀宁	37 593	怀宁—安庆	36 487
	怀宁—宿松(皖鄂界)	74 806	宿松(皖鄂界)—怀宁	65 396
湖北段	鄂皖界—黄梅	57 754	黄梅—鄂皖界	47 094
	黄梅—黄石	37 386	黄石—黄梅	44 254
	黄石—武汉	32 609	武汉—黄石	36 803
	武汉—荆州	38 211	荆州—武汉	31 171
	荆州—宜昌	30 009	宜昌—荆州	21 403
	宜昌—白羊塘(鄂渝界)	27 273	白羊塘(鄂渝界)—宜昌	15 027
重庆段	冷水(渝鄂界)—垫江	9 887	垫江—冷水(渝鄂界)	9 531
	垫江—长寿	12 038	长寿—垫江	14 273
	长寿—重庆	28 710	重庆—长寿	25 952

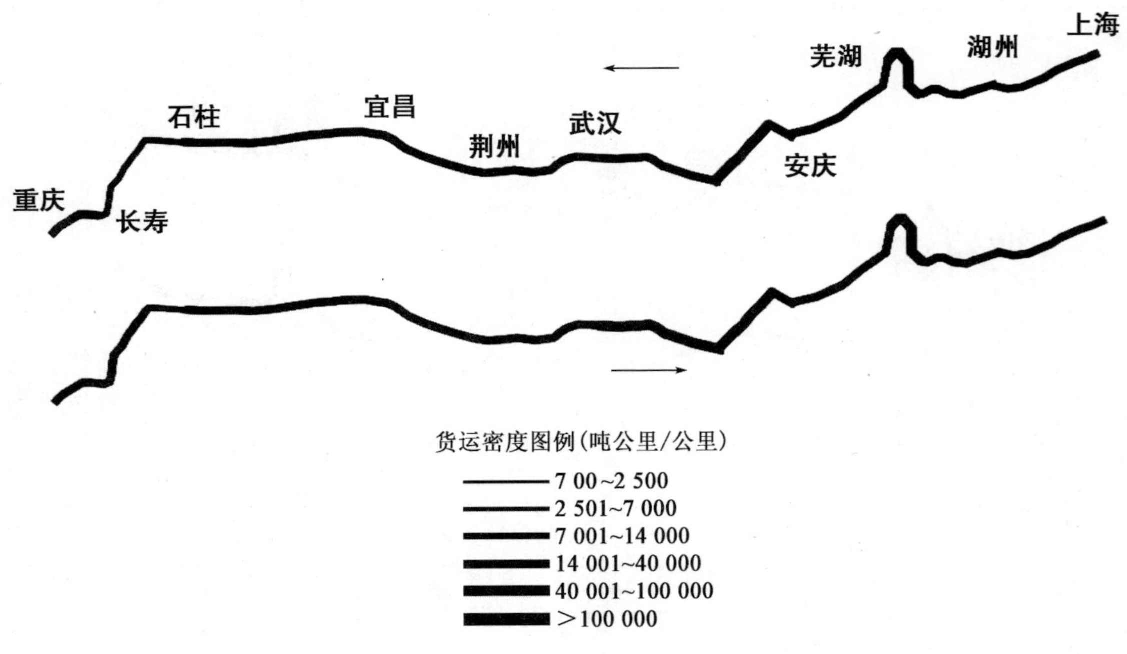

图 3.24　2017 年沪渝高速公路(G50)货运密度

3.13　沪昆高速公路(G60)运输密度

3.13.1　客运密度分布如表3.25和图3.25所示。

2017年沪昆高速公路(G60)客运密度　　表3.25

路　段	路段起止点	客运密度（人公里/公里）	路段起止点	客运密度（人公里/公里）
上海段	莘庄—新桥	201 895	新桥—莘庄	210 001
	新桥—大港	139 198	大港—新桥	142 605
	大港—枫泾(沪浙界)	107 771	枫泾(沪浙界)—大港	108 503
浙江段	大云(浙沪界)—嘉兴	91 881	嘉兴—大云(浙沪界)	91 514
	嘉兴—杭州	80 867	杭州—嘉兴	83 880
	杭州—金华	49 290	金华—杭州	49 174
	金华—龙游	37 354	龙游—金华	36 417
	龙游—浙赣界	42 855	浙赣界—龙游	42 838
江西段	浙赣界—上饶	34 970	上饶—浙赣界	33 321
	上饶—鹰潭	33 178	鹰潭—上饶	32 367
	鹰潭—南昌	16 779	南昌—鹰潭	16 109
	南昌—新余	21 809	新余—南昌	21 481
	新余—萍乡	26 942	萍乡—新余	26 828
	萍乡—赣湘界	24 817	赣湘界—萍乡	24 326
湖南段	赣湘界—株洲	34 844	株洲—赣湘界	35 857
	株洲—娄底	41 343	娄底—株洲	40 131
	娄底—邵阳	29 314	邵阳—娄底	27 092
	邵阳—怀化	40 646	怀化—邵阳	38 061
	怀化—新晃(湘黔界)	13 148	新晃(湘黔界)—怀化	11 770
贵州段	大龙主线(黔湘界)—麻江	26 280	麻江—大龙主线(黔湘界)	25 974
	麻江—贵阳	51 136	贵阳—麻江	50 243
	贵阳—镇宁	49 636	镇宁—贵阳	49 222
	镇宁—胜境关(黔滇界)	13 115	胜境关(黔滇界)—镇宁	12 830
云南段	胜境关(滇黔界)—曲靖	16 101	曲靖—胜境关(滇黔界)	35 878
	曲靖—嵩明	21 214	嵩明—曲靖	80 433
	嵩明—昆明	65 384	昆明—嵩明	81 285

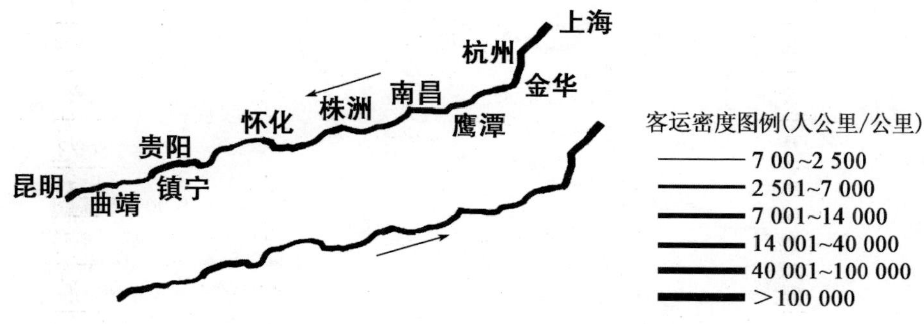

图3.25　2017年沪昆高速公路(G60)客运密度

3.13.2 货运密度分布如表3.26和图3.26所示。

2017年沪昆高速公路(G60)货运密度 表3.26

路段	路段起止点	货运密度(吨公里/公里)	路段起止点	货运密度(吨公里/公里)
上海段	莘庄—新桥	56 662	新桥—莘庄	56 563
	新桥—大港	38 209	大港—新桥	43 345
	大港—枫泾(沪浙界)	88 556	枫泾(沪浙界)—大港	88 766
浙江段	大云(浙沪界)—嘉兴	93 297	嘉兴—大云(浙沪界)	107 012
	嘉兴—杭州	101 301	杭州—嘉兴	121 018
	杭州—金华	71 743	金华—杭州	88 157
	金华—龙游	68 294	龙游—金华	80 142
	龙游—浙赣界	147 194	浙赣界—龙游	147 989
江西段	浙赣界—上饶	112 018	上饶—浙赣界	110 266
	上饶—鹰潭	111 952	鹰潭—上饶	116 067
	鹰潭—南昌	72 391	南昌—鹰潭	75 050
	南昌—新余	70 465	新余—南昌	65 893
	新余—萍乡	44 884	萍乡—新余	37 338
	萍乡—赣湘界	75 376	赣湘界—萍乡	49 030
湖南段	赣湘界—株洲	68 345	株洲—赣湘界	90 101
	株洲—娄底	52 920	娄底—株洲	44 078
	娄底—邵阳	35 108	邵阳—娄底	22 493
	邵阳—怀化	62 430	怀化—邵阳	42 593
	怀化—新晃(湘黔界)	29 940	新晃(湘黔界)—怀化	22 916
贵州段	大龙主线(黔湘界)—麻江	27 079	麻江—大龙主线(黔湘界)	24 843
	麻江—贵阳	67 742	贵阳—麻江	70 967
	贵阳—镇宁	32 407	镇宁—贵阳	35 014
	镇宁—胜境关(黔滇界)	27 372	胜境关(黔滇界)—镇宁	34 031
云南段	胜境关(滇黔界)—曲靖	29 565	曲靖—胜境关(滇黔界)	42 907
	曲靖—嵩明	28 724	嵩明—曲靖	37 725
	嵩明—昆明	44 281	昆明—嵩明	35 714

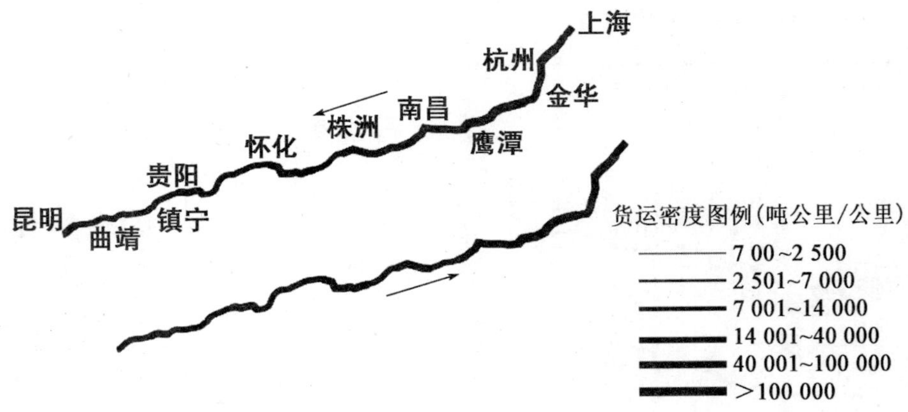

图3.26 2017年沪昆高速公路(G60)货运密度

3.14　包茂高速公路(G65)运输密度

3.14.1　客运密度分布如表3.27和图3.27所示。

2017年包茂高速公路(G65)客运密度　　表3.27

路　段	路段起止点	客运密度（人公里/公里）	路段起止点	客运密度（人公里/公里）
内蒙古段	包头—蒙陕界	5 387	蒙陕界—包头	5 493
陕西段	陕蒙界—榆林	5 251	榆林—陕蒙界	5 382
	榆林—靖边	8 609	靖边—榆林	8 517
	靖边—延安	9 321	延安—靖边	9 420
	延安—铜川	8 856	铜川—延安	9 365
	铜川—未央(西安)	18 392	未央(西安)—铜川	18 031
	西安—安康	14 656	安康—西安	14 843
	安康—巴山(陕川界)	7 244	巴山(陕川界)—安康	7 778
四川段	巴山(川陕界)—达州	10 370	达州—巴山(川陕界)	9 432
	达州—邻水	21 813	邻水—达州	20 602
	邻水—川渝界	24 697	川渝界—邻水	24 993
重庆段	草坝场(渝川界)—重庆	25 299	重庆—草坝场(渝川界)	22 396
	重庆—南川	33 854	南川—重庆	33 933
	南川—武隆	24 131	武隆—南川	23 777
	武隆—黔江	15 100	黔江—武隆	15 296
	黔江—濯水	13 353	濯水—黔江	13 166
	濯水—洪安(渝湘界)	11 924	洪安(渝湘界)—濯水	12 454
湖南段	吉首—凤凰	29 967	凤凰—吉首	28 733
	凤凰—怀化西	31 149	怀化西—凤凰	29 180
	怀化西—会同	15 233	会同—怀化西	14 030
	会同—通道	5 002	通道—会同	3 595
广西段	桂林—梧州	11 292	梧州—桂林	10 982
	梧州—岑溪	9 013	岑溪—梧州	9 173

图 3.27　2017 年包茂高速公路(G65)客运密度

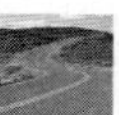

3.14.2　货运密度分布如表 3.28 和图 3.28 所示。

2017 年包茂高速公路(G65)货运密度　　表 3.28

路　段	路段起止点	货运密度(吨公里/公里)	路段起止点	货运密度(吨公里/公里)
内蒙古段	包头—蒙陕界	30 944	蒙陕界—包头	16 016
陕西段	陕蒙界—榆林	36 202	榆林—陕蒙界	13 078
	榆林—靖边	71 248	靖边—榆林	16 642
	靖边—延安	73 703	延安—靖边	21 785
	延安—铜川	13 018	铜川—延安	13 076
	铜川—未央(西安)	73 989	未央(西安)—铜川	23 352
	西安—安康	22 195	安康—西安	42 133
	安康—巴山(陕川界)	23 344	巴山(陕川界)—安康	45 914
四川段	巴山(川陕界)—达州	21 675	达州—巴山(川陕界)	39 337
	达州—邻水	39 931	邻水—达州	26 593
	邻水—川渝界	34 570	川渝界—邻水	21 607
重庆段	草坝场(渝川界)—重庆	38 100	重庆—草坝场(渝川界)	20 232
	重庆—南川	34 455	南川—重庆	41 603
	南川—武隆	33 221	武隆—南川	41 445
	武隆—黔江	35 292	黔江—武隆	42 218
	黔江—濯水	31 722	濯水—黔江	40 817
	濯水—洪安(渝湘界)	30 250	洪安(渝湘界)—濯水	41 346
湖南段	吉首—凤凰	56 918	凤凰—吉首	56 438
	凤凰—怀化西	28 611	怀化西—凤凰	41 057
	怀化西—会同	13 080	会同—怀化西	14 847
	会同—通道	6 354	通道—会同	4 972
广西段	桂林—梧州	8 557	梧州—桂林	8 921
	梧州—岑溪	5 004	岑溪—梧州	5 816

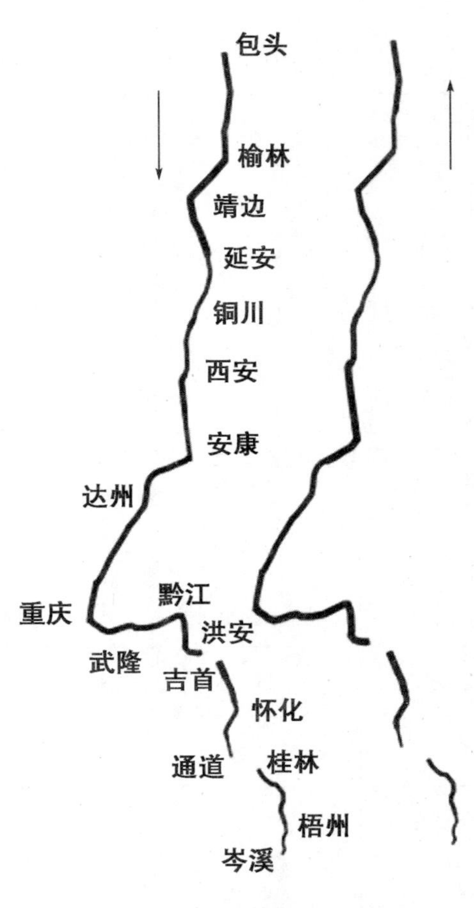

图 3.28　2017 年包茂高速公路(G65)货运密度

3.15　兰海高速公路(G75)运输密度

3.15.1　客运密度分布如表3.29和图3.29所示。

2017年兰海高速公路(G75)客运密度　　表3.29

路　段	路段起止点	客运密度(人公里/公里)	路段起止点	客运密度(人公里/公里)
甘肃段	兰州—康家崖	26 849	康家崖—兰州	24 574
	康家崖—临洮	2 627	临洮—康家崖	2 755
四川段	川甘界—广元	6 825	广元—川甘界	7 358
	广元—南充	13 619	南充—广元	13 168
	南充—南渝四川站	17 418	南渝四川站—南充	16 461
重庆段	兴山(渝川界)—合川	17 776	合川—兴山(渝川界)	18 019
	合川—重庆	46 031	重庆—合川	44 821
	重庆—綦江	48 632	綦江—重庆	48 570
	綦江—崇溪河(渝黔界)	24 773	崇溪河(渝黔界)—綦江	22 203
贵州段	松坎主线(黔渝界)—遵义	26 392	遵义—松坎主线(黔渝界)	26 641
	遵义—贵阳	51 431	贵阳—遵义	51 722
	贵阳—都匀	44 307	都匀—贵阳	45 226
	都匀—新寨(黔桂界)	18 324	新寨(黔桂界)—都匀	18 375
广西段	六寨(桂黔界)—都安	7 050	都安—六寨(桂黔界)	6 821
	都安—南宁	15 330	南宁—都安	14 875
	南宁—钦州	30 209	钦州—南宁	30 356
	钦州—桂海(桂粤界)	24 598	桂海(桂粤界)—钦州	23 006
广东段	粤西(粤桂界)—湛江	3 641	湛江—粤西(粤桂界)	12 897

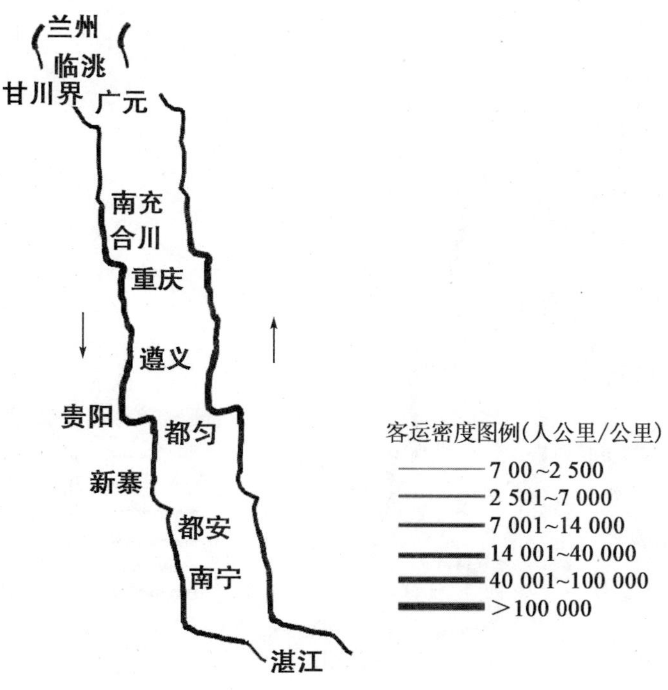

图3.29　2017年兰海高速公路(G75)客运密度

3.15.2　货运密度分布如表 3.30 和图 3.30 所示。

2017 年兰海高速公路(G75)货运密度　　表 3.30

路　　段	路段起止点	货运密度（吨公里/公里）	路段起止点	货运密度吨公里/公里）
甘肃段	兰州—康家崖	5 818	康家崖—兰州	4 327
	康家崖—临洮	1 241	临洮—康家崖	1 434
四川段	甘川界—广元	14 059	广元—甘川界	11 404
	广元—南充	22 802	南充—广元	13 416
	南充—南渝四川站	7 666	南渝四川站—南充	7 741
重庆段	兴山(渝川界)—合川	9 429	合川—兴山(渝川界)	10 871
	合川—重庆	29 516	重庆—合川	20 306
	重庆—綦江	26 469	綦江—重庆	18 128
	綦江—崇溪河(渝黔界)	26 129	崇溪河(渝黔界)—綦江	18 332
贵州段	松坎主线(黔渝界)—遵义	22 130	遵义—松坎主线(黔渝界)	17 793
	遵义—贵阳	17 473	贵阳—遵义	18 606
	贵阳—都匀	60 057	都匀—贵阳	56 448
	都匀—新寨(黔桂界)	29 774	新寨(黔桂界)—都匀	30 641
广西段	六寨(桂黔界)—都安	10 775	都安—六寨(桂黔界)	14 276
	都安—南宁	10 398	南宁—都安	11 281
	南宁—钦州	38 484	钦州—南宁	61 213
	钦州—桂海(桂粤界)	39 754	桂海(桂粤界)—钦州	25 553
广东段	粤西(粤桂界)—湛江	2 219	湛江—粤西(粤桂界)	3 1991

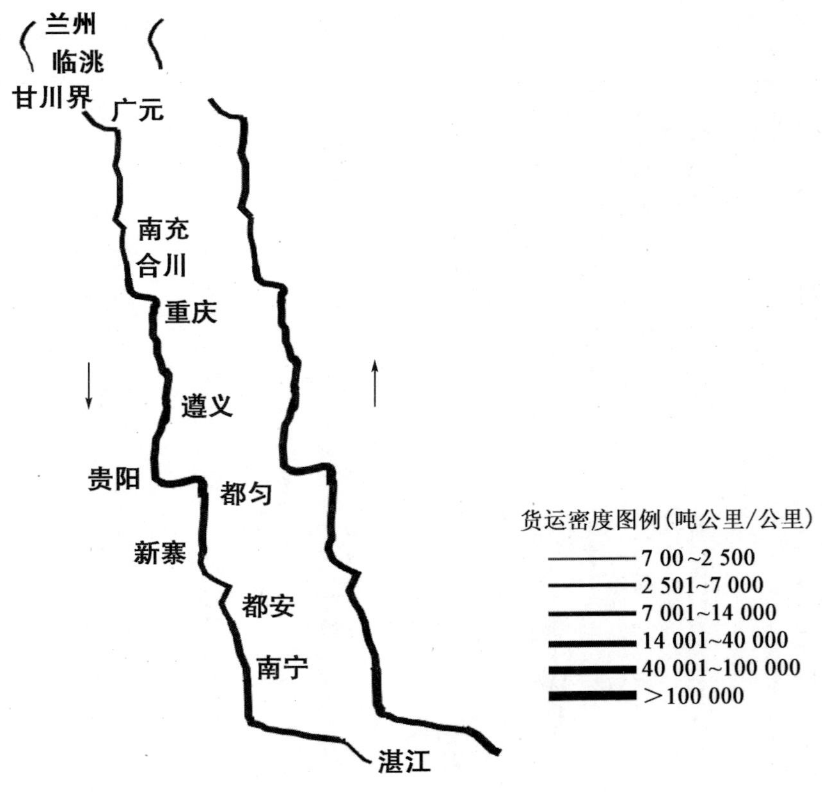

图 3.30　2017 年兰海高速公路(G65)货运密度

第4章　部分省(市)高速公路运输密度

4.1　天津市高速公路运输密度

4.1.1　客运密度分布如表4.1和图4.1所示。

2017年天津市高速公路客运密度　　表4.1

路段起止点	客运密度(人公里/公里)	路段起止点	客运密度(人公里/公里)
高村—徐庄	39 926	徐庄—高村	43 392
徐庄—汊沽	21 576	汊沽—徐庄	23 018
汊沽—独流	25 345	独流—汊沽	25 981
独流—九宣闸	10 245	九宣闸—独流	9 322
徐庄—东堤头	18 576	东堤头—徐庄	20 130
东堤头—北塘	17 723	北塘—东堤头	18 039
莲花岭—宝坻北	20 315	宝坻北—莲花岭	20 647
宝坻北—津蓟天津	34 384	津蓟天津—宝坻北	34 063
汊沽—芦台	10 900	芦台—汊沽	12 427
宁河—塘沽西	12 690	塘沽西—宁河	13 269
塘沽西—陈官屯	13 660	陈官屯—塘沽西	14 225
津静—九宣闸	20 118	九宣闸—津静	20 028
杨柳青—津晋高速塘沽	16 479	津晋高速塘沽—杨柳青	19 243
津港天津—大港	33 810	大港—津港天津	14 114
荣乌天津—霍庄子	23 186	霍庄子—荣乌天津	23 307
泗村店—天津机场	42 583	天津机场—泗村店	40 865
天津机场—塘沽	51 617	塘沽—天津机场	55 061
大羊坊—泗村店	91 233	泗村店—大羊坊	88 117
京沈互通新安镇—七里海	2 546	七里海—京沈互通新安镇	2 713
北辰东—芦台西	10 623	芦台西—北辰东	10 432

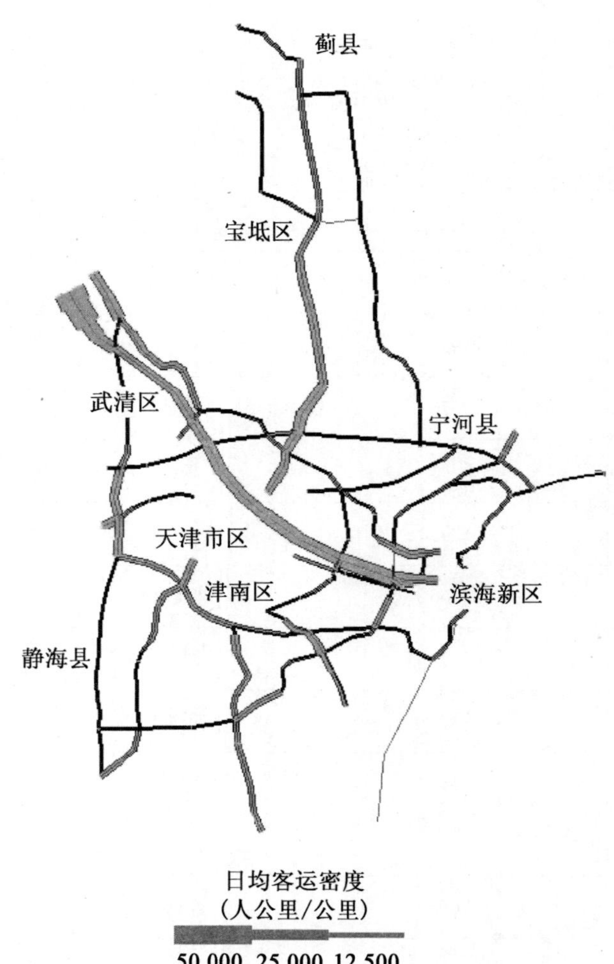

图 4.1　2017 年天津市高速公路日均客运密度

4.1.2　货运密度分布如表4.2和图4.2所示。

2017年天津市高速公路货运密度　　表4.2

路段起止点	货运密度(吨公里/公里)	路段起止点	货运密度(吨公里/公里)
高村—徐庄	30 719	徐庄—高村	48 249
徐庄—汉沽	42 802	汉沽—徐庄	53 623
汉沽—独流	63 460	独流—汉沽	72 168
独流—九宣闸	22 372	九宣闸—独流	24 242
徐庄—东堤头	17 096	东堤头—徐庄	23 503
东堤头—北塘	22 384	北塘—东堤头	27 416
莲花岭—宝坻北	13 686	宝坻北—莲花岭	9 124
宝坻北—津蓟天津	18 230	津蓟天津—宝坻北	14 876
汉沽—芦台	59 853	芦台—汉沽	72 788
宁河—塘沽西	137 464	塘沽西—宁河	90 299
塘沽西—陈官屯	111 237	陈官屯—塘沽西	104 113
津静—九宣闸	23 194	九宣闸—津静	18 837
杨柳青—津晋高速塘沽	37 915	津晋高速塘沽—杨柳青	61 288
津港天津—大港	26 611	大港—津港天津	12 879
荣乌天津—霍庄子	46 102	霍庄子—荣乌天津	57 624
泗村店—天津机场	53 840	天津机场—泗村店	66 996
天津机场—塘沽	62 349	塘沽—天津机场	82 976
大羊坊—泗村店	49 947	泗村店—大羊坊	57 505
京沈互通新安镇—七里海	10 701	七里海—京沈互通新安镇	7 252
北辰东—芦台西	4 512	芦台西—北辰东	11 441

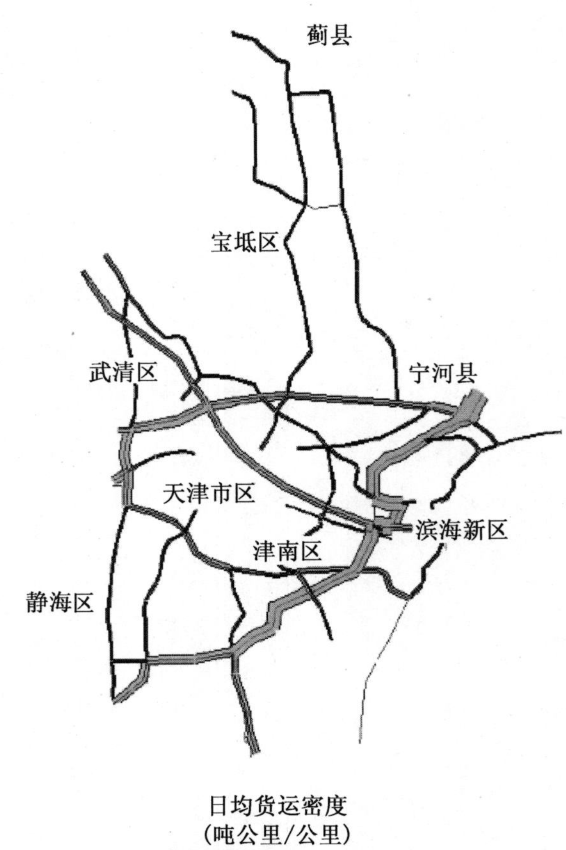

注：未含津滨高速和海滨高速

图4.2　2017年天津市高速公路日均货运密度

4.2　河北省高速公路运输密度

4.2.1　客运密度分布如表 4.3 和图 4.3 所示。

2017 年河北省高速公路客运密度　　表 4.3

路段起止点	客运密度(人公里/公里)	路段起止点	客运密度(人公里/公里)
宣化主线—东洋河	9 251	东洋河—宣化主线	8 758
东花园—宣化主线	18 181	宣化主线—东花园	17 554
沙城西—万全	12 759	万全—沙城西	12 540
张家口北—九连城	7 882	九连城—张家口北	7 674
化稍营—蔚县	1 895	蔚县—化稍营	1 795
冀晋主线—宣化主线	6 258	宣化主线—冀晋主线	6 444
屈家庄—崇礼北	5 458	崇礼北—屈家庄	5 490
迁安—香河	32 000	香河—迁安	32 496
秦皇岛—迁安	30 932	迁安—秦皇岛	31 487
万家主线—秦皇岛	20 573	秦皇岛—万家主线	12 012
秦皇岛—京唐港	7 197	京唐港—秦皇岛	7 958
京唐港—涧河	6 417	涧河—京唐港	7 066
京唐港—唐山	12 164	唐山—京唐港	12 413
唐津—唐山	14 507	唐山—唐津	15 232
唐山—丰南西	16 158	丰南西—唐山	17 175
唐山西—承唐主线	12 771	承唐主线—唐山西	13 282
唐山西—曹妃甸	9 234	曹妃甸—唐山西	9 285
涿州北—保定	37 074	保定—涿州北	34 807
保定—冀津主线	18 840	冀津主线—保定	18 956
保定—石家庄北	28 131	石家庄北—保定	27 459
石家庄北—井陉西	8 070	井陉西—石家庄北	8 610
廊坊西—涞水	13 236	涞水—廊坊西	12 598
涞水—满城	14 745	满城—涞水	15 543
满城—石家庄	10 415	石家庄—满城	11 110
衡水北—石家庄北	41 057	石家庄北—衡水北	28 608
石家庄北—栾城	37 323	栾城—石家庄北	37 675
栾城—临漳	23 051	临漳—栾城	22 880
邯郸西—冀鲁主线	9 302	冀鲁主线—邯郸西	9 151
邢台南—冀鲁界	8 994	冀鲁界—邢台南	8 786
衡水北—景州主线	9 118	景州主线—衡水北	9 421
鹿泉—栾城	10 508	栾城—鹿泉	10 137
栾城—清河主线	11 742	清河主线—栾城	11 666
河城街—衡水北	10 143	衡水北—河城街	10 574
沧州西—河城街	14 837	河城街—沧州西	15 177

续上表

路段起止点	客运密度(人公里/公里)	路段起止点	客运密度(人公里/公里)
黄骅港—沧州西	7 083	沧州西—黄骅港	6 994
黄骅北线—海兴	13 491	海兴—黄骅北线	13 733
青县主线—沧州南	25 031	沧州南—青县主线	24 898
沧州南—吴桥主线	14 682	吴桥主线—沧州南	14 310
京冀主线—霸州	29 302	霸州—京冀主线	29 625
霸州—高阳	25 524	高阳—霸州	24 985
高阳—衡水	28 481	衡水—高阳	28 116
衡水—威县	20 176	威县—衡水	20 317
威县—大名	16 412	大名—威县	16 699
保定—沧州	16 868	沧州—保定	16 898
邯郸—涉县	4 862	涉县—邯郸	4 846
保定西—晋冀主线	6 397	晋冀主线—保定西	6 210
黄骅岐口—海港主线	3 123	海港主线—黄骅岐口	2 998
永清—沧州开发区	11 914	沧州开发区—永清	12 144
石家庄—西柏坡	10 339	西柏坡—石家庄	10 257
承唐主线—承德	7 046	承德—承唐主线	7 132
金山岭—红石砬	14 589	红石砬—金山岭	14 645
红石砬—双峰寺	13 715	双峰寺—红石砬	13 734
双峰寺—七家	8 930	七家—双峰寺	9 039
七家—冀蒙界收费站	5 629	冀蒙界收费站—七家	5 912
七家—围场北	3 168	围场北—七家	3 091
双峰寺—冀辽主线	4 138	冀辽主线—双峰寺	4 231
承德—坂城	5 079	坂城—承德	5 058
榛子镇—迁西	5 570	迁西—榛子镇	5 528
迁安—白羊裕	4 161	白羊裕—迁安	4 116
坂城—北戴河	4 758	北戴河—坂城	4 877
定州南—正定	38 424	正定—定州南	38 680
藁城北—赵县	5 003	赵县—藁城北	5 167
路罗—坂上	4 863	坂上—路罗	4 947
坂上—邢台南	3 424	邢台南—坂上	3 481
坂上—内丘南	1 903	内丘南—坂上	2 003
内丘南—新河南	5 665	新河南—内丘南	5 610
逐鹿北—涞水东	5 098	涞水东—逐鹿北	5 597
冀南新区—铺上	5 620	铺上—冀南新区	5 406
铺上—大名冀鲁界	925	大名冀鲁界—铺上	936
遵化南—清东陵	3 103	清东陵—遵化南	3 123
蔚县南—涞水	5 564	涞水—蔚县南	5 579

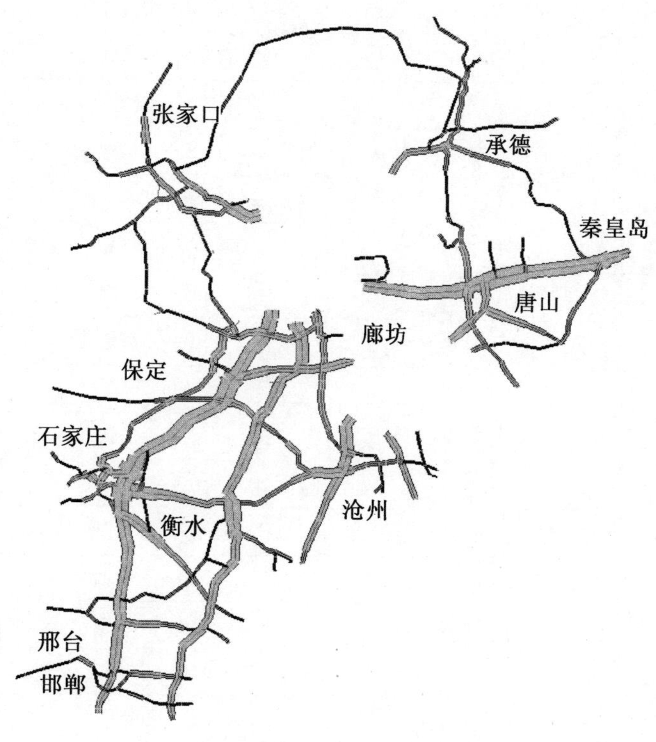

日均客运密度
(人公里/公里)
50 000　25 000　12 500

注：未含京津塘高速河北段

图 4.3　2017 年河北省高速公路日均客运密度

4.2.2 货运密度分布如表 4.4 和图 4.4 所示。

2017 年河北省高速公路货运密度 表 4.4

路段起止点	货运密度(吨公里/公里)	路段起止点	货运密度(吨公里/公里)
宣化主线—东洋河	17 679	东洋河—宣化主线	23 319
东花园—宣化主线	40 498	宣化主线—东花园	32 570
沙城西—万全	53 016	万全—沙城西	65 581
张家口北—九连城	5 716	九连城—张家口北	5 673
化稍营—蔚县	9 159	蔚县—化稍营	3 292
冀晋主线—宣化主线	11 768	宣化主线—冀晋主线	10 031
屈家庄—崇礼北	1 080	崇礼北—屈家庄	2 758
迁安—香河	83 683	香河—迁安	77 646
秦皇岛—迁安	131 293	迁安—秦皇岛	130 004
万家主线—秦皇岛	199 672	秦皇岛—万家主线	96 841
秦皇岛—京唐港	119 761	京唐港—秦皇岛	104 570
京唐港—涧河	130 899	涧河—京唐港	113 834
京唐港—唐山	16 339	唐山—京唐港	14 293
唐津—唐山	98 792	唐山—唐津	100 770
唐山—丰南西	159 136	丰南西—唐山	112 838
唐山西—承唐主线	46 136	承唐主线—唐山西	60 195
唐山西—曹妃甸	44 752	曹妃甸—唐山西	48 445
涿州北—保定	43 366	保定—涿州北	44 222
保定—冀津主线	67 408	冀津主线—保定	41 820
保定—石家庄北	38 692	石家庄北—保定	68 783
石家庄北—井陉西	66 188	井陉西—石家庄北	106 219
廊坊西—涞水	27 572	涞水—廊坊西	66 304
涞水—满城	23 068	满城—涞水	63 167
满城—石家庄	18 689	石家庄—满城	22 458
衡水北—石家庄北	30 785	石家庄北—衡水北	62 956
石家庄北—栾城	23 869	栾城—石家庄北	21 461
栾城—临漳	57 791	临漳—栾城	44 173
邯郸西—冀鲁主线	43 380	冀鲁主线—邯郸西	39 784
邢台南—冀鲁界	45 759	冀鲁界—邢台南	22 113
衡水北—景州主线	23 226	景州主线—衡水北	19 924
鹿泉—栾城	116 184	栾城—鹿泉	67 416
栾城—清河主线	53 840	清河主线—栾城	22 553
河城街—衡水北	45 602	衡水北—河城街	61 360
沧州西—河城街	58 806	河城街—沧州西	76 628
黄骅港—沧州西	35 710	沧州西—黄骅港	42 077

续上表

路段起止点	货运密度(吨公里/公里)	路段起止点	货运密度(吨公里/公里)
黄骅北线—海兴	65 914	海兴—黄骅北线	85 547
青县主线—沧州南	101 669	沧州南—青县主线	86 495
沧州南—吴桥主线	45 069	吴桥主线—沧州南	50 791
京冀主线—霸州	46 516	霸州—京冀主线	63 955
霸州—高阳	40 237	高阳—霸州	52 868
高阳—衡水	48 871	衡水—高阳	56 407
衡水—威县	52 831	威县—衡水	61 675
威县—大名	61 124	大名—威县	58 450
保定—沧州	85 717	沧州—保定	38 621
邯郸—涉县	12 478	涉县—邯郸	12 985
保定西—晋冀主线	8 443	晋冀主线—保定西	74 644
黄骅岐口—海港主线	55 559	海港主线—黄骅岐口	32 273
永清—沧州开发区	36 542	沧州开发区—永清	29 043
石家庄—西柏坡	14 048	西柏坡—石家庄	68 910
承唐主线—承德	16 134	承德—承唐主线	18 952
金山岭—红石砬	7 746	红石砬—金山岭	15 667
红石砬—双峰寺	14 757	双峰寺—红石砬	21 032
双峰寺—七家	6 805	七家—双峰寺	10 126
七家—冀蒙界收费站	8 285	冀蒙界收费站—七家	10 000
七家—围场北	1 591	围场北—七家	3 665
双峰寺—冀辽主线	18 420	冀辽主线—双峰寺	11 634
承德—坂城	7 060	坂城—承德	3 660
榛子镇—迁西	5 474	迁西—榛子镇	2 255
迁安—白羊裕	6 554	白羊裕—迁安	4 893
坂城—北戴河	3 544	北戴河—坂城	3 393
定州南—正定	34 178	正定—定州南	50 992
藁城北—赵县	14 302	赵县—藁城北	10 661
路罗—坂上	108 438	坂上—路罗	28 070
坂上—邢台南	74 436	邢台南—坂上	24 936
坂上—内丘南	13 177	内丘南—坂上	6 783
内丘南—新河南	10 206	新河南—内丘南	8 046
逐鹿北—涞水东	78 602	涞水东—逐鹿北	28 551
冀南新区—铺上	17 442	铺上—冀南新区	12 107
铺上—大名冀鲁界	3 831	大名冀鲁界—铺上	3 403
遵化南—清东陵	6 092	清东陵—遵化南	6 432
蔚县南—涞水	41 897	涞水—蔚县南	36 203

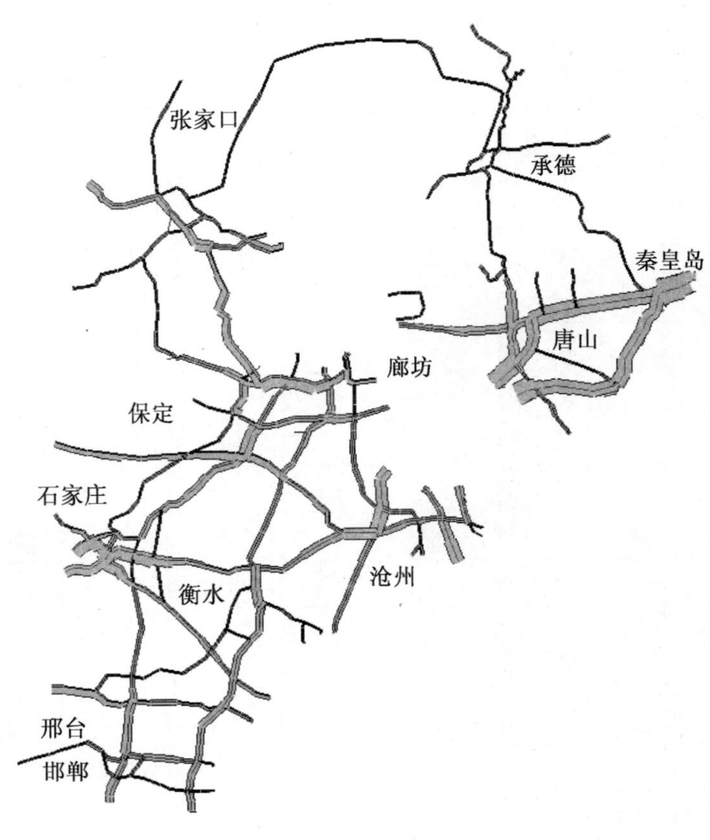

日均货运密度
(吨公里/公里)
300 000 150 000 75 000

注：未含京津塘高速河北段

图 4.4　2017 年河北省高速公路日均货运密度

4.2.3　道路负荷分布如表4.5和图4.5所示。

2017年河北省高速公路轴载　　表4.5

路段起止点	轴载(标准轴载当量轴次/日)	路段起止点	轴载(标准轴载当量轴次/日)
宣化主线—东洋河	2 171	东洋河—宣化主线	3 339
东花园—宣化主线	6 553	宣化主线—东花园	5 406
沙城西—万全	6 582	万全—沙城西	9 552
张家口北—九连城	773	九连城—张家口北	1 034
化稍营—蔚县	1 819	蔚县—化稍营	438
冀晋主线—宣化主线	1 764	宣化主线—冀晋主线	1 649
屈家庄—崇礼北	224	崇礼北—屈家庄	401
迁安—香河	17 111	香河—迁安	11 689
秦皇岛—迁安	18 965	迁安—秦皇岛	17 230
万家主线—秦皇岛	34 889	秦皇岛—万家主线	12 725
秦皇岛—京唐港	24 785	京唐港—秦皇岛	14 657
京唐港—涧河	27 468	涧河—京唐港	14 346
京唐港—唐山	2 472	唐山—京唐港	2 673
唐津—唐山	15 713	唐山—唐津	13 704
唐山—丰南西	31 092	丰南西—唐山	15 518
唐山西—承唐主线	7 666	承唐主线—唐山西	12 857
唐山西—曹妃甸	9 595	曹妃甸—唐山西	9 043
涿州北—保定	8 976	保定—涿州北	9 529
保定—冀津主线	15 222	冀津主线—保定	6 758
保定—石家庄北	6 034	石家庄北—保定	15 037
石家庄北—井陉西	8 748	井陉西—石家庄北	18 926
廊坊西—涞水	5 197	涞水—廊坊西	22 882
涞水—满城	3 342	满城—涞水	4 138
满城—石家庄	3 894	石家庄—满城	5 149
衡水北—石家庄北	4 375	石家庄北—衡水北	10 552
石家庄北—栾城	4 233	栾城—石家庄北	3 554
栾城—临漳	10 110	临漳—栾城	6 881
邯郸西—冀鲁主线	7 975	冀鲁主线—邯郸西	5 869
邢台南—冀鲁界	8 338	冀鲁界—邢台南	3 252
衡水北—景州主线	3 598	景州主线—衡水北	2 677
鹿泉—栾城	18 192	栾城—鹿泉	9 984
栾城—清河主线	9 316	清河主线—栾城	3 003
河城街—衡水北	6 360	衡水北—河城街	9 806
沧州西—河城街	8 257	河城街—沧州西	12 104
黄骅港—沧州西	5 197	沧州西—黄骅港	6 882
黄骅北线—海兴	12 426	海兴—黄骅北线	9 920

续上表

路段起止点	轴载(标准轴载当量轴次/日)	路段起止点	轴载(标准轴载当量轴次/日)
青县主线—沧州南	14 943	沧州南—青县主线	14 541
沧州南—吴桥主线	6 130	吴桥主线—沧州南	5 226
京冀主线—霸州	13 043	霸州—京冀主线	10 437
霸州—高阳	8 344	高阳—霸州	8 746
高阳—衡水	7 847	衡水—高阳	8 058
衡水—威县	7 818	威县—衡水	7 419
威县—大名	9 652	大名—威县	7 244
保定—沧州	16 738	沧州—保定	7 598
邯郸—涉县	2 349	涉县—邯郸	2 353
保定西—晋冀主线	1 709	晋冀主线—保定西	15 824
黄骅岐口—海港主线	10 032	海港主线—黄骅岐口	4 985
永清—沧州开发区	8 292	沧州开发区—永清	4 602
石家庄—西柏坡	2 112	西柏坡—石家庄	13 377
承唐主线—承德	862	承德—承唐主线	3 133
金山岭—红石砬	1 398	红石砬—金山岭	2 357
红石砬—双峰寺	2 293	双峰寺—红石砬	3 381
双峰寺—七家	681	七家—双峰寺	989
七家—冀蒙界收费站	539	冀蒙界收费站—七家	1 077
七家—围场北	206	围场北—七家	347
双峰寺—冀辽主线	2 708	冀辽主线—双峰寺	1 860
承德—坂城	3 653	坂城—承德	1 453
榛子镇—迁西	1 125	迁西—榛子镇	471
迁安—白羊裕	1 102	白羊裕—迁安	994
坂城—北戴河	1 006	北戴河—坂城	674
定州南—正定	4954	正定—定州南	9 668
藁城北—赵县	2 612	赵县—藁城北	1 902
路罗—坂上	14 996	坂上—路罗	4 265
坂上—邢台南	10 616	邢台南—坂上	3 543
坂上—内丘南	1 765	内丘南—坂上	820
内丘南—新河南	2 070	新河南—内丘南	1 342
逐鹿北—涞水东	17 933	涞水东—逐鹿北	4 338
冀南新区—铺上	5 594	铺上—冀南新区	1 921
铺上—大名冀鲁界	1 096	大名冀鲁界—铺上	543
遵化南—清东陵	1 081	清东陵—遵化南	1 039
蔚县南—涞水	21 510	涞水—蔚县南	2 894

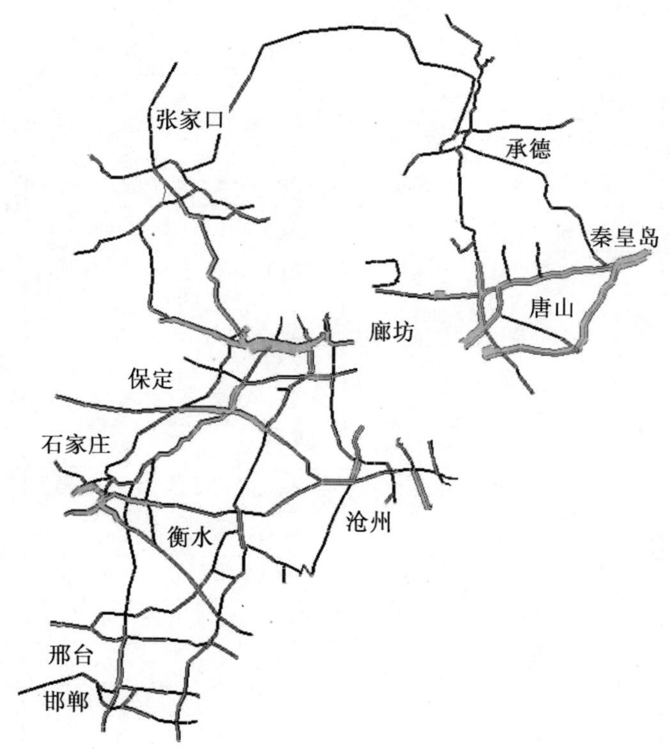

日均轴载
(标准轴载当量轴次/日)
50 000 25 000 12 500

注：未含京津塘高速河北段

图4.5　2017年河北省高速公路日均轴载

4.2.4　交通量分布如表 4.6 和图 4.6 所示。

2017 年河北省高速公路交通量　　表 4.6

路段起止点	正向			反向		
	客车折算交通量（辆/日）	货车折算交通量（辆/日）	小计	客车折算交通量（辆/日）	货车折算交通量（辆/日）	小计
宣化主线—东洋河	2 331	4 185	6 516	2 232	3 442	5 674
东花园—宣化主线	4 186	10 177	14 363	3 984	4 830	8 814
沙城西—万全	3 172	13 261	16 433	3 119	12 511	15 630
张家口北—九连城	1 123	1 256	2 379	1 898	1 354	3 252
化稍营—蔚县	496	1 331	1 827	474	882	1 356
冀晋主线—宣化主线	1 528	2 128	3 656	1 564	3 556	5 120
屈家庄—崇礼北	1 479	380	1 859	1 469	666	2 135
迁安—香河	7 548	15 372	22 920	7 576	15 485	23 061
秦皇岛—迁安	7 277	20 963	28 240	7 222	21 337	28 559
万家主线—秦皇岛	4 708	31 038	35 746	2 635	16 116	18 751
秦皇岛—京唐港	1 717	21 785	23 502	1 835	18 960	20 795
京唐港—涧河	1 518	22 316	23 834	1 562	19 782	21 344
京唐港—唐山	2 994	5 192	8 186	2 948	5 322	8 270
唐津—唐山	3 354	15 744	19 098	3 505	17 446	20 951
唐山—丰南西	3 855	24 934	28 789	4 029	22 134	26 163
唐山西—承唐主线	3 188	11 634	14 822	3 250	11 461	14 711
唐山西—曹妃甸	2 033	8 927	10 960	2 101	10 006	12 107
涿州北—保定	9 710	10 878	20 588	9 026	10 241	19 267
保定—冀津主线	4 851	12 263	17 114	4 834	11 753	16 587
保定—石家庄北	7 309	11 103	18 412	7 055	11 808	18 863
石家庄北—井陉西	2 130	16 218	18 348	2 210	16 515	18 725
廊坊西—涞水	3 423	11 892	15 315	3 260	13 421	16 681
涞水—满城	3 882	9 990	13 872	3 969	8 887	12 856
满城—石家庄	2 784	5 281	8 065	2 895	4 756	7 651
衡水北—石家庄北	6 333	9 945	16 278	6 439	10 895	17 334
石家庄北—栾城	9 764	6 352	16 116	9 332	6 211	15 543
栾城—临漳	5 962	10 921	16 883	5 765	11 394	17 159
邯郸西—冀鲁主线	2 363	7 472	9 835	2 287	9 332	11 619
邢台南—冀鲁界	2 302	7 205	9 507	2 205	7 373	9 578
衡水北—景州主线	2 406	4 678	7 084	2 466	5 208	7 674
鹿泉—栾城	2 744	17 218	19 962	2 639	16 807	19 446
栾城—清河主线	2 910	8 446	11 356	2 790	8 291	11 081
河城街—衡水北	2 591	8 536	11 127	2 682	10 212	12 894
沧州西—河城街	3 818	11 751	15 569	3 783	12 790	16 573
黄骅港—沧州西	1 882	8 046	9 928	1 850	7 838	9 688
黄骅北线—海兴	3 543	11 822	15 365	3 586	13 323	16 909

续上表

路段起止点	正向			反向		
	客车折算交通量（辆/日）	货车折算交通量（辆/日）	小计	客车折算交通量（辆/日）	货车折算交通量（辆/日）	小计
青县主线—沧州南	6 369	18 790	25 159	6 160	18 890	25 050
沧州南—吴桥主线	3 866	8 873	12 739	3 690	8 002	11 692
京冀主线—霸州	7 266	10 724	17 990	7 419	11 386	18 805
霸州—高阳	6 202	9 499	15 701	6 070	10 071	16 141
高阳—衡水	7 043	9 943	16 986	6 944	10 849	17 793
衡水—威县	4 695	9 189	13 884	4 624	10 371	14 995
威县—大名	3 783	9 823	13 606	3 765	10 023	13 788
保定—沧州	4 435	13 942	18 377	4 293	12 951	17 244
邯郸—涉县	1 236	3 905	5 141	1 224	4 223	5 447
保定西—晋冀主线	1 644	14 308	15 952	1 539	10 519	12 058
黄骅岐口—海港主线	823	8 396	9 219	700	6 046	6 746
永清—沧州开发区	3 175	7 707	10 882	3 132	7 150	10 282
石家庄—西柏坡	2 701	9 962	12 663	2 631	12 454	15 085
承唐主线—承德	1 745	3 646	5 391	1 713	3 931	5 644
金山岭—红石砬	3 346	1 843	5 189	3 402	2 528	5 930
红石砬—双峰寺	3 314	3 408	6 722	3 315	4 115	7 430
双峰寺—七家	2 160	1 799	3 959	2 163	1 962	4 125
七家—冀蒙界收费站	1 293	1 703	2 996	1 363	1 852	3 215
七家—围场北	790	554	1 344	704	672	1 376
双峰寺—冀辽主线	1 035	2 739	3 774	1 006	2 013	3 019
承德—坂城	1 370	1 277	2 647	1 281	1 123	2 404
榛子镇—迁西	1 382	1 136	2 518	1 378	859	2 237
迁安—白羊裕	1 035	1 670	2 705	1 014	1 357	2 371
坂城—北戴河	1 137	872	2 009	1 078	827	1 905
定州南—正定	9 936	8 824	18 760	9 555	9 443	18 998
藁城北—赵县	1 363	3 918	5 281	1 379	4 095	5 474
路罗—坂上	1 196	15 006	16 202	1 169	17 629	18 798
坂上—邢台南	848	10 483	11 331	836	11 410	12 246
坂上—内丘南	480	2 544	3 024	475	2 118	2 593
内丘南—新河南	1 515	2 053	3 568	1 486	2 086	3 572
逐鹿北—涞水东	1 262	10 334	11 596	1 365	7 984	9 349
马头—铺上	1 456	2 985	4 441	1 393	3 195	4 588
铺上—大名冀鲁界	255	660	915	157	640	797
遵化南—清东陵	743	3 689	4 432	674	2 529	3 203
蔚县南—涞水	1 418	8 984	10 402	1 368	8 780	10 148

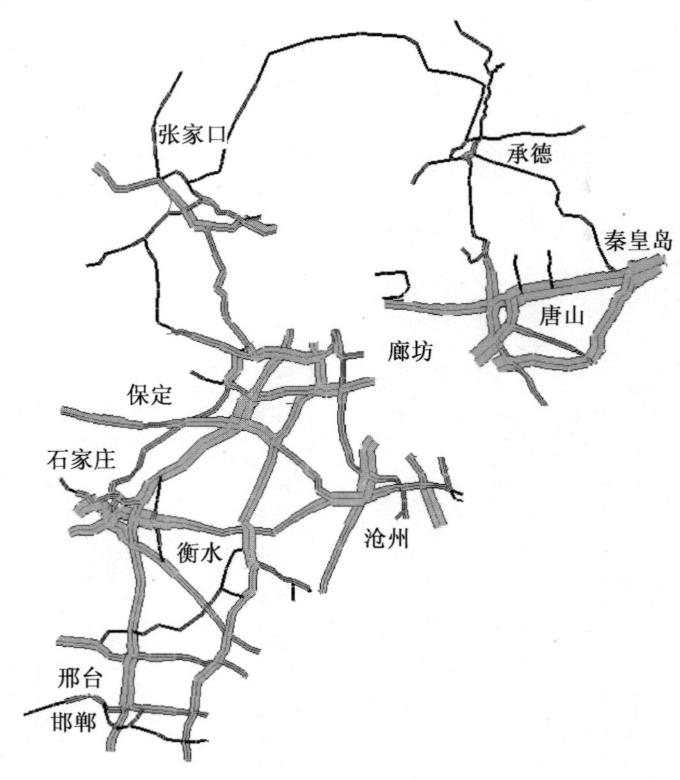

图4.6　2017年河北省高速公路日均交通量

4.3 山西省高速公路运输密度

4.3.1 客运密度分布如表4.7和图4.7所示。

2017年山西省高速公路客运密度 表4.7

路段起止点	客运密度(人公里/公里)	路段起止点	客运密度(人公里/公里)
得胜口—大同北	4 217	大同北—得胜口	4 495
大同北—马连庄	4 602	马连庄—大同北	4 375
马连庄—孙启庄	10 916	孙启庄—马连庄	10 939
马连庄—大同北	6 162	大同北—马连庄	5 940
大同—元营	19 658	元营—大同	19 528
元营—朔州	12 779	朔州—元营	11 230
元营—忻州	25 225	忻州—元营	24 995
忻州—武宿	38 387	武宿—忻州	37 719
罗城—交城	50 876	交城—罗城	50 777
交城—汾阳	27 531	汾阳—交城	26 675
交城—平遥	25 550	平遥—交城	25 381
平遥—临汾	20 354	临汾—平遥	19 525
临汾—侯马	17 405	侯马—临汾	16 916
北柴—龙门大桥	10 057	龙门大桥—北柴	9 336
侯马—运城	17 949	运城—侯马	16 988
运城—平陆	11 294	平陆—运城	11 060
运城—风陵渡	6 988	风陵渡—运城	6 827
东郭—运城西	4 021	运城西—东郭	4 733
小店—屯留	26 765	屯留—小店	26 150
屯留—晋城东	23 022	晋城东—屯留	22 237
晋城—泽州	4 856	泽州—晋城	4 663
大同北—西口	3 275	西口—大同北	3 222
驿马岭—山阴	3 956	山阴—驿马岭	3 428
五台山主线—顿村	7 357	顿村—五台山主线	6 783
顿村—杨家湾	4 226	杨家湾—顿村	3 941
黄寨—太佳	3 647	太佳—黄寨	3 364
郝家庄主线—阳曲	6 611	阳曲—郝家庄主线	5 890
阳曲—古交	17 540	古交—阳曲	17 247
旧关—晋中北	14 136	晋中北—旧关	16 331

续上表

路段起止点	客运密度(人公里/公里)	路段起止点	客运密度(人公里/公里)
晋中北—罗城	24 354	罗城—晋中北	24 308
晋中北—祁县	10 798	祁县—晋中北	10 851
盂县东—平定	4 011	平定—盂县东	6 624
左权—平遥	4 616	平遥—左权	4 348
平遥—汾阳	5 480	汾阳—平遥	5 524
汾阳—军渡	12 521	军渡—汾阳	11 692
东阳关—屯留	1 383	屯留—东阳关	1 333
潞城—长治县	1 680	长治县—潞城	1 511
明姜—广胜寺景区	1 176	广胜寺景区—明姜	1 142
龙马枢纽—洪洞西	725	洪洞西—龙马枢纽	796
临汾枢纽—壶口	5 689	壶口—临汾枢纽	5 123
王莽岭—南义城	1 751	南义城—王莽岭	1 675
南义城—晋城西	2 017	晋城西—南义城	2 636
丹河—北留	13 659	北留—丹河	13 645
北留—阳城	10 939	阳城—北留	8 316
北留—侯马	7 545	侯马—北留	7 168
河津—临猗西	2 225	临猗西—河津	2 119
蒲掌—东镇	6 627	东镇—蒲掌	7 473
北垣—王显	3 032	王显—北垣	3 044
新平堡—大同县	1 999	大同县—新平堡	1 720
大同县—浑源西	5 634	浑源西—大同县	5 602
浑源北—焦山主线	1 076	焦山主线—浑源北	1 141
汤头—五台山北	2 141	五台山北—汤头	2 319
长治东—虹梯关	2 924	虹梯关—长治东	2 527
定襄西—高蒲	8 157	高蒲—定襄西	8 580
五台山北—代县	3 184	代县—五台山北	3 135
岢岚—临县北	782	临县北—岢岚	760
平定—左权	2 732	左权—平定	2 571
朔州东—平鲁	1 237	平鲁—朔州东	1 227
二道梁—山阴	1 760	山阴—二道梁	1 473
临县北—离石西	3 642	离石西—临县北	3 603
义井—河曲	2 148	河曲—义井	1872

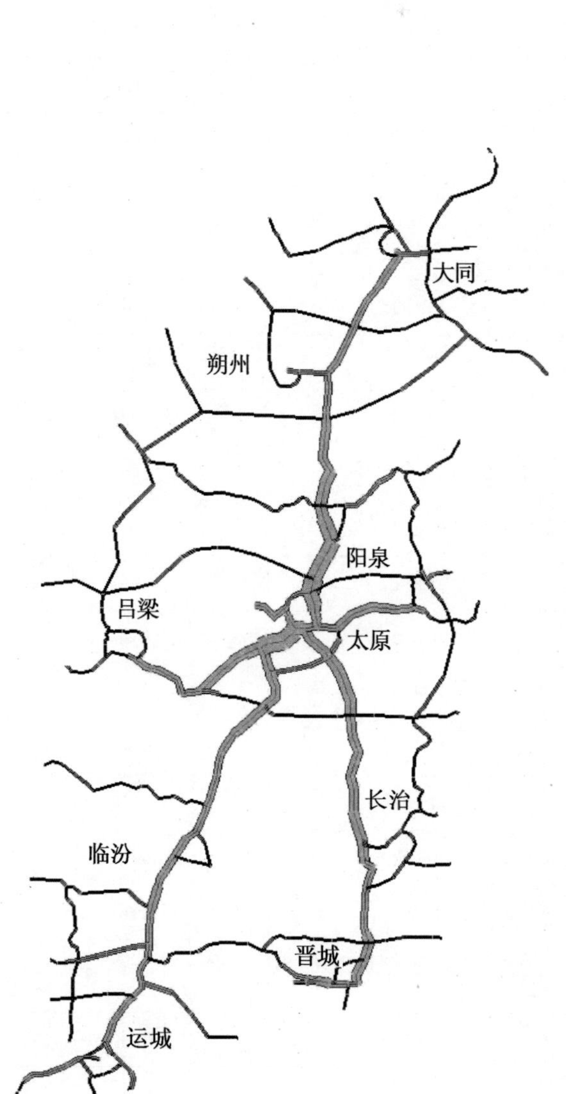

图4.7　2017年山西省高速公路日均客运密度

4.3.2 货运密度分布如表4.8和图4.8所示。

2017年山西省高速公路货运密度 表4.8

路段起止点	货运密度(吨公里/公里)	路段起止点	货运密度(吨公里/公里)
得胜口—大同北	3 305	大同北—得胜口	5 513
大同北—马连庄	29 964	马连庄—大同北	12 173
马连庄—孙启庄	7 160	孙启庄—马连庄	5 538
马连庄—大同北	9 157	大同北—马连庄	15 354
大同—元营	10 969	元营—大同	22 068
元营—朔州	3 051	朔州—元营	5 161
元营—忻州	25 135	忻州—元营	14 002
忻州—武宿	62 019	武宿—忻州	23 248
罗城—交城	92 198	交城—罗城	96 724
交城—汾阳	62 322	汾阳—交城	117 208
交城—平遥	57 213	平遥—交城	37 486
平遥—临汾	21 892	临汾—平遥	20 980
临汾—侯马	37 007	侯马—临汾	19 511
北柴—龙门大桥	45 835	龙门大桥—北柴	24 754
侯马—运城	17 779	运城—侯马	9 460
运城—平陆	31 204	平陆—运城	16 345
运城—风陵渡	3 322	风陵渡—运城	3 428
东郭—运城西	1 892	运城西—东郭	2 028
小店—屯留	71 286	屯留—小店	30 177
屯留—晋城东	45 505	晋城东—屯留	24 287
晋城—泽州	58 539	泽州—晋城	15 483
大同北—西口	4 473	西口—大同北	13 025
驿马岭—山阴	17 212	山阴—驿马岭	80 696
五台山主线—顿村	6 569	顿村—五台山主线	108 587
顿村—杨家湾	7 254	杨家湾—顿村	159 686
黄寨—太佳	7 448	太佳—黄寨	60 938
郝家庄主线—阳曲	23 457	阳曲—郝家庄主线	126 340
阳曲—古交	18 242	古交—阳曲	21 942
旧关—晋中北	65 120	晋中北—旧关	91 852
晋中北—罗城	72 587	罗城—晋中北	100 870

续上表

路段起止点	货运密度(吨公里/公里)	路段起止点	货运密度(吨公里/公里)
晋中北—祁县	48 670	祁县—晋中北	97 524
盂县东—平定	17 353	平定—盂县东	9 147
左权—平遥	18 360	平遥—左权	83 132
平遥—汾阳	9 313	汾阳—平遥	24 575
汾阳—军渡	80 089	军渡—汾阳	135 727
东阳关—屯留	913	屯留—东阳关	2 627
潞城—长治县	8 995	长治县—潞城	17 895
明姜—广胜寺景区	558	广胜寺景区—明姜	363
龙马枢纽—洪洞西	1 726	洪洞西—龙马枢纽	3 037
临汾枢纽—壶口	6 538	壶口—临汾枢纽	7 700
王莽岭—南义城	594	南义城—王莽岭	277
南义城—晋城西	7 300	晋城西—南义城	6 745
丹河—北留	8 006	北留—丹河	19 516
北留—阳城	475	阳城—北留	2 134
北留—侯马	8 993	侯马—北留	14 034
河津—临猗西	2 885	临猗西—河津	3 120
蒲掌—东镇	11 882	东镇—蒲掌	41 427
北垣—王显	1 764	王显—北垣	5 133
新平堡—大同县	327	大同县—新平堡	452
大同县—浑源西	3 333	浑源西—大同县	5 660
浑源北—焦山主线	17 098	焦山主线—浑源北	400
汤头—五台山北	1 870	五台山北—汤头	5 731
长治东—虹梯关	25 223	虹梯关—长治东	6 879
定襄西—高蒲	3 419	高蒲—定襄西	1 547
五台山北—代县	996	代县—五台山北	2 380
岢岚—临县北	13 033	临县北—岢岚	2 376
平定—左权	8 398	左权—平定	1 925
朔州东—平鲁	1 080	平鲁—朔州东	1 579
二道梁—山阴	3 700	山阴—二道梁	67 326
临县北—离石西	52 589	离石西—临县北	4 312
义井—河曲	4 085	河曲—义井	12 961

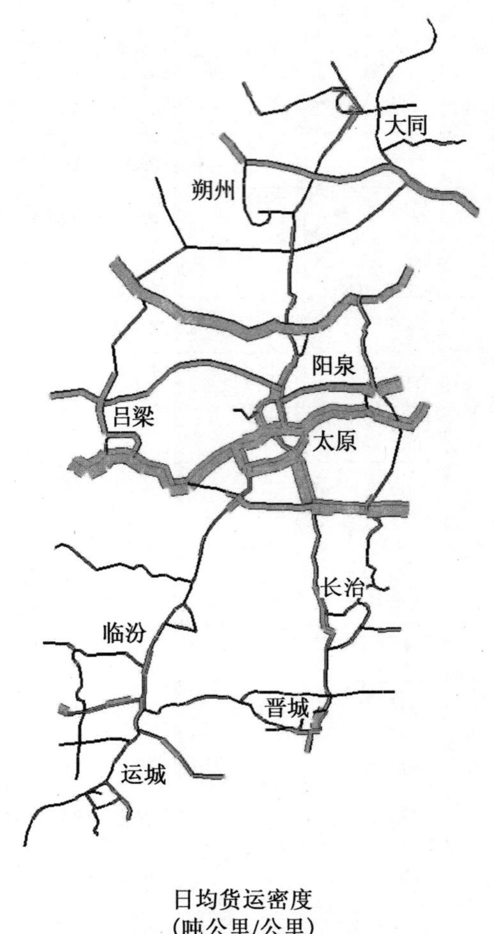

图4.8 2017年山西省高速公路日均货运密度

4.3.3 道路负荷分布如表4.9和图4.9所示。

2017年山西省高速公路轴载　表4.9

路段起止点	轴载(标准轴载当量轴次/日)	路段起止点	轴载(标准轴载当量轴次/日)
得胜口—大同北	425	大同北—得胜口	704
大同北—马连庄	4 512	马连庄—大同北	1 613
马连庄—孙启庄	1 017	孙启庄—马连庄	716
马连庄—大同北	1 168	大同北—马连庄	2 157
大同—元营	1 435	元营—大同	3 129
元营—朔州	404	朔州—元营	697
元营—忻州	3 247	忻州—元营	1 702
忻州—武宿	7 456	武宿—忻州	2 800
罗城—交城	10 123	交城—罗城	10 830
交城—汾阳	6 586	汾阳—交城	14 006
交城—平遥	6 965	平遥—交城	4 337
平遥—临汾	2 669	临汾—平遥	2 572
临汾—侯马	4 431	侯马—临汾	2 452
北柴—龙门大桥	5 575	龙门大桥—北柴	3 082
侯马—运城	2 206	运城—侯马	1 167
运城—平陆	4 242	平陆—运城	1 892
运城—风陵渡	466	风陵渡—运城	439
东郭—运城西	238	运城西—东郭	260
小店—屯留	8 580	屯留—小店	3 433
屯留—晋城东	5 288	晋城东—屯留	2 715
晋城—泽州	7 239	泽州—晋城	1 772
大同北—西口	590	西口—大同北	1 833
驿马岭—山阴	2 186	山阴—驿马岭	13 730
五台山主线—顿村	1 119	顿村—五台山主线	14 463
顿村—杨家湾	1 480	杨家湾—顿村	20 780
黄寨—太佳	968	太佳—黄寨	7 193
郝家庄主线—阳曲	3 117	阳曲—郝家庄主线	14 674
阳曲—古交	2 179	古交—阳曲	2 577
旧关—晋中北	6 915	晋中北—旧关	10 003
晋中北—罗城	7 927	罗城—晋中北	11 257

续上表

路段起止点	轴载(标准轴载当量轴次/日)	路段起止点	轴载(标准轴载当量轴次/日)
晋中北—祁县	5 527	祁县—晋中北	11 866
盂县东—平定	2 125	平定—盂县东	1 145
左权—平遥	2 286	平遥—左权	9 601
平遥—汾阳	1 138	汾阳—平遥	2 927
汾阳—军渡	8 470	军渡—汾阳	16 689
东阳关—屯留	111	屯留—东阳关	315
潞城—长治县	1 101	长治县—潞城	2 363
明姜—广胜寺景区	66	广胜寺景区—明姜	44
龙马枢纽—洪洞西	181	洪洞西—龙马枢纽	346
临汾枢纽—壶口	700	壶口—临汾枢纽	932
王莽岭—南义城	68	南义城—王莽岭	38
南义城—晋城西	937	晋城西—南义城	819
丹河—北留	1 051	北留—丹河	2 383
北留—阳城	75	阳城—北留	315
北留—侯马	1 100	侯马—北留	1 670
河津—临猗西	362	临猗西—河津	474
蒲掌—东镇	1 434	东镇—蒲掌	5 160
北垣—王显	228	王显—北垣	779
新平堡—大同县	41	大同县—新平堡	62
大同县—浑源西	390	浑源西—大同县	1 125
浑源北—焦山主线	3 960	焦山主线—浑源北	92
汤头—五台山北	247	五台山北—汤头	778
长治东—虹梯关	2 987	虹梯关—长治东	904
定襄西—高蒲	410	高蒲—定襄西	163
五台山北—代县	128	代县—五台山北	293
岢岚—临县北	1 486	临县北—岢岚	292
平定—左权	1 145	左权—平定	231
朔州东—平鲁	157	平鲁—朔州东	215
二道梁—山阴	636	山阴—二道梁	13 328
临县北—离石西	6 078	离石西—临县北	583
义井—河曲	575	河曲—义井	1 657

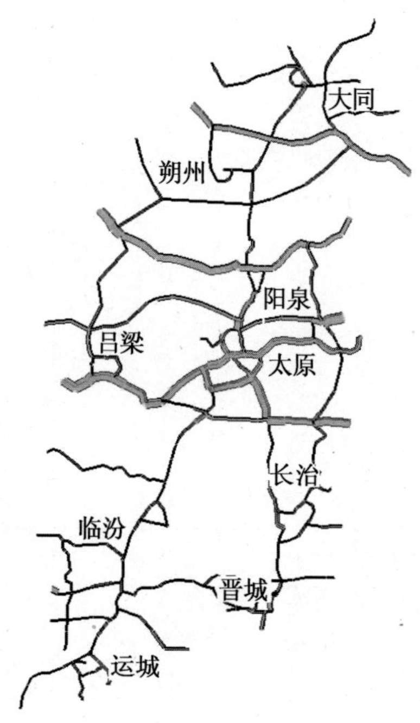

日均轴载
(标准轴载当量轴次/日)
30 000 15 000 7 500

图 4.9　2017 年山西省高速公路日均轴载

4.3.4 交通量分布如表4.10和图4.10所示。

2017年山西省高速公路交通量

表4.10

路段起止点	正向		小计	反向		小计
	客车折算交通量（辆/日）	货车折算交通量（辆/日）		客车折算交通量（辆/日）	货车折算交通量（辆/日）	
得胜口—大同北	1 359	1 163	2 522	1 448	1 295	2 743
大同北—马连庄	1 501	4 623	6 124	1 399	4 933	6 332
马连庄—孙启庄	3 352	1 424	4 776	3 360	2 470	5 830
马连庄—大同北	1 953	3 812	5 765	1 869	3 469	5 338
大同—元营	5 828	5 050	10 878	5 819	3 988	9 807
元营—朔州	3 689	2 506	6 195	3 205	1 056	4 261
元营—忻州	7 120	4 703	11 823	7 116	5 590	12 706
忻州—武宿	11 247	10 407	21 654	11 047	10 510	21 557
罗城—交城	16 008	19 996	36 004	16 004	17 730	33 734
交城—汾阳	8 470	22 539	31 009	8 212	17 364	25 576
交城—平遥	8 128	10 276	18 404	8 069	10 940	19 009
平遥—临汾	6 198	5 424	11 622	5 930	6 781	12 711
临汾—侯马	5 471	7 203	12 674	5 307	10 379	15 686
北柴—龙门大桥	3 170	8 213	11 383	2 967	6 948	9 915
侯马—运城	5 730	4 050	9 780	5 473	5 387	10 860
运城—平陆	3 399	5 188	8 587	3 251	7 430	10 681
运城—风陵渡	2 083	935	3 018	2 050	1 625	3 675
东郭—运城西	1 317	737	2 054	1 511	710	2 221
小店—屯留	7 119	11 104	18 223	6 945	12 979	19 924
屯留—晋城东	6 320	7 990	14 310	6 156	10 016	16 172
晋城—泽州	1 264	8 264	9 528	1 223	7 916	9 139
大同北—西口	1 060	4 589	5 649	1 043	1 861	2 904
驿马岭—山阴	1 133	8 380	9 513	1 029	10 412	11 441
五台山主线—顿村	2 189	16 437	18 626	1 961	14 461	16 422
顿村—杨家湾	1 145	26 310	27 455	1 065	20 790	21 855
黄寨—太佳	1 080	7 158	8 238	995	8 009	9 004
郝家庄主线—阳曲	2 033	17 378	19 411	1 784	16 744	18 528
阳曲—古交	5 600	7 013	12 613	5 497	4 450	9 947
旧关—晋中北	4 223	14 558	18 781	4 851	14 142	18 993
晋中北—罗城	7 822	17 796	25 618	7 802	16 209	24 011

续上表

路段起止点	正　向		小计	反　向		小计
	客车折算交通量（辆/日）	货车折算交通量（辆/日）		客车折算交通量（辆/日）	货车折算交通量（辆/日）	
晋中北—祁县	3 417	13 719	17 136	3 427	15 000	18 427
盂县东—平定	1 327	2 754	4 081	2 011	5 803	7 814
左权—平遥	1 284	12 244	13 528	1 206	11 634	12 840
平遥—汾阳	1 663	5 081	6 744	1 673	3 999	5 672
汾阳—军渡	3 785	23 109	26 894	3 491	18 559	22 050
东阳关—屯留	336	508	844	358	482	840
潞城—长治县	475	4 311	4 786	417	2 955	3 372
明姜—广胜寺景区	379	177	556	371	203	574
龙马枢纽—洪洞西	239	625	864	262	709	971
临汾枢纽—壶口	1 544	1 649	3 193	1 372	1 326	2 698
王莽岭—南义城	555	176	731	528	148	676
南义城—晋城西	702	1 626	2 328	883	2 429	3 312
丹河—北留	3 905	4 337	8 242	3 892	3 774	7 666
北留—阳城	3 822	582	4 404	2 888	433	3 321
北留—侯马	2 061	3 424	5 485	1 986	2 780	4 766
河津—临猗西	753	790	1 543	719	908	1 627
蒲掌—东镇	1 838	5 598	7 436	2 056	6 213	8 269
北垣—王显	1 018	944	1 962	1 016	1 122	2 138
新平堡—大同县	675	277	952	581	128	709
大同县—浑源西	1 813	1 166	2 979	1 747	1 030	2 777
浑源北—焦山主线	356	2 014	2 370	372	1 514	1 886
汤头—五台山北	613	1 315	1 928	627	867	1 494
长治东—虹梯关	630	3 424	4 054	554	4 133	4 687
定襄西—高蒲	2 361	794	3 155	2 400	698	3 098
五台山北—代县	1 003	790	1 793	977	450	1 427
岢岚—临县北	253	2 407	2 660	247	1 136	1 383
平定—左权	829	1 557	2 386	774	1 324	2 098
朔州东—平鲁	379	998	1 377	374	400	774
二道梁—山阴	539	8 254	8 793	450	8 213	8 663
临县北—离石西	1 058	7 087	8 145	1 042	5 044	6 086
义井—河曲	615	3 945	4 560	540	1 731	2 271

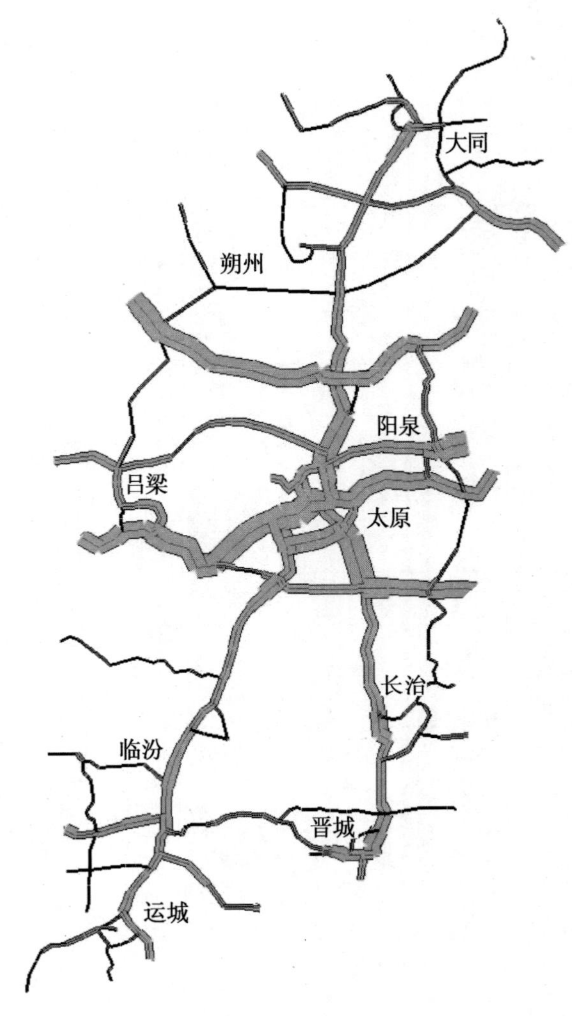

图4.10　2017年山西省高速公路日均交通量

4.4　辽宁省高速公路运输密度

4.4.1　客运密度分布如表4.11和图4.11所示。

2017年辽宁省高速公路客运密度　　表4.11

路段起止点	客运密度(人公里/公里)	路段起止点	客运密度(人公里/公里)
万家—葫芦岛	25 172	葫芦岛—万家	25 796
葫芦岛—锦州	31 175	锦州—葫芦岛	32 093
锦州—沈阳西	32 603	沈阳西—锦州	33 110
沈阳—毛家店	21 956	毛家店—沈阳	21 275
锦州—朝阳	10 188	朝阳—锦州	10 154
朝阳—黑水	4 280	黑水—朝阳	4 224
锦州东—阜新	7 817	阜新—锦州东	8 156
沈阳—鞍山	46 088	鞍山—沈阳	46 123
鞍山—营口	35 725	营口—鞍山	36 246
营口—鲅鱼圈	41 401	鲅鱼圈—营口	42 340
鲅鱼圈—炮台	25 049	炮台—鲅鱼圈	25 635
炮台—长兴岛	10 681	长兴岛—炮台	10 931
炮台—大连	59 507	大连—炮台	59 358
大连—旅顺新港	16 076	旅顺新港—大连	16 525
大连—庄河	21 062	庄河—大连	20 181
庄河—丹东	6 058	丹东—庄河	5 944
丹东—本溪	9 272	本溪—丹东	9 494
本溪—沈阳	31 169	沈阳—本溪	31 494
三十里堡—大窑湾	25 977	大窑湾—三十里堡	25 981
光辉—西安	24 785	西安—光辉	24 644
西安—西柳	7 717	西柳—西安	7 793
西安—营口	14 323	营口—西安	14 598
沈阳—草市	13 093	草市—沈阳	12 587
毛家店—三十家子	6 205	三十家子—毛家店	5 927
三面船—北台	4 092	北台—三面船	4 100
彰武—红旗台	12 522	红旗台—彰武	12 872
康平北—沈北新区	7 324	沈北新区—康平北	7 589
沈阳西环(逆时针)	32 334	沈阳西环(顺时针)	34 327

续上表

路段起止点	客运密度(人公里/公里)	路段起止点	客运密度(人公里/公里)
沈阳东环(逆时针)	21 220	沈阳东环(顺时针)	21 484
西柳—大孤山	6 899	大孤山—西柳	6 757
彰武—阿尔乡	4 839	阿尔乡—彰武	4 538
金岛—皮口	4 047	皮口—金岛	4 159
旺清门主线—南杂木	5 997	南杂木—旺清门主线	6 099
永陵—桓仁	2 197	桓仁—永陵	2 321
鹤大辽吉界—丹东	3 839	丹东—鹤大辽吉界	3 754
盖州—庄河西	5 039	庄河西—盖州	5 073
金沟子—安民主线	3 134	安民主线—金沟子	2 976
阜新—甜水	4 229	甜水—阜新	4 228
茨榆坨—灯塔	4 987	灯塔—茨榆坨	5 072
兴城—建昌	6 045	建昌—兴城	5 922
西安—辽东湾	700	辽东湾—西安	797

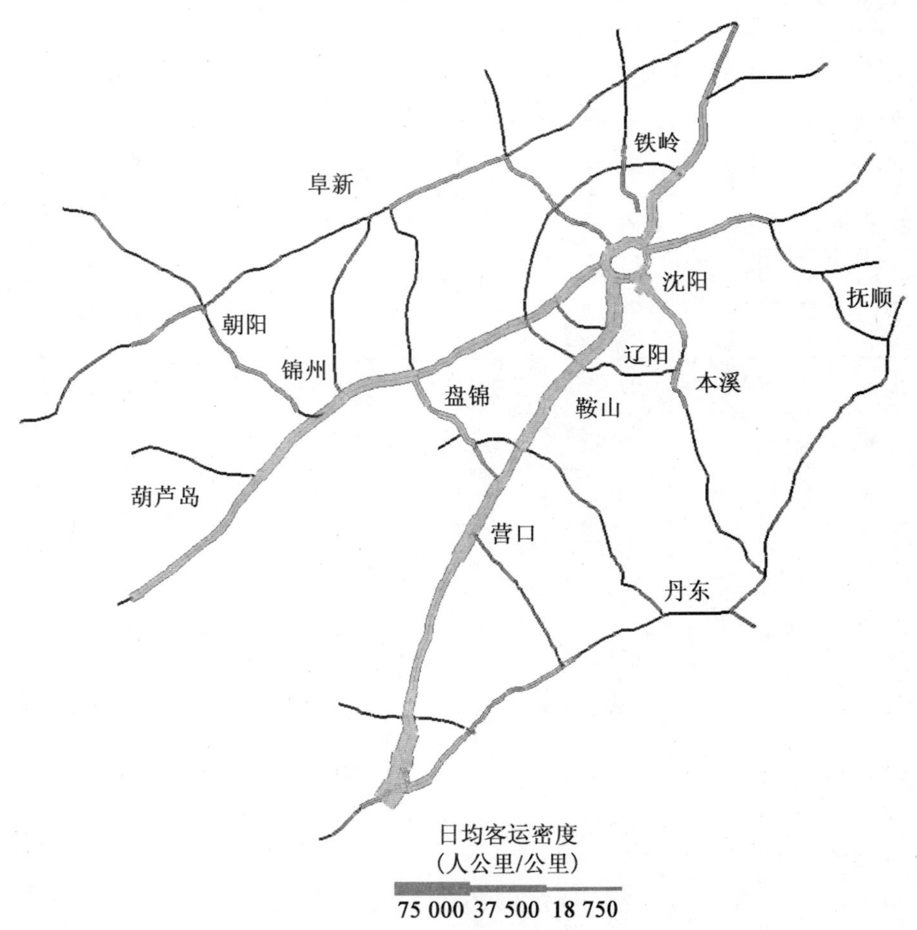

图 4.11 2017 年辽宁省高速公路日均客运密度

4.4.2　货运密度分布如表4.12和图4.12所示。

2017年辽宁省高速公路货运密度　　表4.12

路段起止点	货运密度(吨公里/公里)	路段起止点	货运密度(吨公里/公里)
万家—葫芦岛	194 098	葫芦岛—万家	179 954
葫芦岛—锦州	208 847	锦州—葫芦岛	196 699
锦州—沈阳西	131 682	沈阳西—锦州	148 311
沈阳—毛家店	90 060	毛家店—沈阳	76 454
锦州—朝阳	17 956	朝阳—锦州	33 814
朝阳—黑水	8 748	黑水—朝阳	14 745
锦州东—阜新	30 578	阜新—锦州东	45 041
沈阳—鞍山	41 318	鞍山—沈阳	38 337
鞍山—营口	55 390	营口—鞍山	51 377
营口—鲅鱼圈	86 339	鲅鱼圈—营口	69 273
鲅鱼圈—炮台	60 453	炮台—鲅鱼圈	44 044
炮台—长兴岛	11 202	长兴岛—炮台	8 910
炮台—大连	44 888	大连—炮台	32 116
大连—旅顺新港	10 201	旅顺新港—大连	9 349
大连—庄河	7 924	庄河—大连	9 193
庄河—丹东	5 722	丹东—庄河	5 119
丹东—本溪	5 394	本溪—丹东	7 831
本溪—沈阳	4 481	沈阳—本溪	6 869
三十里堡—大窑湾	38 678	大窑湾—三十里堡	31 005
光辉—西安	102 921	西安—光辉	96 203
西安—西柳	22 388	西柳—西安	21 271
西安—营口	39 543	营口—西安	31 733
沈阳—草市	18 859	草市—沈阳	20 662
毛家店—三十家子	15 939	三十家子—毛家店	18 215
三面船—北台	9 776	北台—三面船	9 245
彰武—红旗台	7 024	红旗台—彰武	6 469
康平北—沈北新区	19 926	沈北新区—康平北	15 778
沈阳西环(逆时针)	76 931	沈阳西环(顺时针)	82 212
沈阳东环(逆时针)	23 678	沈阳东环(顺时针)	23 680
西柳—大孤山	10 372	大孤山—西柳	8 587
彰武—阿尔乡	8 055	阿尔乡—彰武	9 540
金岛—皮口	2 717	皮口—金岛	1 830
旺清门主线—南杂木	2 949	南杂木—旺清门主线	3 938
永陵—桓仁	917	桓仁—永陵	1 120
鹤大辽吉界—丹东	3 724	丹东—鹤大辽吉界	3 165
盖州—庄河西	6 781	庄河西—盖州	5 589
金沟子—安民主线	2 061	安民主线—金沟子	1 900
阜新—甜水	4 726	甜水—阜新	5 720
茨榆坨—灯塔	11 900	灯塔—茨榆坨	9 678
兴城—建昌	14 537	建昌—兴城	15 545
西安—辽东湾	1 594	辽东湾—西安	3 492

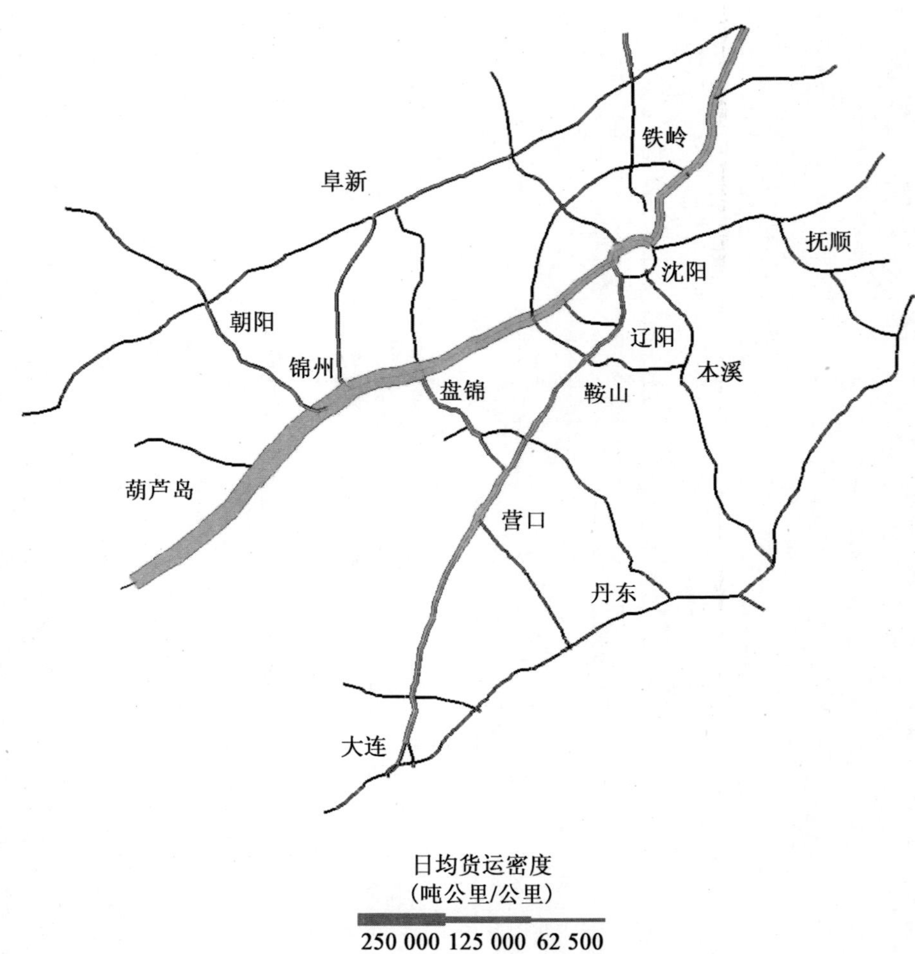

图 4.12 2017 年辽宁省高速公路日均货运密度

4.4.3　交通量分布如表4.13和图4.13所示。

2017年辽宁省高速公路交通量　　表4.13

路段起止点	正向			反向		
	客车折算交通量(辆/日)	货车折算交通量(辆/日)	小计	客车折算交通量(辆/日)	货车折算交通量(辆/日)	小计
万家—葫芦岛	6 520	31 298	37 818	6 376	31 298	37 674
葫芦岛—锦州	8 099	34 589	42 688	8 104	34 589	42 693
锦州—沈阳西	8 676	27 067	35 743	8 780	27 067	35 847
沈阳—毛家店	6 049	17 347	23 396	5 848	17 347	23 195
锦州—朝阳	2 682	3 580	6 262	2 649	3 580	6 229
朝阳—黑水	1 115	2 076	3 191	1 093	2 076	3 169
锦州东—阜新	2 113	5 520	7 633	2 123	5 520	7 643
沈阳—鞍山	12 964	9 313	22 277	12 905	9 313	22 218
鞍山—营口	9 586	11 167	20 753	9 769	11 167	20 936
营口—鲅鱼圈	10 860	15 962	26 822	11 049	15 962	27 011
鲅鱼圈—炮台	6 417	11 159	17 576	6 533	11 159	17 692
炮台—长兴岛	2 828	2 642	5 470	2 876	2 642	5 518
炮台—大连	15 455	10 518	25 973	15 535	10 518	26 053
大连—旅顺新港	4 542	2 785	7 327	4 640	2 881	7 521
大连—庄河	5 552	2 527	8 079	5 240	2 536	7 776
庄河—丹东	1 601	1 339	2 940	1 567	1 339	2 906
丹东—本溪	2 417	1 725	4 142	2 499	1 725	4 224
本溪—沈阳	8 901	1 576	10 477	9 011	1 576	10 587
三十里堡—大窑湾	7 060	8 846	15 906	7 117	8 846	15 963
光辉—西安	6 287	18 055	24 342	6 359	18 055	24 414
西安—西柳	2 028	3 937	5 965	2 025	3 937	5 962
西安—营口	3 693	6 885	10 578	3 724	6 885	10 609
沈阳—草市	3 382	3 682	7 064	3 244	3 682	6 926
毛家店—三十家子	1 668	2 789	4 457	1 636	2 789	4 425
三面船—北台	1 112	1 948	3 060	1 107	1 948	3 055
彰武—红旗台	3 494	1 721	5 215	3 594	1 721	5 315
康平北—沈北新区	2 057	3 281	5 338	2 127	3 281	5 408
沈阳西环(逆时针)	9 306	17 469	26 775	9 865	17 469	27 334
沈阳东环(逆时针)	6 237	6 412	12 649	6 348	6 412	12 760
西柳—大孤山	1 796	2 086	3 882	1 761	2 086	3 847
彰武—阿尔乡	1 353	1 720	3 073	1 259	1 720	2 979
金岛—皮口	1 187	711	1 898	1 209	711	1 920
旺清门主线—南杂木	1 484	723	2 207	1 520	723	2 243
永陵—桓仁	585	237	822	604	237	841
鹤大辽吉界—丹东	1 013	767	1 780	986	767	1 753
盖州—庄河西	1 352	1 505	2 857	1 348	1 505	2 853
金沟子—安民主线	863	654	1 517	804	654	1 458
阜新—甜水	1 178	1 042	2 220	1 174	1 042	2 216
茨榆坨—灯塔	1 355	2 265	3 620	1 372	2 265	3 637
兴城—建昌	1 626	2 726	4 352	1 603	2 726	4 329
西安—辽东湾	207	550	757	228	550	778

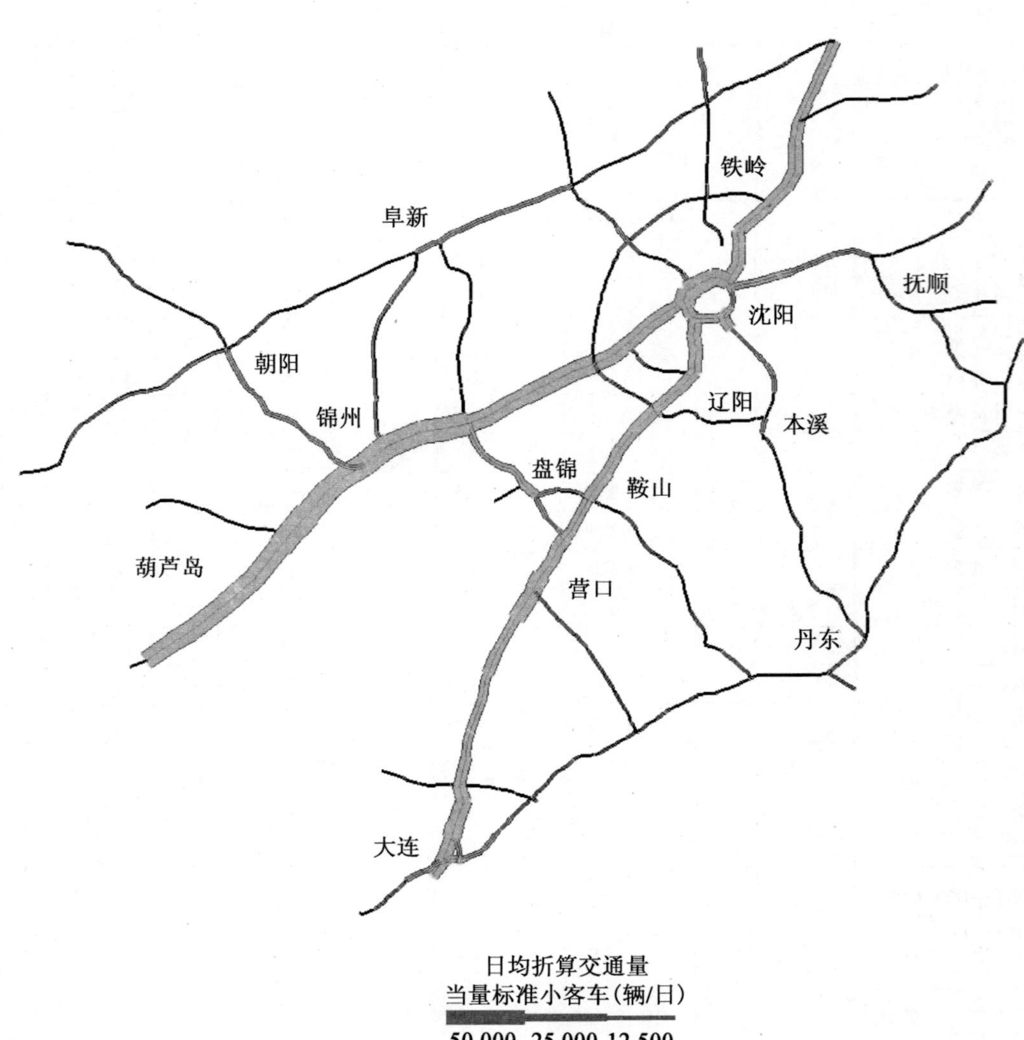

图 4.13　2017 年辽宁省高速公路日均交通量

4.5　上海市高速公路运输密度

4.5.1　客运密度分布如表 4.14 和图 4.14 所示。

2017 年上海市高速公路客运密度　　表 4.14

路段起止点	客运密度(人公里/公里)	路段起止点	客运密度(人公里/公里)
绕城月浦—沪嘉浏互通	22 835	沪嘉浏互通—绕城月浦	22 247
沪嘉浏互通—北环嘉浏立交	98 313	北环嘉浏立交—沪嘉浏互通	106 658
北环嘉浏立交—G2 安亭	38 480	G2 安亭—北环嘉浏立交	39 300
G2 安亭—G60 大港	38 774	G60 大港—G2 安亭	38 313
G60 大港—绕城亭枫	24 631	绕城亭枫—G60 大港	26 318
绕城亭枫—嘉金南环立交	11 662	嘉金南环立交—绕城亭枫	12 131
嘉金南环立交—界河	19 017	界河—嘉金南环立交	18 791
界河—G40 沪苏	47 628	G40 沪苏—界河	47 887
G15 朱桥—北环嘉浏立交	99 582	北环嘉浏立交—G15 朱桥	102 689
北环嘉浏立交—G60 新桥	60 905	G60 新桥—北环嘉浏立交	65 250
G60 新桥—嘉金南环立交	50 237	嘉金南环立交—G60 新桥	49 542
嘉金南环立交—G15 亭卫	21 145	G15 亭卫—嘉金南环立交	20 181
G2 安亭—G2 江桥	129 673	G2 江桥—G2 安亭	129 821
G50 沪苏—G50 嘉松	60 888	G50 嘉松—G50 沪苏	63 648
G50 嘉松—G50 徐泾	119 660	G50 徐泾—G50 嘉松	125 341
G60 枫泾—G60 大港	108 503	G60 大港—G60 枫泾	107 771
G60 大港—G60 新桥	142 605	G60 新桥—G60 大港	139 198
G60 新桥—G60 莘庄	210 001	G60 莘庄—G60 新桥	201 895
S32 沪浙—S32 祝桥	45 010	S32 祝桥—S32 沪浙	45 777
S36 枫泾—绕城亭枫	8 036	绕城亭枫—S36 枫泾	10 107
G15 沪浙—S4 大叶	33 319	S4 大叶—G15 沪浙	33 517
S4 大叶—S4 颛桥	79 458	S4 颛桥—S4 大叶	101 517
S2 临港—S2 大叶	36 386	S2 大叶—S2 临港	37 010
S2 大叶—S2 康桥	62 099	S2 康桥—S2 大叶	74 115
S19 沈海南环立交—S19 新卫	8 129	S19 新卫—S19 沈海南环立交	16 047

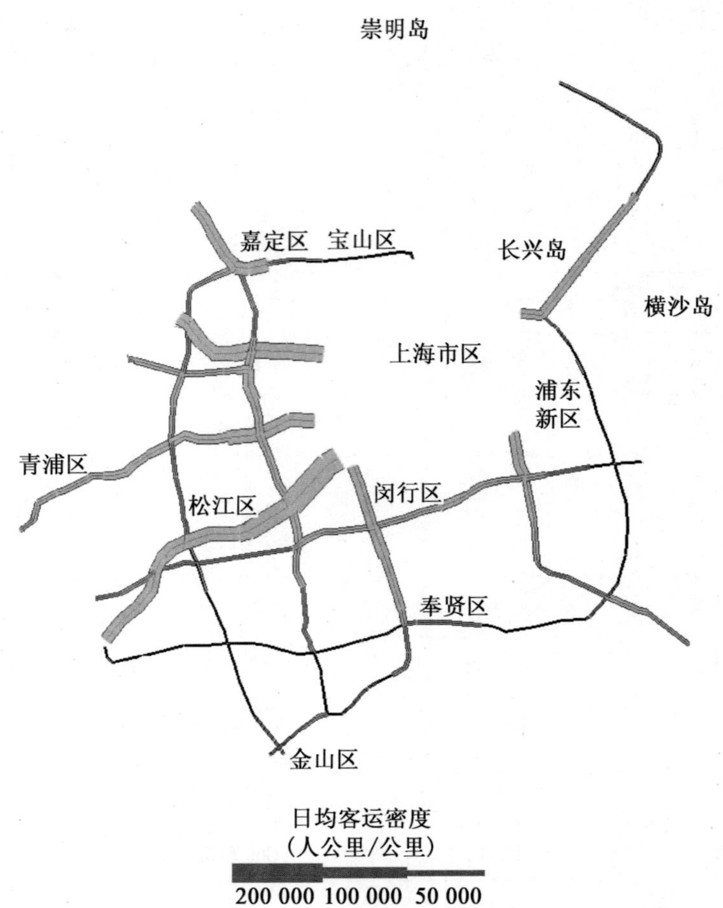

图 4.14　2017 年上海市高速公路日均客运密度

4.5.2　货运密度分布如表4.15和图4.15所示。

2017年上海市高速公路货运密度　　表4.15

路段起止点	货运密度(吨公里/公里)	路段起止点	货运密度(吨公里/公里)
绕城月浦—沪嘉浏互通	130 258	沪嘉浏互通—绕城月浦	145 069
沪嘉浏互通—北环嘉浏立交	168 818	北环嘉浏立交—沪嘉浏互通	179 694
北环嘉浏立交—G2 安亭	121 820	G2 安亭—北环嘉浏立交	120 552
G2 安亭—G60 大港	104 873	G60 大港—G2 安亭	98 296
G60 大港—绕城亭枫	47 263	绕城亭枫—G60 大港	41 998
绕城亭枫—嘉金南环立交	46 349	嘉金南环立交—绕城亭枫	37 191
嘉金南环立交—界河	98 182	界河—嘉金南环立交	78 857
界河—G40 沪苏	56 967	G40 沪苏—界河	51 637
G15 朱桥—北环嘉浏立交	111 266	北环嘉浏立交—G15 朱桥	107 392
北环嘉浏立交—G60 新桥	110 395	G60 新桥—北环嘉浏立交	107 559
G60 新桥—嘉金南环立交	55 781	嘉金南环立交—G60 新桥	53 961
嘉金南环立交—G15 亭卫	25 182	G15 亭卫—嘉金南环立交	24 981
G2 安亭—G2 江桥	60 302	G2 江桥—G2 安亭	61 271
G50 沪苏—G50 嘉松	23 741	G50 嘉松—G50 沪苏	22 259
G50 嘉松—G50 徐泾	27 783	G50 徐泾—G50 嘉松	22 119
G60 枫泾—G60 大港	88 766	G60 大港—G60 枫泾	88 556
G60 大港—G60 新桥	43 345	G60 新桥—G60 大港	38 209
G60 新桥—G60 莘庄	56 563	G60 莘庄—G60 新桥	56 662
S32 沪浙—S32 祝桥	52 798	S32 祝桥—S32 沪浙	56 667
S36 枫泾—绕城亭枫	14 642	绕城亭枫—S36 枫泾	14 124
G15 沪浙—S4 大叶	55 196	S4 大叶—G15 沪浙	53 651
S4 大叶—S4 颛桥	58 264	S4 颛桥—S4 大叶	66 891
S2 临港—S2 大叶	86 371	S2 大叶—S2 临港	88 948
S2 大叶—S2 康桥	39 155	S2 康桥—S2 大叶	44 767
S19 沈海南环立交—S19 新卫	10 468	S19 新卫—S19 沈海南环立交	11 139

图 4.15 2017 年上海市高速公路日均货运密度

4.6 江苏省高速公路运输密度

4.6.1 客运密度分布如表4.16和图4.16所示。

2017年江苏省高速公路客运密度 表4.16

路段起止点	客运密度(人公里/公里)	路段起止点	客运密度(人公里/公里)
苏鲁省界—淮安	21 692	淮安—苏鲁省界	22 516
淮安—江都	54 373	江都—淮安	54 337
江都—江阴	53 950	江阴—江都	53 124
江阴枢纽—无锡	42 111	无锡—江阴枢纽	41 232
广陵—南通北	36 178	南通北—广陵	35 366
南通—苏州北	72 287	苏州北—南通	72 303
小海—启东	28 197	启东—小海	21 942
启东—崇启大桥	20 016	崇启大桥—启东	15 758
沈海苏鲁—灌云	11 380	灌云—沈海苏鲁	11 672
灌云—盐城东	21 869	盐城东—灌云	22 733
盐城东—南通北	49 864	南通北—盐城东	51 834
盐城—楚州	20 559	楚州—盐城	19 856
淮安西绕城(顺时针)	29 994	淮安西绕城(逆时针)	30 357
淮阴—灌云北	24 016	灌云北—淮阴	25 211
灌云北—连云港	38 593	连云港—灌云北	38 725
连云港—临连苏鲁省界	15 965	临连苏鲁省界—连云港	15 445
淮安南—六合南	47 255	六合南—淮安南	45 763
六和南—刘村	105	刘村—六和南	94
黄花塘—宿迁	20 785	宿迁—黄花塘	22 080
宿迁—新沂	4 597	新沂—宿迁	4 845
淮安西—徐州	30 048	徐州—淮安西	30 510
徐州东—京福苏鲁	16 417	京福苏鲁—徐州东	19 860
徐州东—苏皖省界	23 729	苏皖省界—徐州东	20 880
徐州东—渔湾主线	14 095	渔湾主线—徐州东	14 095
海安—江都	19 274	江都—海安	19 255
江都—镇江	25 342	镇江—江都	25 256
南京—无锡	109 040	无锡—南京	110 409
无锡—苏州北	150 317	苏州北—无锡	157 972
苏州北—花桥主线	105 654	花桥主线—苏州北	108 615
苏州绕城(顺时针)	30 108	苏州绕城(逆时针)	30 247
石牌—岳王	17 415	岳王—石牌	17 849
角直—千灯	33 137	千灯—角直	34 246
苏州北—盛泽主线	71 367	盛泽主线—苏州北	70 859
苏浙省界—苏沪主线	43 038	苏沪主线—苏浙省界	45 525
南京—新昌	66 142	新昌—南京	55 592

续上表

路段起止点	客运密度(人公里/公里)	路段起止点	客运密度(人公里/公里)
新昌—长深苏浙	72 442	长深苏浙—新昌	59 707
丹徒—新昌	12 097	新昌—丹徒	8 818
西坞—无锡	29 069	无锡—西坞	35 210
骆家边—戚墅堰	41 086	戚墅堰—骆家边	54 786
戚墅堰—常熟	38 150	常熟—戚墅堰	39 730
常熟—太仓	75 178	太仓—常熟	74 403
南京三桥—麒麟	40 003	麒麟—南京三桥	33 811
麒麟—横梁	29 860	横梁—麒麟	34 220
横梁—马鞍	10 399	马鞍—横梁	13 700
南泉—锦丰	14 003	锦丰—南泉	14 442
武进—泰州大桥	72 006	泰州大桥—武进	72 955
石牌—董滨	41 098	董滨—石牌	40 667
彭城—丰县	11 761	丰县—彭城	11 115
六合—江都	27 555	江都—六合	26 627
骆家边—溧马高速苏皖省界	48 353	溧马高速苏皖省界—骆家边	36 245
南京南—和凤主线	19 625	和凤主线—南京南	13 071
璜泾—港城	2 736	港城—璜泾	2 711

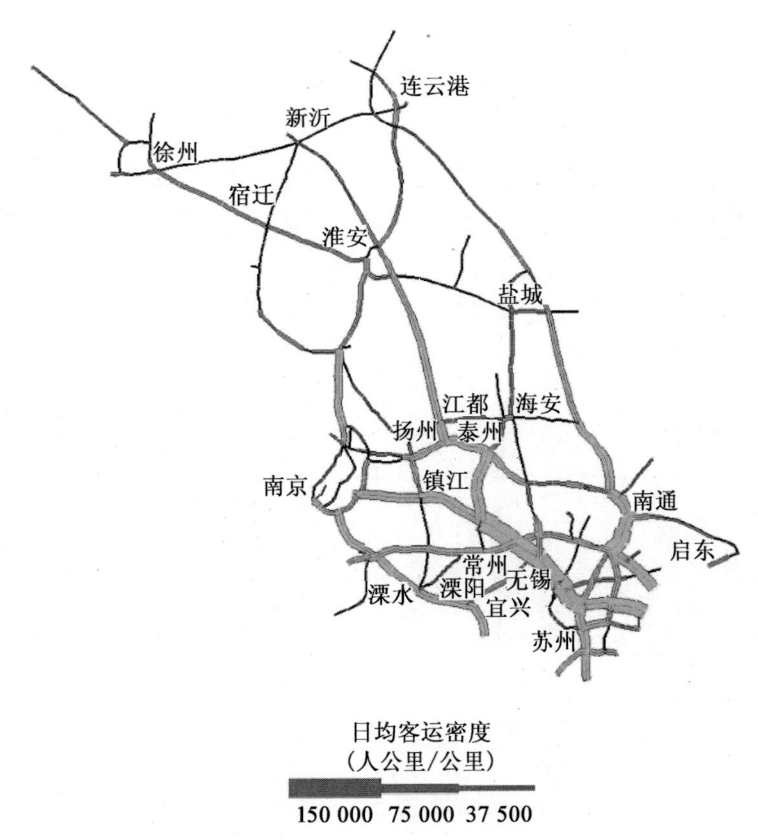

图 4.16　2017 年江苏省高速公路日均客运密度

4.6.2　货运密度分布如表4.17和图4.17所示。

2017年江苏省高速公路货运密度　　表4.17

路段起止点	货运密度(吨公里/公里)	路段起止点	货运密度(吨公里/公里)
苏鲁省界—淮安	144 734	淮安—苏鲁省界	107 935
淮安—江都	87 747	江都—淮安	82 603
江都—江阴	42 869	江阴—江都	42 978
江阴枢纽—无锡	22 716	无锡—江阴枢纽	16 609
广陵—南通北	18 188	南通北—广陵	20 286
南通—苏州北	93 203	苏州北—南通	78 608
小海—启东	5 401	启东—小海	6 257
启东—崇启大桥	9 413	崇启大桥—启东	7 050
沈海苏鲁—灌云	33 299	灌云—沈海苏鲁	29 893
灌云—盐城东	65 006	盐城东—灌云	69 502
盐城东—南通北	78 182	南通北—盐城东	80 100
盐城—楚州	19 421	楚州—盐城	23 203
淮安西绕城(顺时针)	54 551	淮安西绕城(逆时针)	77 462
淮阴—灌云北	54 422	灌云北—淮阴	61 486
灌云北—连云港	122 438	连云港—灌云北	124 823
连云港—临连苏鲁省界	128 576	临连苏鲁省界—连云港	141 367
淮安南—六合南	114 680	六合南—淮安南	79 326
六和南—刘村	605	刘村—六和南	385
黄花塘—宿迁	43 421	宿迁—黄花塘	56 042
宿迁—新沂	10 441	新沂—宿迁	17 231
淮安西—徐州	44 011	徐州—淮安西	49 298
徐州东—京福苏鲁	56 879	京福苏鲁—徐州东	157 065
徐州东—苏皖省界	163 227	苏皖省界—徐州东	65 333
徐州东—渔湾主线	24 151	渔湾主线—徐州东	25 685
海安—江都	13 849	江都—海安	11 925
江都—镇江	24 481	镇江—江都	20 413
南京—无锡	80 481	无锡—南京	82 604
无锡—苏州北	168 427	苏州北—无锡	162 677
苏州北—花桥主线	78 758	花桥主线—苏州北	89 250
苏州绕城(顺时针)	53 153	苏州绕城(逆时针)	48 150
石牌—岳王	17 015	岳王—石牌	21 514
角直—千灯	14 648	千灯—角直	16 339
苏州北—盛泽主线	164 455	盛泽主线—苏州北	138 365
苏浙省界—苏沪主线	24 267	苏沪主线—苏浙省界	21 432
南京—新昌	132 041	新昌—南京	81 383
新昌—长深苏浙	170 864	长深苏浙—新昌	105 987
丹徒—新昌	18 478	新昌—丹徒	9 763

续上表

路段起止点	货运密度(吨公里/公里)	路段起止点	货运密度(吨公里/公里)
西坞—无锡	11 842	无锡—西坞	15 331
骆家边—戚墅堰	51 900	戚墅堰—骆家边	81 255
戚墅堰—常熟	30 416	常熟—戚墅堰	37 140
常熟—太仓	78 753	太仓—常熟	73 332
南京三桥—麒麟	79 725	麒麟—南京三桥	77 791
麒麟—横梁	98 822	横梁—麒麟	143 646
横梁—马鞍	70 163	马鞍—横梁	102 238
南泉—锦丰	12 385	锦丰—南泉	14 340
武进—泰州大桥	82 696	泰州大桥—武进	84 702
石牌—董滨	87 232	董滨—石牌	111 473
彭城—济徐苏鲁省界	16 054	济徐苏鲁省界—彭城	21 496
六合—江都	18 482	江都—六合	17 423
骆家边—溧马高速苏皖省界	98 651	溧马高速苏皖省界—骆家边	65 604
南京南—和凤主线	2 617	和凤主线—南京南	2 179
璜泾—港城	7 030	港城—璜泾	7 410

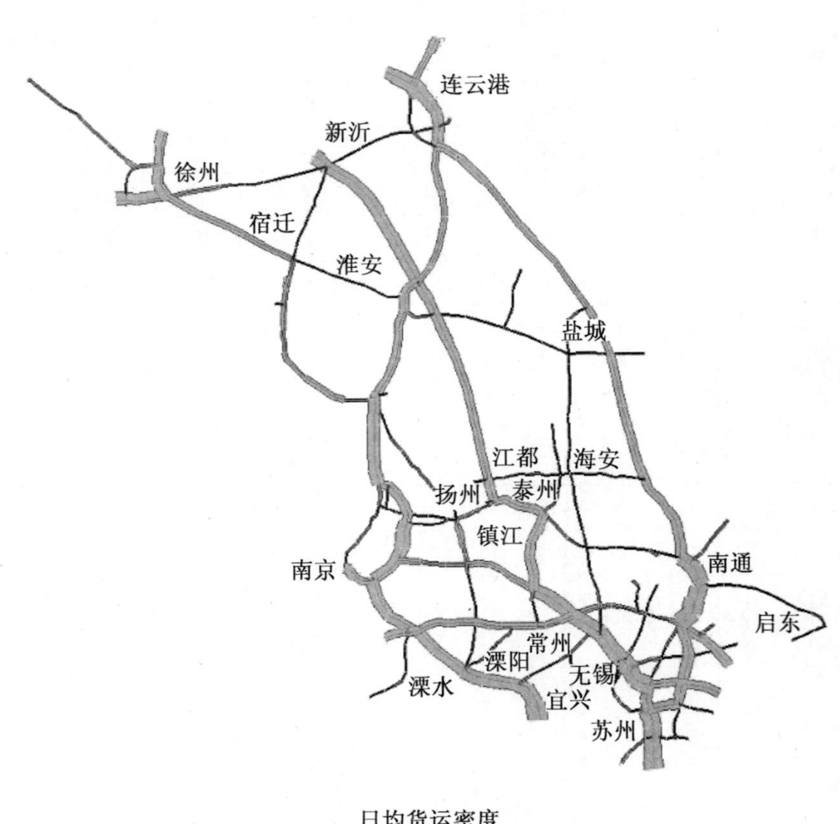

图 4.17　2017 年江苏省高速公路日均货运密度

4.6.3　交通量分布如表4.18和图4.18所示。

2017年江苏省高速公路交通量　　表4.18

路段起止点	正向		小计	反向		小计
	客车折算交通量（辆/日）	货车折算交通量（辆/日）		客车折算交通量（辆/日）	货车折算交通量（辆/日）	
苏鲁省界—淮安	6 632	22 885	29 517	7 022	21 303	28 325
淮安—江都	13 990	15 629	29 619	14 292	17 426	31 718
江都—江阴	15 034	8 865	23 899	14 854	9 744	24 598
江阴枢纽—无锡	15 197	6 077	21 274	14 909	6 473	21 382
广陵—南通北	11 383	4 815	16 198	11 211	6 360	17 571
南通—苏州北	24 089	19 755	43 844	24 080	19 011	43 091
小海—启东	11 234	1 759	12 993	8 963	1 956	10 919
启东—崇启大桥	7 130	2 416	9 546	5 461	1 811	7 272
沈海苏鲁—灌云	3 427	6 017	9 444	3 472	7 935	11 407
灌云—盐城东	7 471	11 302	18 773	7 745	15 489	23 234
盐城东—南通北	16 678	14 250	30 928	17 146	18 140	35 286
盐城—楚州	6 980	4 976	11 956	6 880	4 786	11 666
淮安西绕城(顺时针)	8 620	11 827	20 447	8 638	13 631	22 269
淮阴—灌云北	7 736	13 323	21 059	8 016	11 507	19 523
灌云北—连云港	12 951	28 521	41 472	12 985	22 036	35 021
连云港—临连苏鲁省界	5 691	27 677	33 368	5 561	22 828	28 389
淮安南—六合南	13 958	19 244	33 202	13 724	16 060	29 784
六和南—刘村	40	112	152	33	85	118
黄花塘—宿迁	5 618	9 004	14 622	5 753	9 447	15 200
宿迁—新沂	1 708	3 049	4 757	1 773	3 235	5 008
淮安西—徐州	8 796	10 286	19 082	8 805	9 414	18 219
徐州东—京福苏鲁	5 621	14 827	20 448	6 999	24 985	31 984
徐州东—苏皖省界	8 460	26 529	34 989	7 109	15 085	22 194
徐州东—渔湾主线	5 257	5 718	10 975	5 243	5 616	10 859
海安—江都	6 999	3 902	10 901	6 914	3 428	10 342
江都—镇江	8 327	5 458	13 785	8 377	5 201	13 578
南京—无锡	36 110	20 658	56 768	36 861	21 544	58 405
无锡—苏州北	52 136	41 871	94 007	53 937	47 365	101 302
苏州北—花桥主线	38 862	24 964	63 826	39 331	28 579	67 910
苏州绕城(顺时针)	12 143	13 571	25 714	12 208	13 854	26 062
石牌—岳王	7 265	6 015	13 280	7 366	6 321	13 687
角直—千灯	14 626	6 132	20 758	15 024	6 517	21 541
苏州北—盛泽主线	25 640	32 273	57 913	25 414	34 785	60 199
苏浙省界—苏沪主线	13 892	6 378	20 270	14 522	5 876	20 398
南京—新昌	17 843	22 166	40 009	16 762	16 986	33 748
新昌—长深苏浙	18 175	27 854	46 029	16 290	21 491	37 781
丹徒—新昌	4 338	3 511	7 849	3 340	2 505	5 845

续上表

路段起止点	正向			反向		
	客车折算交通量（辆/日）	货车折算交通量（辆/日）	小计	客车折算交通量（辆/日）	货车折算交通量（辆/日）	小计
西坞—无锡	10 367	4 675	15 042	12 336	4 751	17 087
骆家边—戚墅堰	14 463	12 954	27 417	17 682	17 347	35 029
戚墅堰—常熟	13 216	9 459	22 675	13 726	10 959	24 685
常熟—太仓	23 922	19 245	43 167	23 989	20 674	44 663
南京三桥—麒麟	9 058	17 846	26 904	8 577	16 718	25 295
麒麟—横梁	9 099	20 953	30 052	9 646	24 453	34 099
横梁—马鞍	2 846	13 405	16 251	3 290	16 014	19 304
南泉—锦丰	5 712	4 865	10 577	5 819	3 911	9 730
武进—泰州大桥	23 478	19 893	43 371	23 452	18 333	41 785
石牌—董滨	14 927	21 855	36 782	14 880	21 606	36 486
彭城—丰县	4 298	4 576	8 874	4 068	4 341	8 409
六合—江都	8 848	4 404	13 252	8 469	4 431	12 900
骆家边—溧马高速苏皖省界	13 460	19 110	32 570	10 834	13 806	24 640
南京南—和凤主线	6 898	822	7 720	5 092	907	5 999
璜泾—港城	1 112	3 082	4 194	1 148	3 014	4 162

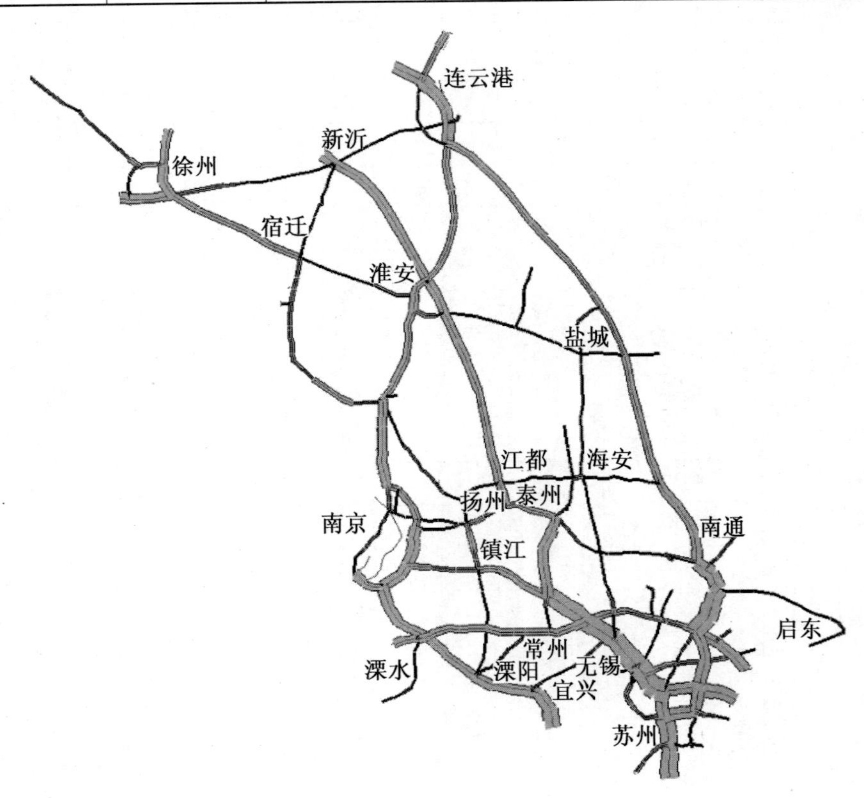

图 4.18　2017 年江苏省高速公路日均交通量

4.7 浙江省高速公路运输密度

4.7.1 客运密度分布如表 4.19 和图 4.19 所示。

2017 年浙江省高速公路客运密度　　表 4.19

路段起止点	客运密度(人公里/公里)	路段起止点	客运密度(人公里/公里)
李家巷枢纽—浙皖主线	39 985	浙皖主线—李家巷枢纽	38 392
浙苏主线—李家巷枢纽	35 389	李家巷枢纽—浙苏主线	33 299
李家巷枢纽—父子岭(浙苏分界)	62 651	父子岭(浙苏分界)—李家巷枢纽	62 977
南庄兜(杭州)—李家巷枢纽	63 441	李家巷枢纽—南庄兜(杭州)	62 846
杭州绕城(逆时针)	55 818	杭州绕城(顺时针)	57 055
嘉兴枢纽—沈士枢纽	85 946	沈士枢纽—嘉兴枢纽	89 248
大云(浙沪边界)—嘉兴枢纽	91 881	嘉兴枢纽—大云(浙沪边界)	91 514
昱岭关(安徽边界)—杭州西	29 204	杭州西—昱岭关(安徽边界)	29 219
嘉兴枢纽—王江泾(浙苏边界)	62 773	王江泾(浙苏边界)—嘉兴枢纽	61 497
湖州北—王江泾(浙苏边界)	29 658	王江泾(浙苏边界)—湖州北	30 624
西塘桥(跨海大桥北)—嘉兴枢纽	75 012	嘉兴枢纽—西塘桥(跨海大桥北)	74 510
西塘桥(跨海大桥北)—浙沪主线	16 806	浙沪主线—西塘桥(跨海大桥北)	16 621
西塘桥(跨海大桥北)—余姚	67 721	余姚—西塘桥(跨海大桥北)	67 817
沽渚枢纽—红垦(杭州)	103 621	红垦(杭州)—沽渚枢纽	103 116
余姚—沽渚枢纽	69 952	沽渚枢纽—余姚	69 632
余姚—宁波北	92 200	宁波北—余姚	93 696
北仑—宁波东	22 666	宁波东—北仑	22 564
宁波绕城(逆时针)	33 144	宁波绕城(顺时针)	33 089
嵊州枢纽—宁波西	16 881	宁波西—嵊州枢纽	16 857
义乌东—嵊州枢纽	20 330	嵊州枢纽—义乌东	20 450
嵊州枢纽—沽渚枢纽	44 398	沽渚枢纽—嵊州枢纽	44 271
吴岙—嵊州枢纽	24 929	嵊州枢纽—吴岙	25 042
宁海—姜山(宁波)	40 518	姜山(宁波)—宁海	39 489
吴岙—宁海	26 336	宁海—吴岙	25 975
台州—吴岙	41 370	吴岙—台州	40 138
缙云—台州	17 077	台州—缙云	17 149
温州—台州	33 655	台州—温州	31 853
平阳—温州南	66 075	温州南—平阳	64 882
分水关—平阳	25 776	平阳—分水关	25 236
金华东—温州	20 880	温州—金华东	20 742
金华东—张家畈枢纽(杭州)	46 688	张家畈枢纽(杭州)—金华东	46 563
杭金衢龙游交界—金华	36 417	金华—杭金衢龙游交界	37 354
浙赣界—杭金衢龙游交界	42 838	杭金衢龙游交界—浙赣界	42 855
丽水—杭金衢龙游交界	18 075	杭金衢龙游交界—丽水	18 182
龙泉—丽水	15 838	丽水—龙泉	15 809
建德市—杭州南	54 609	杭州南—建德市	53 494

续上表

路段起止点	客运密度(人公里/公里)	路段起止点	客运密度(人公里/公里)
杭金衢龙游交界—建德市	21 100	建德市—杭金衢龙游交界	20 974
建德市—千岛湖	14 853	千岛湖—建德市	14 762
衢州南—浙闽主线	3 964	浙闽主线—衢州南	4 054
诸暨北—温州	24 538	温州—诸暨北	23 846
练市—杭州(崇贤)	40 184	杭州(崇贤)—练市	44 148
温州绕城(逆时针)	23 178	温州绕城(顺时针)	22 702
舟山—蛟川	35 213	蛟川—舟山	35 066
嘉兴枢纽—尖山	8 371	尖山—嘉兴枢纽	8 025
龙泉—浙闽界	4 674	浙闽界—龙泉	4 471
衢州—浙皖界	10 852	浙皖界—衢州	11 465
勾庄—长兴	31 595	长兴—勾庄	30 867
诸暨浣东—上虞道墟	14 872	上虞道墟—诸暨浣东	14 840
云龙—象山	26 339	象山—云龙	26 714
灵峰—穿山港区	12 020	穿山港区—灵峰	12 001
沈士枢纽—西塘桥	15 365	西塘桥—沈士枢纽	15 591
党湾—六工	4 179	六工—党湾	4 298
沽渚枢纽—滨海新城北	5 816	滨海新城北—沽渚枢纽	5 827
千祥—永康东	15 702	永康东—千祥	15 361

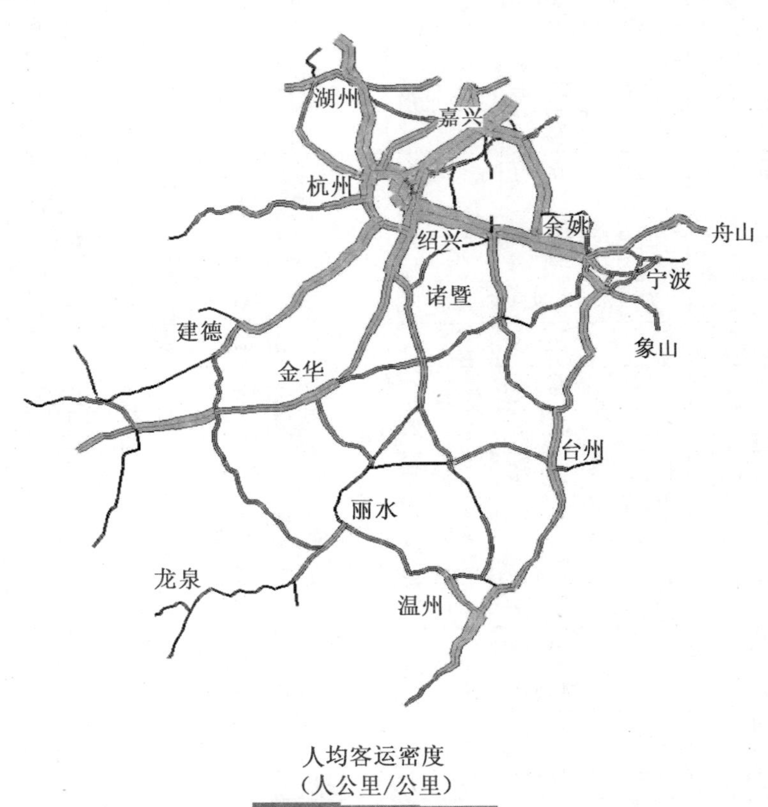

图 4.19　2017 年浙江省高速公路日均客运密度

4.7.2　货运密度分布如表4.20和图4.20所示。

2017年浙江省高速公路货运密度　　表4.20

路段起止点	货运密度(吨公里/公里)	路段起止点	货运密度(吨公里/公里)
李家巷枢纽—浙皖主线	24 807	浙皖主线—李家巷枢纽	24 965
浙苏主线—李家巷枢纽	21 191	李家巷枢纽—浙苏主线	19 265
李家巷枢纽—父子岭(浙苏分界)	122 937	父子岭(浙苏分界)—李家巷枢纽	170 589
南庄兜(杭州)—李家巷枢纽	171 255	李家巷枢纽—南庄兜(杭州)	140 177
杭州绕城(逆时针)	140 063	杭州绕城(顺时针)	124 466
嘉兴枢纽—沈士枢纽	100 610	沈士枢纽—嘉兴枢纽	107 655
大云(浙沪边界)—嘉兴枢纽	93 298	嘉兴枢纽—大云(浙沪边界)	107 013
昱岭关(安徽边界)—杭州西	8 132	杭州西—昱岭关(安徽边界)	8 478
嘉兴枢纽—王江泾(浙苏边界)	138 937	王江泾(浙苏边界)—嘉兴枢纽	126 603
湖州北—王江泾(浙苏边界)	46 691	王江泾(浙苏边界)—湖州北	49 699
西塘桥(跨海大桥北)—嘉兴枢纽	156 429	嘉兴枢纽—西塘桥(跨海大桥北)	130 051
西塘桥(跨海大桥北)—浙沪主线	35 224	浙沪主线—西塘桥(跨海大桥北)	51 075
西塘桥(跨海大桥北)—余姚	170 179	余姚—西塘桥(跨海大桥北)	124 259
沽渚枢纽—红垦(杭州)	124 838	红垦(杭州)—沽渚枢纽	111 373
余姚—沽渚枢纽	115 100	沽渚枢纽—余姚	130 126
余姚—宁波北	152 520	宁波北—余姚	159 932
北仑—宁波东	29 413	宁波东—北仑	23 607
宁波绕城(逆时针)	75 202	宁波绕城(顺时针)	80 785
嵊州枢纽—宁波西	37 268	宁波西—嵊州枢纽	35 762
义乌东—嵊州枢纽	36 246	嵊州枢纽—义乌东	37 580
嵊州枢纽—沽渚枢纽	54 792	沽渚枢纽—嵊州枢纽	46 027
吴岙—嵊州枢纽	38 325	嵊州枢纽—吴岙	33 050
宁海—姜山(宁波)	92 101	姜山(宁波)—宁海	79 730
吴岙—宁海	69 356	宁海—吴岙	97 368
台州—吴岙	123 255	吴岙—台州	90 657
缙云—台州	25 082	台州—缙云	23 328
温州—台州	81 193	台州—温州	74 782
平阳—温州南	104 614	温州南—平阳	88 654
分水关—平阳	81 691	平阳—分水关	71 835
金华东—温州	23 783	温州—金华东	24 114
金华东—张家畈枢纽(杭州)	58 745	张家畈枢纽(杭州)—金华东	80 928
杭金衢龙游交界—金华	80 142	金华—杭金衢龙游交界	68 294
浙赣界—杭金衢龙游交界	147 989	杭金衢龙游交界—浙赣界	147 194
丽水—杭金衢龙游交界	28 821	杭金衢龙游交界—丽水	28 640
龙泉—丽水	15 544	丽水—龙泉	13 835
建德市—杭州南	117 838	杭州南—建德市	126 224
杭金衢龙游交界—建德市	100 040	建德市—杭金衢龙游交界	105 349
建德市—千岛湖	3 970	千岛湖—建德市	3 373

续上表

路段起止点	货运密度(吨公里/公里)	路段起止点	货运密度(吨公里/公里)
衢州南—浙闽主线	19 425	浙闽主线—衢州南	18 384
诸暨北—温州	55 193	温州—诸暨北	46 986
练市—杭州(崇贤)	77 641	杭州(崇贤)—练市	70 438
温州绕城(逆时针)	45 698	温州绕城(顺时针)	38 172
舟山—蛟川	11 352	蛟川—舟山	10 222
嘉兴枢纽—尖山	21 995	尖山—嘉兴枢纽	14 445
龙泉—浙闽界	5 252	浙闽界—龙泉	5 753
衢州—浙皖界	15 060	浙皖界—衢州	16 451
勾庄—长兴	26 226	长兴—勾庄	20 709
诸暨浣东—上虞道墟	17 766	上虞道墟—诸暨浣东	15 943
云龙—象山	11 483	象山—云龙	9 415
灵峰—穿山港区	38 179	穿山港区—灵峰	38 898
沈士枢纽—西塘桥	23 773	西塘桥—沈士枢纽	31 091
党湾—六工	12 395	六工—党湾	16 655
沽渚枢纽—滨海新城北	35 712	滨海新城北—沽渚枢纽	16 189
千祥—永康东	19 199	永康东—千祥	16 087

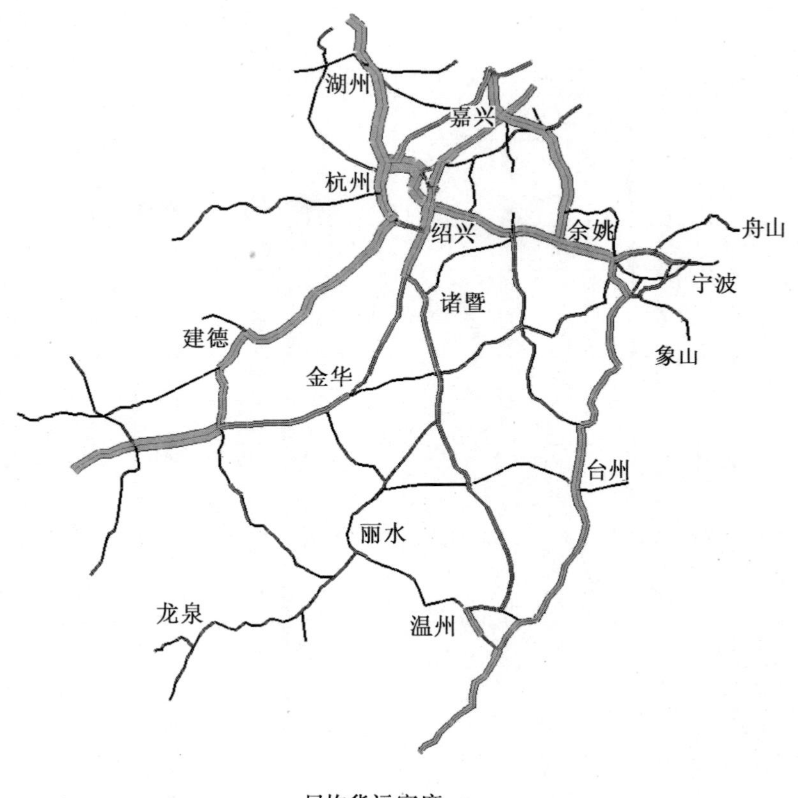

图 4.20 2017 年浙江省高速公路日均货运密度

4.7.3　交通量分布如表4.21和图4.21所示。

2017年浙江省高速公路交通量　　表4.21

路段起止点	正向			反向		
	客车折算交通量(辆/日)	货车折算交通量(辆/日)	小计	客车折算交通量(辆/日)	货车折算交通量(辆/日)	小计
李家巷枢纽—浙皖主线	11 377	5 881	17 258	10 847	6 000	16 847
浙苏主线—李家巷枢纽	10 216	5 220	15 436	9 776	5 058	14 834
李家巷枢纽—父子岭(浙苏分界)	14 388	27 031	41 419	14 412	28 813	43 225
南庄兜(杭州)—李家巷枢纽	15 741	29 136	44 877	15 600	30 003	45 603
杭州绕城(逆时针)	18 882	29 786	48 668	18 564	29 996	48 560
嘉兴枢纽—沈士枢纽	29 056	26 190	55 246	29 122	27 782	56 904
大云(浙沪边界)—嘉兴枢纽	31 450	25 662	57 112	30 187	25 967	56 154
昱岭关(安徽边界)—杭州西	8 385	2 481	10 866	8 470	2 395	10 865
嘉兴枢纽—王江泾(浙苏边界)	20 580	31 933	52 513	19 527	30 481	50 008
湖州北—王江泾(浙苏边界)	9 553	11 128	20 681	9 815	10 960	20 775
西塘桥(跨海大桥北)—嘉兴枢纽	24 872	32 157	57 029	24 598	31 608	56 206
西塘桥(跨海大桥北)—浙沪主线	6 729	10 982	17 711	6 695	11 068	17 763
西塘桥(跨海大桥北)—余姚	22 299	31 606	53 905	22 435	31 348	53 783
沽渚枢纽—红垦(杭州)	32 400	27 631	60 031	32 136	27 625	59 761
余姚—沽渚枢纽	22 852	28 174	51 026	22 572	28 430	51 002
余姚—宁波北	30 493	36 983	67 476	31 121	35 604	66 725
北仑—宁波东	8 934	8 743	17 677	8 802	9 272	18 074
宁波绕城(逆时针)	11 462	21 544	33 006	11 610	20 883	32 493
嵊州枢纽—宁波西	5 145	9 582	14 727	5 228	9 333	14 561
义乌东—嵊州枢纽	6 467	9 661	16 128	6 479	9 597	16 076
嵊州枢纽—沽渚枢纽	12 751	10 759	23 510	12 732	10 816	23 548
吴岙—嵊州枢纽	6 269	6 894	13 163	6 358	7 352	13 710
宁海—姜山(宁波)	14 498	19 291	33 789	14 912	20 206	35 118
吴岙—宁海	9 057	17 925	26 982	9 142	18 489	27 631
台州—吴岙	11 917	22 590	34 507	12 165	23 353	35 518
缙云—台州	4 823	4 454	9 277	4 739	4 478	9 217
温州—台州	10 092	17 066	27 158	10 582	17 426	28 008
平阳—温州南	22 726	22 874	45 600	23 078	22 611	45 689
分水关—平阳	8 330	15 910	24 240	8 586	15 921	24 507
金华东—温州	5 930	5 038	10 968	5 962	5 089	11 051
金华东—张家畈枢纽(杭州)	15 524	16 021	31 545	15 667	16 169	31 836
杭金衢龙游交界—金华	10 098	14 813	24 911	9 938	13 103	23 041
浙赣界—杭金衢龙游交界	10 479	25 991	36 470	10 611	24 673	35 284
丽水—杭金衢龙游交界	4 177	5 002	9 179	4 150	4 775	8 925
龙泉—丽水	4 984	3 209	8 193	4 872	3 102	7 974
建德市—杭州南	17 129	22 220	39 349	17 609	22 102	39 711
杭金衢龙游交界—建德市	6 540	17 654	24 194	6 626	17 237	23 863
建德市—千岛湖	4 677	1 355	6 032	4 643	1 240	5 883

续上表

路段起止点	正向			反向		
	客车折算交通量（辆/日）	货车折算交通量（辆/日）	小计	客车折算交通量（辆/日）	货车折算交通量（辆/日）	小计
衢州南—浙闽主线	1 258	3 265	4 523	1 289	3 654	4 943
诸暨北—温州	7 907	9 993	17 900	7 973	10 104	18 077
练市—杭州(崇贤)	13 263	15 553	28 816	12 971	16 086	29 057
温州绕城(逆时针)	7 810	9 560	17 370	7 996	9 882	17 878
舟山—蛟川	9 245	3 239	12 484	9 257	3 223	12 480
嘉兴枢纽—尖山	3 237	4 077	7 314	3 101	4 082	7 183
龙泉—浙闽界	1 669	1 217	2 886	1 751	1 323	3 074
衢州—浙皖界	3 187	3 162	6 349	3 059	3 039	6 098
勾庄—长兴	8 902	5 596	14 498	8 655	5 828	14 483
诸暨浣东—上虞道墟	5 222	4 092	9 314	5 259	4 021	9 280
云龙—象山	9 131	3 698	12 829	8 968	3 647	12 615
灵峰—穿山港区	4 116	11 450	15 566	4 149	10 674	14 823
沈士枢纽—西塘桥	6 007	7 140	13 147	5 921	6 619	12 540
党湾—六工	1 778	3 600	5 378	1 738	3 193	4 931
沽渚枢纽—滨海新城北	2 319	5 441	7 760	2 215	5 558	7 773
千祥—永康东	5 524	4 217	9 741	5 624	4 298	9 922

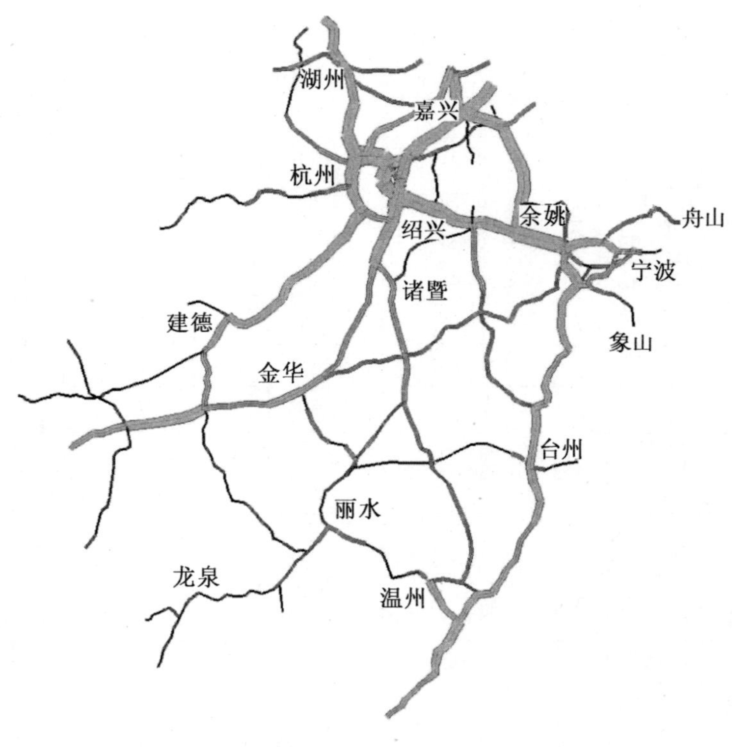

日均折算交通量
当量标准小客车(辆/日)
100 000 50 000 25 000

图 4.21 2017 年浙江省高速公路日均交通量

4.8　安徽省高速公路运输密度

4.8.1　客运密度分布如表4.22和图4.22所示。

2017年安徽省高速公路客运密度　　表4.22

路段起止点	客运密度(人公里/公里)	路段起止点	客运密度(人公里/公里)
皖豫—皖苏	20 806	皖苏—皖豫	21 382
朱圩子—宿州	19 057	宿州—朱圩子	19 528
宿州—蚌埠	25 193	蚌埠—宿州	25 222
蚌埠—合肥	18 411	合肥—蚌埠	18 679
合肥—芜湖	39 776	芜湖—合肥	39 901
芜湖—苏皖	31 327	苏皖—芜湖	31 219
界首—蚌埠	26 998	蚌埠—界首	25 499
蚌埠—曹庄	53 486	曹庄—蚌埠	55 696
黄庄—阜阳	11 629	阜阳—黄庄	11 993
阜阳—淮南	31 783	淮南—阜阳	31 519
淮南—合肥	61 389	合肥—淮南	60 620
合肥—庐江	50 169	庐江—合肥	50 775
庐江—铜陵	14 066	铜陵—庐江	14 372
铜陵—黄山	13 498	黄山—铜陵	13 395
黄山—徽州	6 729	徽州—黄山	7 029
庐江—怀宁	26 356	怀宁—庐江	26 388
怀宁—宿松	21 276	宿松—怀宁	21 180
怀宁—安庆	22 668	安庆—怀宁	22 988
叶集—六安	31 997	六安—叶集	30 605
六安—合肥	47 365	合肥—六安	49 799
合肥—吴庄	41 064	吴庄—合肥	40 398
大顾店—长岭关	11 604	长岭关—大顾店	11 098
潜山互通—六安西	6 670	六安西—潜山互通	6 652
马鞍山—芜湖	37 373	芜湖—马鞍山	37 376
芜湖—铜陵	22 614	铜陵—芜湖	21 975
铜陵—安庆	22 688	安庆—铜陵	21 482
安庆—花园(皖赣省界)	9 539	花园(皖赣省界)—安庆	9 428
宿州—泗县	4 145	泗县—宿州	4 115
合肥绕城(顺时针)	48 991	合肥绕城(逆时针)	49 156
亳鹿主线—亳永主线	7 217	亳永主线—亳鹿主线	7 032
宿州—淮永主线	12 572	淮永主线—宿州	13 141
芜湖—水阳	3 738	水阳—芜湖	3 578
阜阳南—临泉(皖豫省界)	8 455	临泉(皖豫省界)—阜阳南	8 440
屯溪西—新安(皖赣省界)	5 082	新安(皖赣省界)—屯溪西	4 702

续上表

路段起止点	客运密度(人公里/公里)	路段起止点	客运密度(人公里/公里)
巢湖互通—博望(皖苏省界)	34 478	博望(皖苏省界)—巢湖互通	34 403
宣城互通—接宁绩	7 013	接宁绩—宣城互通	7 136
宁国—千秋关(皖浙省界)	3 387	千秋关(皖浙省界)—宁国	3 276
明光互通—皖苏主线	6 798	皖苏主线—明光互通	4 904
潜山互通—香隅(皖赣省界)	6 314	香隅(皖赣省界)—潜山互通	6 013
滁州互通—和县	5 841	和县—滁州互通	6 348
无为南—宣城	15 501	宣城—无为南	16 113
砀永主线—皖鲁主线	1 885	皖鲁主线—砀永主线	1 872
淮永主线—利辛东	4 687	利辛东—淮永主线	4 742
岳西互通—皖鄂主线	3 028	皖鄂主线—岳西互通	3 050
阜阳南—六安西	9 568	六安西—阜阳南	9 444
凤阳—淮南东	11 613	淮南东—凤阳	11 868
宁国—歙县东	3 762	歙县东—宁国	3 815

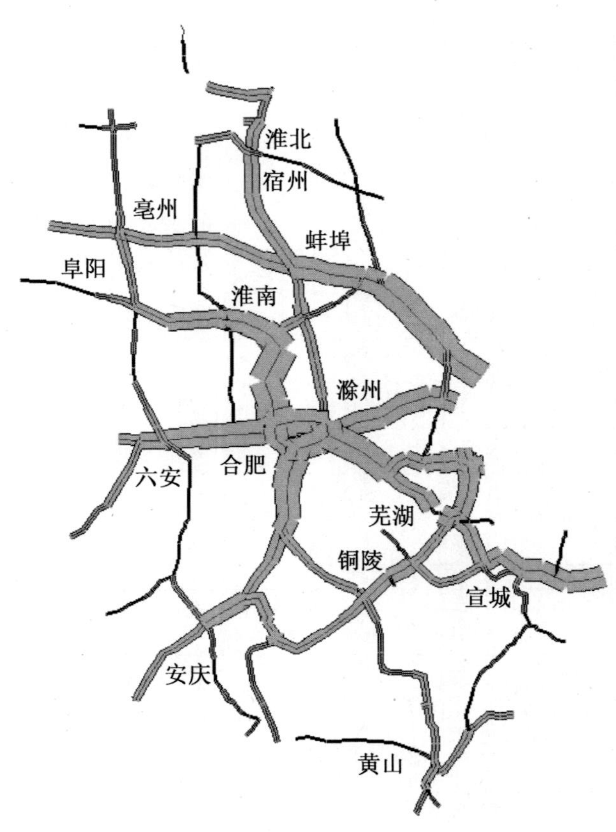

图4.22　2017年安徽省高速公路日均客运密度

4.8.2　货运密度分布如表 4.23 和图 4.23 所示。

2017 年安徽省高速公路货运密度　　表 4.23

路段起止点	货运密度(吨/公里)	路段起止点	货运密度(吨/公里)
皖豫—皖苏	41 048	皖苏—皖豫	37 996
朱圩子—宿州	63 280	宿州—朱圩子	41 218
宿州—蚌埠	60 404	蚌埠—宿州	40 166
蚌埠—合肥	53 775	合肥—蚌埠	36 859
合肥—芜湖	53 114	芜湖—合肥	58 102
芜湖—苏皖	40 119	苏皖—芜湖	41 584
界首—蚌埠	45 673	蚌埠—界首	44 978
蚌埠—曹庄	80 292	曹庄—蚌埠	72 830
黄庄—阜阳	30 000	阜阳—黄庄	39 413
阜阳—淮南	31 467	淮南—阜阳	26 533
淮南—合肥	35 279	合肥—淮南	45 183
合肥—庐江	77 654	庐江—合肥	71 854
庐江—铜陵	10 355	铜陵—庐江	8 802
铜陵—黄山	12 259	黄山—铜陵	15 966
黄山—徽州	15 584	徽州—黄山	13 241
庐江—怀宁	66 468	怀宁—庐江	59 940
怀宁—宿松	74 806	宿松—怀宁	65 396
怀宁—安庆	36 487	安庆—怀宁	37 593
叶集—六安	79 216	六安—叶集	79 737
六安—合肥	88 926	合肥—六安	93 102
合肥—吴庄	39 217	吴庄—合肥	50 843
大顾店—长岭关	60 327	长岭关—大顾店	52 976
潜山互通—六安西	16 552	六安西—潜山互通	16 601
马鞍山—芜湖	44 811	芜湖—马鞍山	44 631
芜湖—铜陵	38 583	铜陵—芜湖	34 894
铜陵—安庆	36 249	安庆—铜陵	33 830
安庆—花园(皖赣省界)	29 887	花园(皖赣省界)—安庆	29 368
宿州—泗县	1 962	泗县—宿州	1 363
合肥绕城(顺时针)	73 484	合肥绕城(逆时针)	67 845
亳鹿主线—亳永主线	4 705	亳永主线—亳鹿主线	6 010
宿州—淮永主线	13 085	淮永主线—宿州	17 673
芜湖—水阳	12 513	水阳—芜湖	14 818
阜阳南—临泉(皖豫省界)	8 560	临泉(皖豫省界)—阜阳南	8 138
屯溪西—新安(皖赣省界)	1 776	新安(皖赣省界)—屯溪西	2 699
巢湖互通—博望(皖苏省界)	55 450	博望(皖苏省界)—巢湖互通	50 002
宣城互通—接宁绩	4 666	接宁绩—宣城互通	4 521

续上表

路段起止点	货运密度(吨/公里)	路段起止点	货运密度(吨/公里)
宁国—千秋关(皖浙省界)	6 522	千秋关(皖浙省界)—宁国	3 899
明光互通—皖苏主线	8 525	皖苏主线—明光互通	7 504
潜山互通—香隅(皖赣省界)	7 364	香隅(皖赣省界)—潜山互通	6 850
滁州互通—和县	7 119	和县—滁州互通	6 094
无为南—宣城	18 480	宣城—无为南	17 000
砀永主线—皖鲁主线	4 244	皖鲁主线—砀永主线	2 518
淮永主线—利辛东	6 073	利辛东—淮永主线	4 058
岳西互通—皖鄂主线	5 855	皖鄂主线—岳西互通	6 228
阜阳南—六安西	23 297	六安西—阜阳南	37 310
凤阳—淮南东	13 252	淮南东—凤阳	10 383
宁国—歙县东	2 730	歙县东—宁国	2 289

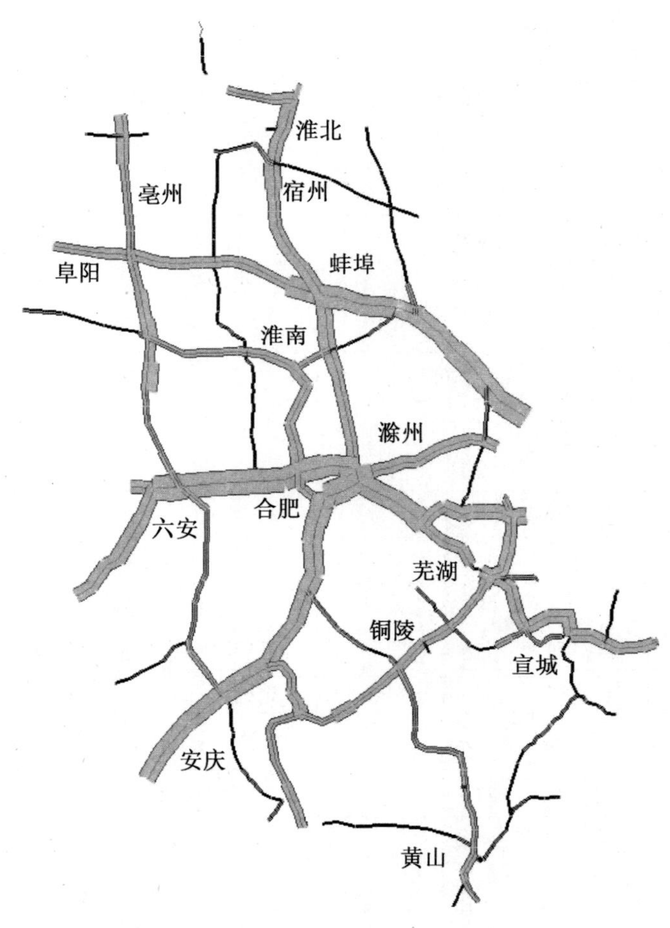

图 4.23　2017 年安徽省高速公路日均货运密度

4.8.3　交通量分布如表4.24和图4.24所示。

2017年安徽省高速公路交通量　　表4.24

路段起止点	正向		小计	反向		小计
	客车折算交通量（辆/日）	货车折算交通量（辆/日）		客车折算交通量（辆/日）	货车折算交通量（辆/日）	
皖豫—皖苏	5 951	7 836	13 787	5 964	7 922	13 886
朱圩子—宿州	6 461	10 877	17 338	6 617	10 250	16 867
宿州—蚌埠	7 531	10 575	18 106	7 580	8 957	16 537
蚌埠—合肥	5 570	9 365	14 935	5 604	8 590	14 194
合肥—芜湖	11 331	11 115	22 446	11 296	11 708	23 004
芜湖—苏皖	8 700	8 349	17 049	8 678	8 106	16 784
界首—蚌埠	6 287	8 862	15 149	5 841	8 429	14 270
蚌埠—曹庄	12 774	14 849	27 623	13 506	14 494	28 000
黄庄—阜阳	3 721	6 287	10 008	3 818	7 002	10 820
阜阳—淮南	9 282	6 610	15 892	9 105	6 536	15 641
淮南—合肥	18 669	8 738	27 407	18 194	9 067	27 261
合肥—庐江	15 792	14 297	30 089	15 863	14 330	30 193
庐江—铜陵	4 562	2 196	6 758	4 660	2 022	6 682
铜陵—黄山	3 782	2 741	6 523	3 768	2 784	6 552
黄山—徽州	1 936	2 703	4 639	2 015	2 605	4 620
庐江—怀宁	7 769	11 384	19 153	7 751	11 560	19 311
怀宁—宿松	6 191	12 656	18 847	6 130	12 166	18 296
怀宁—安庆	7 108	6 986	14 094	7 225	7 421	14 646
叶集—六安	7 914	14 750	22 664	7 498	13 637	21 135
六安—合肥	12 749	15 899	28 648	13 517	17 489	31 006
合肥—吴庄	9 626	9 290	18 916	9 729	9 358	19 087
大顾店—长岭关	3 695	10 807	14 502	3 533	9 485	13 018
潜山互通—六安西	2 282	3 093	5 375	2 275	3 084	5 359
马鞍山—芜湖	11 968	9 809	21 777	11 981	9 862	21 843
芜湖—铜陵	7 127	7 474	14 601	6 905	7 456	14 361
铜陵—安庆	7 054	6 879	13 933	6 667	6 947	13 614
安庆—花园(皖赣省界)	3 319	5 284	8 603	3 219	5 818	9 037
宿州—泗县	1 517	500	2 017	1 500	423	1 923
合肥绕城(顺时针)	14 489	14 589	29 078	14 479	14 419	28 898
亳鹿主线—亳永主线	2 245	1 291	3 536	2 169	1 334	3 503
宿州—淮永主线	3 777	2 946	6 723	3 922	3 611	7 533
芜湖—水阳	1 391	2 237	3 628	1 346	2 691	4 037
阜阳南—临泉(皖豫省界)	2 439	2 066	4 505	2 381	2 031	4 412
屯溪西—新安(皖赣省界)	1 786	511	2 297	1 630	575	2 205
巢湖互通—博望(皖苏省界)	9 511	10 731	20 242	9 541	10 364	19 905
宣城互通—接宁绩	2 363	1 139	3 502	2 393	1 387	3 780
宁国—千秋关(皖浙省界)	1 165	1 039	2 204	1 117	1 105	2 222

续上表

路段起止点	正向			反向		
	客车折算交通量（辆/日）	货车折算交通量（辆/日）	小计	客车折算交通量（辆/日）	货车折算交通量（辆/日）	小计
明光互通—皖苏主线	2 373	1 972	4 345	1 608	1 418	3 026
潜山互通—香隅(皖赣省界)	2 346	1 498	3 844	2 247	1 563	3 810
滁州互通—和县	1 780	1 582	3 362	1 851	1 633	3 484
无为南—宣城	4 575	3 535	8 110	4 765	3 587	8 352
砀永主线—皖鲁主线	731	768	1 499	735	763	1 498
淮永主线—利辛东	1 588	1 239	2 827	1 600	1 205	2 805
岳西互通—皖鄂主线	1 036	1 238	2 274	1 037	1 168	2 205
阜阳南—六安西	3 197	6 229	9 426	3 183	6 400	9 583
凤阳—淮南东	3 917	2 903	6 820	4 007	2 624	6 631
宁国—歙县东	1 145	626	1 771	1 165	640	1 805

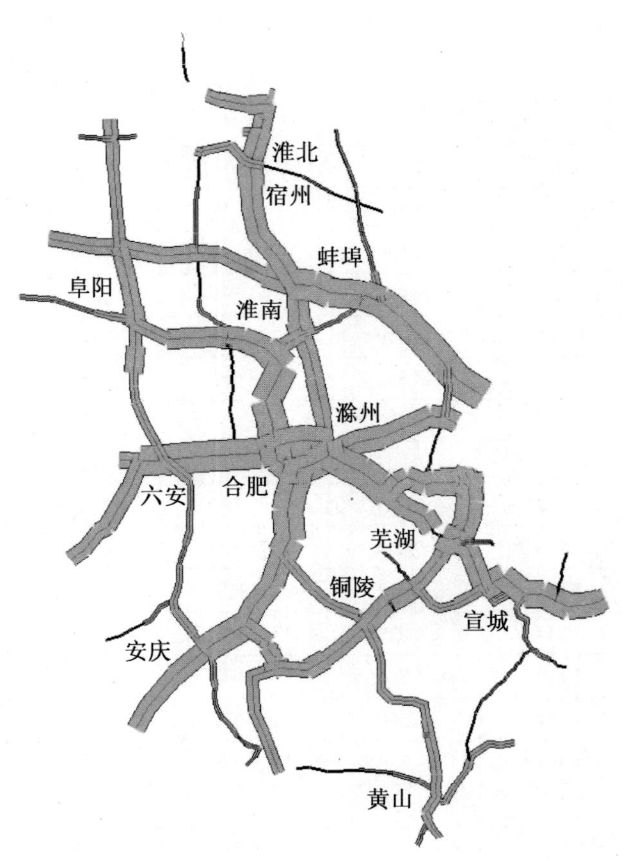

图 4.24　2017 年安徽省高速公路日均交通量

4.9 福建省高速公路运输密度

4.9.1 客运密度分布如表4.25和图4.25所示。

2017年福建省高速公路客运密度

表4.25

路段起止点	客运密度(人公里/公里)	路段起止点	客运密度(人公里/公里)
闽浙—福鼎	12 420	福鼎—闽浙	9 088
福鼎—霞浦	16 522	霞浦—福鼎	14 740
霞浦—宁德	19 178	宁德—霞浦	18 647
宁德—连江	24 623	连江—宁德	24 125
连江—闽侯	16 411	闽侯—连江	11 404
连江—福州	30 618	福州—连江	29 004
营前—福州机场	31 226	福州机场—营前	23 110
福州—莆田	37 358	莆田—福州	34 487
平潭—渔溪	13 919	渔溪—平潭	13 921
莆田—泉州	45 510	泉州—莆田	44 312
湄洲岛—仙游大济	9 416	仙游大济—湄洲岛	9 106
惠东—南安	12 387	南安—惠东	12 449
泉州—厦门	70 810	厦门—泉州	71 221
晋江龙湖—内坑	17 406	内坑—晋江龙湖	17 519
厦门—漳州	60 607	漳州—厦门	60 283
漳州—云霄	23 859	云霄—漳州	22 344
云霄—诏安	18 382	诏安—云霄	17 639
诏安—闽粤	15 687	闽粤—诏安	14 833
漳州—龙岩	20 365	龙岩—漳州	20 252
龙岩—新泉	23 053	新泉—龙岩	22 368
溪南—龙岩	6 019	龙岩—溪南	6 134
龙岩—永定下洋	5 738	永定下洋—龙岩	5 913
下道湖—古石	9 662	古石—下道湖	9 686
新泉—夏成闽赣	9 735	夏成闽赣—新泉	10 797
泉州—永春	33 855	永春—泉州	32 810
亭川—安溪龙门	13 117	安溪龙门—亭川	13 687
永春—永安	11 517	永安—永春	11 764
德化—蓬壶	16 519	蓬壶—德化	11 163
永安—泉南闽赣	7 115	泉南闽赣—永安	7 190
福州—青州	12 186	青州—福州	12 511
夏茂—闽赣省界	9 619	闽赣省界—夏茂	9 452
湾坞—屏南	7 923	屏南—湾坞	6 608

续上表

路段起止点	客运密度(人公里/公里)	路段起止点	客运密度(人公里/公里)
松溪旧县—建瓯东峰	3 382	建瓯东峰—松溪旧县	3 329
杨源—将口	2 962	将口—杨源	3 207
兴田—宁上闽赣	4 946	宁上闽赣—兴田	4 872
兴田—和平	4 462	和平—兴田	4 488
浦建闽浙—浦城	9 088	浦城—浦建闽浙	1 313
京台闽浙—浦城	14 740	浦城—京台闽浙	3 299
浦城—南平	18 647	南平—浦城	6 887
南平—三明	24 125	三明—南平	11 790
三明—永安	11 404	永安—三明	11 460
永安—新泉	29 004	新泉—永安	3 994
新泉—长深闽粤	23 110	长深闽粤—新泉	4 671
永春湖洋—安溪福田	34 487	安溪福田—永春湖洋	8 462
长泰枋洋—漳州西	13 921	漳州西—长泰枋洋	4 323
漳州西—沈海复线闽粤	44 312	沈海复线闽粤—漳州西	5 255
福州南—永泰梧桐	9 106	永泰梧桐—福州南	13 880
涵江江口—仙游榜头	12 449	仙游榜头—涵江江口	3 130
仙游龙华—亭川	71 221	亭川—仙游龙华	4 319
仙游大济—湖洋	17 519	湖洋—仙游大济	6 469
南安—水头	60 283	水头—南安	15 369
惠安—樟井	22 344	樟井—惠安	8 326
厦门—长泰枋洋	17 639	长泰枋洋—厦门	13 742
长泰—厦门	14 833	厦门—长泰	12 512
桃源—漳平	20 252	漳平—桃源	4 290
漳平—华安开发区	22 368	华安开发区—漳平	5 629
东山岛—东山	6 134	东山—东山岛	5 546
南靖靖城—龙海东泗	5 913	龙海东泗—南靖靖城	2 614
莆田—秀屿棣头	9 686	秀屿棣头—莆田	4 357
安溪东—南安	10 797	南安—安溪东	14 302
建瓯—闽侯甘蔗	32 810	闽侯甘蔗—建瓯	8 527
福安—拓荣	13 687	拓荣—福安	3 033
寿宁犀溪—福安	11 764	福安—寿宁犀溪	2 572
飞鸾—连江	4 278	连江—飞鸾	3 381
海沧—紫泥	22 368	紫泥—海沧	21 505
厦漳大桥—漳州港	10 498	漳州港—厦漳大桥	10 161
古武闽赣—武平	3 032	武平—古武闽赣	2 574
浦建闽赣—泰宁	1 188	泰宁—浦建闽赣	1 115

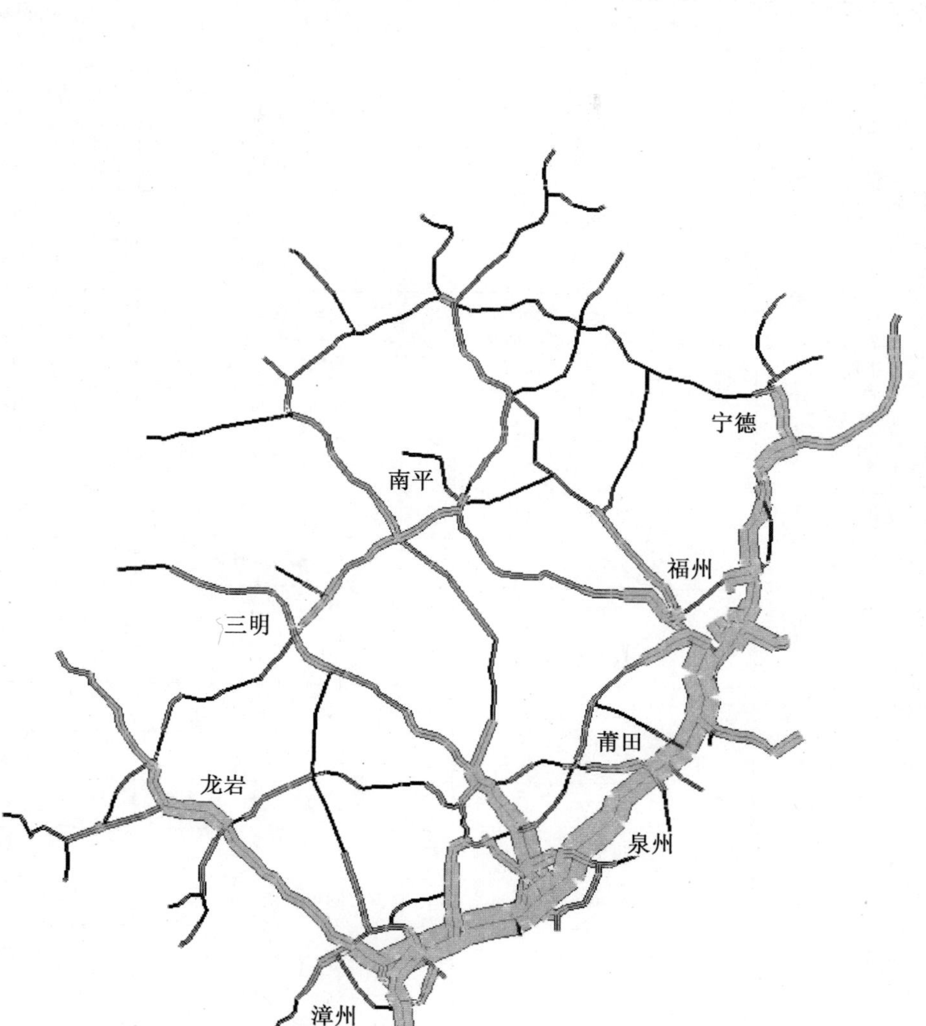

图 4.25　2017 年福建省高速公路日均客运密度

4.9.2 货运密度分布如表4.26和图4.26所示。

2017年福建省高速公路货运密度

表4.26

路段起止点	货运密度(吨公里/公里)	路段起止点	货运密度(吨公里/公里)
闽浙—福鼎	70 090	福鼎—闽浙	63 780
福鼎—霞浦	67 550	霞浦—福鼎	66 641
霞浦—宁德	58 548	宁德—霞浦	63 218
宁德—连江	52 240	连江—宁德	56 039
连江—闽侯	8 401	闽侯—连江	10 521
连江—福州	51 463	福州—连江	45 353
营前—福州机场	5 712	福州机场—营前	6 987
福州—莆田	66 676	莆田—福州	59 742
平潭—渔溪	4 737	渔溪—平潭	5 067
莆田—泉州	73 547	泉州—莆田	71 770
湄洲岛—仙游大济	7 607	仙游大济—湄洲岛	7 631
惠东—南安	6 018	南安—惠东	5 871
泉州—厦门	75 245	厦门—泉州	74 459
晋江龙湖—内坑	8 617	内坑—晋江龙湖	8 958
厦门—漳州	57 047	漳州—厦门	59 311
漳州—云霄	38 428	云霄—漳州	36 878
云霄—诏安	43 792	诏安—云霄	39 411
诏安—闽粤	51 083	闽粤—诏安	41 227
漳州—龙岩	23 591	龙岩—漳州	20 628
龙岩—新泉	20 690	新泉—龙岩	15 168
溪南—龙岩	7 906	龙岩—溪南	8 268
龙岩—永定下洋	3 676	永定下洋—龙岩	2 608
下道湖—古石	4 276	古石—下道湖	3 138
新泉—夏成闽赣	14 752	夏成闽赣—新泉	10 806
泉州—永春	26 572	永春—泉州	27 594
亭川—安溪龙门	5 525	安溪龙门—亭川	7 342
永春—永安	31 098	永安—永春	41 133
德化—蓬壶	16 584	蓬壶—德化	10 853
永安—泉南闽赣	26 482	泉南闽赣—永安	23 129
福州—青州	21 049	青州—福州	23 995
夏茂—闽赣省界	10 875	闽赣省界—夏茂	14 664
湾坞—屏南	3 956	屏南—湾坞	5 632
松溪旧县—建瓯东峰	2 812	建瓯东峰—松溪旧县	4 055
杨源—将口	2 987	将口—杨源	5 225

续上表

路段起止点	货运密度(吨公里/公里)	路段起止点	货运密度(吨公里/公里)
兴田—宁上闽赣	5 813	宁上闽赣—兴田	7 016
兴田—和平	3 352	和平—兴田	5 026
浦建闽浙—浦城	644	浦城—浦建闽浙	952
京台闽浙—浦城	17 007	浦城—京台闽浙	13 992
浦城—南平	11 443	南平—浦城	13 324
南平—三明	17 653	三明—南平	21 757
三明—永安	12 976	永安—三明	14 373
永安—新泉	8 976	新泉—永安	7 922
新泉—长深闽粤	10 571	长深闽粤—新泉	8 410
永春湖洋—安溪福田	12 399	安溪福田—永春湖洋	20 003
长泰枋洋—漳州西	7 947	漳州西—长泰枋洋	6642
漳州西—沈海复线闽粤	2 778	沈海复线闽粤—漳州西	3 535
福州南—永泰梧桐	3 282	永泰梧桐—福州南	3 818
涵江江口—仙游榜头	1 318	仙游榜头—涵江江口	1 658
仙游龙华—亭川	1 529	亭川—仙游龙华	2 149
仙游大济—湖洋	12 448	湖洋—仙游大济	20 031
南安—水头	9 328	水头—南安	12 244
惠安—樟井	5 138	樟井—惠安	3 528
厦门—长泰枋洋	6 139	长泰枋洋—厦门	9 340
长泰—厦门	13 078	厦门—长泰	12 601
桃源—漳平	12 977	漳平—桃源	15 986
漳平—华安开发区	10 417	华安开发区—漳平	12 640
东山岛—东山	1 470	东山—东山岛	1 559
南靖靖城—龙海东泗	1 950	龙海东泗—南靖靖城	2 072
莆田—秀屿棣头	1 093	秀屿棣头—莆田	2 673
安溪东—南安	3 447	南安—安溪东	3 453
建瓯—闽侯甘蔗	16 081	闽侯甘蔗—建瓯	15 253
福安—拓荣	2 585	拓荣—福安	2 074
寿宁犀溪—福安	1 143	福安—寿宁犀溪	1 485
飞鸾—连江	4 259	连江—飞鸾	3 922
海沧—紫泥	44 461	紫泥—海沧	44 800
厦漳大桥—漳州港	2 028	漳州港—厦漳大桥	3 167
古武闽赣—武平	2 972	武平—古武闽赣	3 173
浦建闽赣—泰宁	893	泰宁—浦建闽赣	955

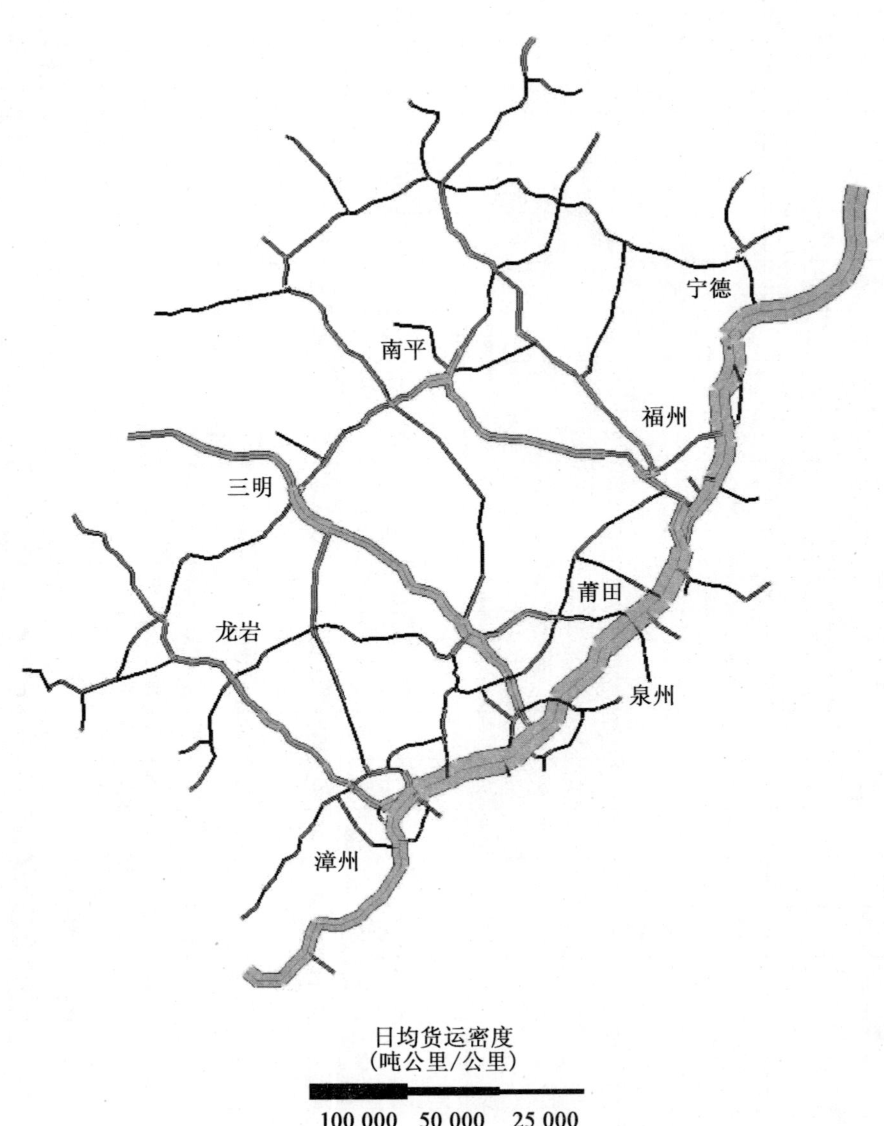

图4.26　2017年福建省高速公路日均货运密度

4.9.3　道路负荷分布如表4.27和图4.27所示。

2017年福建省高速公路轴载　　表4.27

路段起止点	轴载(标准轴载当量轴次/日)	路段起止点	轴载(标准轴载当量轴次/日)
闽浙—福鼎	10 624	福鼎—闽浙	8 691
福鼎—霞浦	9 923	霞浦—福鼎	9 494
霞浦—宁德	8 568	宁德—霞浦	9 368
宁德—连江	7 710	连江—宁德	8 792
连江—闽侯	1 417	闽侯—连江	3 401
连江—福州	7 650	福州—连江	6 820
营前—福州机场	938	福州机场—营前	1 139
福州—莆田	10 000	莆田—福州	8 787
平潭—渔溪	876	渔溪—平潭	989
莆田—泉州	10 940	泉州—莆田	10 641
湄洲岛—仙游大济	1 213	仙游大济—湄洲岛	1 320
惠东—南安	912	南安—惠东	936
泉州—厦门	12 004	厦门—泉州	11 978
晋江龙湖—内坑	1 461	内坑—晋江龙湖	1 540
厦门—漳州	9 999	漳州—厦门	10 522
漳州—云霄	6 100	云霄—漳州	5 650
云霄—诏安	6 787	诏安—云霄	5 973
诏安—闽粤	7 777	闽粤—诏安	5 797
漳州—龙岩	4 646	龙岩—漳州	4 233
龙岩—新泉	3 470	新泉—龙岩	2 297
溪南—龙岩	1 433	龙岩—溪南	1 599
龙岩—永定下洋	818	永定下洋—龙岩	472
下道湖—古石	775	古石—下道湖	525
新泉—夏成闽赣	2 311	夏成闽赣—新泉	1 526
泉州—永春	3 978	永春—泉州	4 701
亭川—安溪龙门	925	安溪龙门—亭川	1 249
永春—永安	4 589	永安—永春	7 889
德化—蓬壶	2 817	蓬壶—德化	1 705
永安—泉南闽赣	3 455	泉南闽赣—永安	3 395
福州—青州	3 407	青州—福州	4 089
夏茂—闽赣省界	1 551	闽赣省界—夏茂	2 165
湾坞—屏南	646	屏南—湾坞	860
松溪旧县—建瓯东峰	387	建瓯东峰—松溪旧县	721
杨源—将口	443	将口—杨源	784

续上表

路段起止点	轴载(标准轴载当量轴次/日)	路段起止点	轴载(标准轴载当量轴次/日)
兴田—宁上闽赣	789	宁上闽赣—兴田	1 055
兴田—和平	480	和平—兴田	798
浦建闽浙—浦城	88	浦城—浦建闽浙	147
京台闽浙—浦城	2 266	浦城—京台闽浙	1 966
浦城—南平	1 568	南平—浦城	1 957
南平—三明	2 558	三明—南平	3 234
三明—永安	2 068	永安—三明	2 154
永安—新泉	1 377	新泉—永安	1 131
新泉—长深闽粤	1 701	长深闽粤—新泉	1 214
永春湖洋—安溪福田	2 012	安溪福田—永春湖洋	4 151
长泰枋洋—漳州西	1 412	漳州西—长泰枋洋	1283
漳州西—沈海复线闽粤	674	沈海复线闽粤—漳州西	596
福州南—永泰梧桐	726	永泰梧桐—福州南	756
涵江江口—仙游榜头	312	仙游榜头—涵江江口	327
仙游龙华—亭川	310	亭川—仙游龙华	441
仙游大济—湖洋	2 221	湖洋—仙游大济	4 293
南安—水头	1 694	水头—南安	2 202
惠安—樟井	785	樟井—惠安	561
厦门—长泰枋洋	1 165	长泰枋洋—厦门	1 628
长泰—厦门	2 455	厦门—长泰	2 463
桃源—漳平	2 073	漳平—桃源	2 265
漳平—华安开发区	1 694	华安开发区—漳平	1 816
东山岛—东山	274	东山—东山岛	319
南靖靖城—龙海东泗	387	龙海东泗—南靖靖城	453
莆田—秀屿棣头	231	秀屿棣头—莆田	445
安溪东—南安	528	南安—安溪东	640
建瓯—闽侯甘蔗	2422	闽侯甘蔗—建瓯	2434
福安—拓荣	503	拓荣—福安	396
寿宁犀溪—福安	162	福安—寿宁犀溪	233
飞鸾—连江	704	连江—飞鸾	786
海沧—紫泥	7 495	紫泥—海沧	7 269
厦漳大桥—漳州港	422	漳州港—厦漳大桥	641
古武闽赣—武平	450	武平—古武闽赣	517
浦建闽赣—泰宁	144	泰宁—浦建闽赣	204

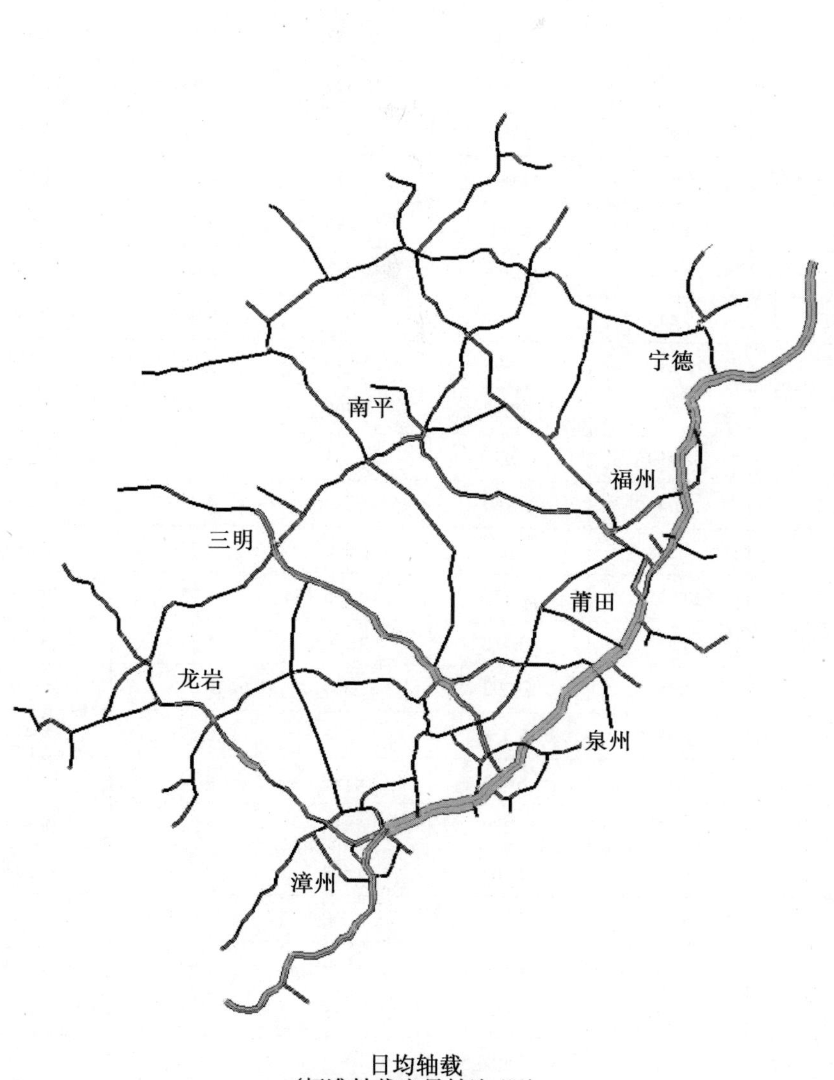

图 4.27　2017 年福建省高速公路日均轴载

4.9.4 交通量分布如表4.28和图4.28所示。

2017年福建省高速公路交通量 表4.28

路段起止点	正向			反向		
	客车折算交通量（辆/日）	货车折算交通量（辆/日）	小计	客车折算交通量（辆/日）	货车折算交通量（辆/日）	小计
闽浙—福鼎	3 342	12 741	16 083	2 251	12 283	14 534
福鼎—霞浦	4 221	12 604	16 825	3 689	12 929	16 618
霞浦—宁德	4 979	12 073	17 052	4 816	12 239	17 055
宁德—连江	6 477	11 042	17 519	6 327	11 335	17 662
连江—闽侯	3 240	2 146	5 386	4 718	2 637	7 355
连江—福州	8 554	11 378	19 932	8 047	10 541	18 588
营前—福州机场	5 445	2 459	7 904	10 063	2 730	12 793
福州—莆田	10 249	15 595	25 844	9 167	13 203	22 370
平潭—渔溪	3 986	1 812	5 798	4 006	1 786	5 792
莆田—泉州	12 410	17 931	30 341	12 185	17 329	29 514
湄洲岛—仙游大济	3 042	2 180	5 222	2 965	1 981	4 946
惠东—南安	4 238	2 052	6 290	4 238	2 082	6 320
泉州—厦门	20 015	20 371	40 386	19 959	20 246	40 205
晋江龙湖—内坑	5 734	3 512	9 246	5 748	3 450	9 198
厦门—漳州	16 257	16 292	32 549	16 238	16 456	32 694
漳州—云霄	6 388	8 228	14 616	5 891	8 429	14 320
云霄—诏安	4 558	8 598	13 156	4 327	8 646	12 973
诏安—闽粤	3 529	9 289	12 818	3 310	8 864	12 174
漳州—龙岩	4 891	5 707	10 598	4 794	5 081	9 875
龙岩—新泉	5 415	4 345	9 760	5 665	4 182	9 847
溪南—龙岩	1 983	1 990	3 973	1 945	2 168	4 113
龙岩—永定下洋	1 781	935	2 716	1 730	1 051	2 781
下道湖—古石	2 732	1 142	3 874	2 728	1 370	4 098
新泉—夏成闽赣	2 243	2 758	5 001	2 012	2 349	4 361
泉州—永春	10 087	7 400	17 487	9 419	6 780	16 199
亭川—安溪龙门	4 157	1 957	6 114	4 217	2 112	6 329
永春—永安	2 960	7 185	10 145	2 799	6 791	9 590
德化—蓬壶	4 730	4 153	8 883	3 268	2 894	6 162
永安—泉南闽赣	1 779	4 701	6 480	1 681	4 075	5 756
福州—青州	3 377	4 870	8 247	3 211	5 287	8 498
夏茂—闽赣省界	1 981	2 549	4 530	2 034	3 431	5 465
湾坞—屏南	1 798	1 169	2 967	2 044	1 519	3 563
松溪旧县—建瓯东峰	963	856	1 819	932	904	1 836
杨源—将口	897	808	1 705	822	1 022	1 844

续上表

路段起止点	正向		小计	反向		小计
	客车折算交通量（辆/日）	货车折算交通量（辆/日）		客车折算交通量（辆/日）	货车折算交通量（辆/日）	
兴田—宁上闽赣	1 402	1 319	2 721	1 331	1 479	2 810
兴田—和平	1 239	975	2 214	1 223	1 139	2 362
浦建闽浙—浦城	394	242	636	387	268	655
京台闽浙—浦城	946	3 188	4 134	760	2 657	3 417
浦城—南平	1 981	2 613	4 594	1 924	2 795	4 719
南平—三明	2 896	4 208	7 104	2 923	4 546	7 469
三明—永安	2 919	3 075	5 994	2 913	3 238	6 151
永安—新泉	1 173	1 698	2 871	1 082	1 699	2 781
新泉—长深闽粤	1 526	1 944	3 470	1 306	1 955	3 261
永春湖洋—安溪福田	2 571	3 263	5 834	2 359	3 590	5 949
长泰枋洋—漳州西	1 427	2 016	3 443	1 400	1 813	3 213
漳州西—沈海复线闽粤	1 825	969	2 794	1 659	1 091	2 750
福州南—永泰梧桐	4 371	1 135	5 506	4 182	1 259	5 441
涵江江口—仙游榜头	953	390	1 343	918	424	1 342
仙游龙华—亭川	1 375	677	2 052	1 398	659	2 057
仙游大济—湖洋	1 860	3 527	5 387	1 770	3 546	5 316
南安—水头	4 972	3 044	8 016	4 946	3 300	8 246
惠安—樟井	2 866	1 749	4 615	2 879	1 631	4 510
厦门—长泰枋洋	4 339	2 860	7 199	4 016	2 436	6 452
长泰—厦门	3 964	3 548	7 512	3 964	4 087	8 051
桃源—漳平	1 204	2 356	3 560	1 279	3 028	4 307
漳平—华安开发区	1 642	1 960	3 602	1 633	2 559	4 192
东山岛—东山	1 945	813	2 758	1 816	578	2 394
南靖靖城—龙海东泗	954	734	1 688	856	703	1 559
莆田—秀屿棣头	1 474	711	2 185	1 581	766	2 347
安溪东—南安	4 452	1 669	6 121	4 564	1 568	6 132
建瓯—闽侯甘蔗	2 355	3 457	5 812	2 453	3 252	5 705
福安—拓荣	903	674	1 577	879	700	1 579
寿宁犀溪—福安	739	388	1 127	861	410	1 271
飞鸢—连江	1 334	1 501	2 835	1 028	1 216	2 244
海沧—紫泥	5 850	9 832	15 682	5 636	9 842	15 478
厦漳大桥—漳州港	2 998	1 198	4 196	3 764	1 407	5 171
古武闽赣—武平	860	762	1 622	1 025	769	1 794
浦建闽赣—泰宁	374	287	661	337	252	589

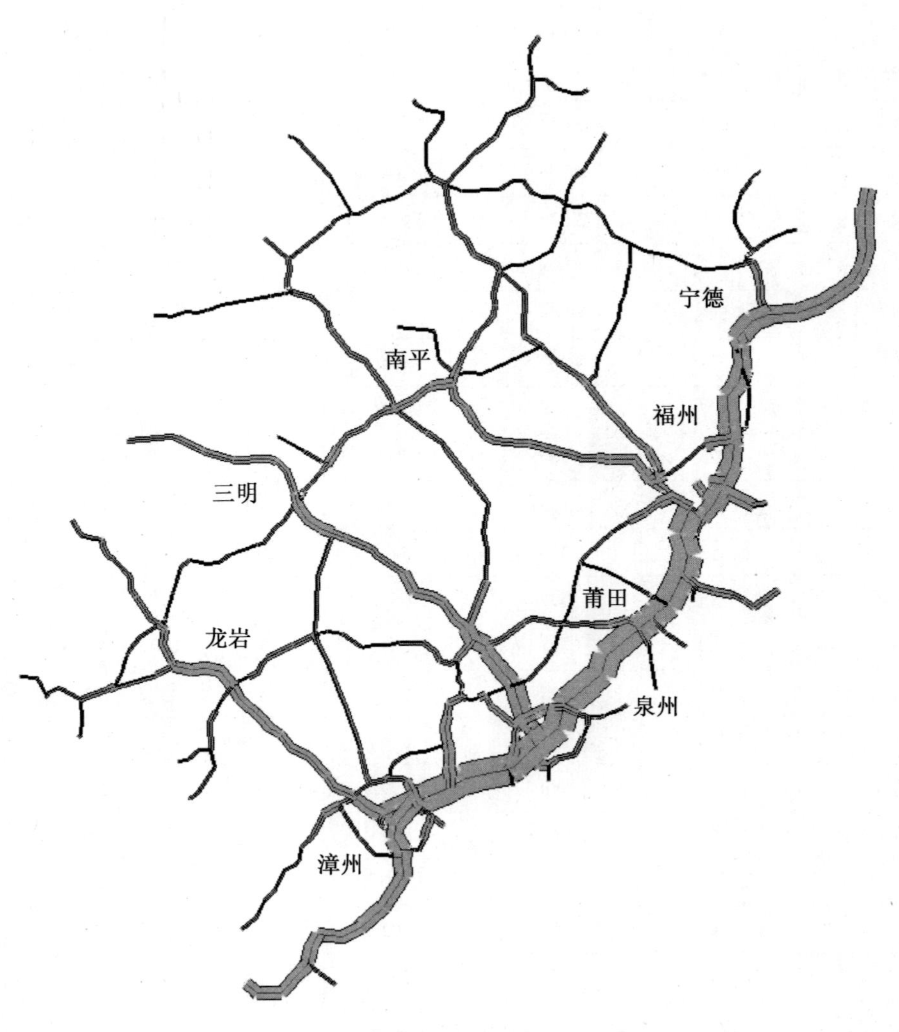

图 4.28 2017 年福建省高速公路日均交通量

4.10　江西省高速公路运输密度

4.10.1　客运密度分布如表 4.29 和图 4.29 所示。

2017 年江西省高速公路客运密度　　表 4.29

路段起止点	客运密度(人公里/公里)	路段起止点	客运密度(人公里/公里)
九江—南昌	35 069	南昌—九江	36 326
南昌北—厚田	25 126	厚田—南昌北	24 860
厚田—昌傅	19 956	昌傅—厚田	19 384
昌傅—吉安	14 438	吉安—昌傅	14 289
吉安—赣鄂	10 894	赣鄂—吉安	10 696
吉安—泰和	27 765	泰和—吉安	28 000
泰和—石城站(赣闽界)	14 008	石城站(赣闽界)—泰和	14 428
泰和—井冈山	7 298	井冈山—泰和	6 955
泰和—南康	22 618	南康—泰和	22 959
南康—赣粤界	23 159	赣粤界—南康	23 681
南康—梅关	9 748	梅关—南康	9 798
赣浙界—上饶	34 970	上饶—赣浙界	33 321
上饶—鹰潭	33 178	鹰潭—上饶	32 367
鹰潭—赣皖	9 627	赣皖—鹰潭	10 052
鹰潭—温家圳	19 263	温家圳—鹰潭	18 729
鹰潭—金溪	11 227	金溪—鹰潭	10 895
金溪—南城	10 758	南城—金溪	10 389
南城—瑞金	11 266	瑞金—南城	10 929
温家圳—厚田	11 015	厚田—温家圳	10 029
机场互通—温家圳(顺时针)	22 912	温家圳(顺时针)—机场互通	22 829
南昌(长[illegible])—生米	39 654	生米—南昌(长堎)	35 034
生米—梅岭	26 056	梅岭—生米	26 140
乐化—南昌(长堎)	19 901	南昌(长堎)—乐化	20 017
九江—景德镇	27 833	景德镇—九江	26 890
景德镇—婺源	22 505	婺源—景德镇	22 137
婺源—塔岭	9 672	塔岭—婺源	9 031
婺源—白沙关	15 749	白沙关—婺源	16 540
温家圳—抚州	17 729	抚州—温家圳	17 502

续上表

路段起止点	客运密度(人公里/公里)	路段起止点	客运密度(人公里/公里)
抚州—南城	15 415	南城—抚州	14 695
南城—赣闽界	12 608	赣闽界—南城	12 028
昌傅—新余	25 043	新余—昌傅	25 139
新余—宜春	27 677	宜春—新余	27 395
宜春—萍乡	26 102	萍乡—宜春	26 180
萍乡—赣湘界	24 817	赣湘界—萍乡	24 326
湖口—彭泽	6 202	彭泽—湖口	6 590
赣州北—崇义	10 893	崇义—赣州北	10 132
崇义—崇义西站(赣湘界)	2 629	崇义西站(赣湘界)—崇义	2 257
赣州北—赣县	15 555	赣县—赣州北	15 640
赣县—南康东(顺时针)	12 362	南康东(顺时针)—赣县	12 207
赣县—会昌北	14 174	会昌北—赣县	14 454
会昌—南桥站(赣粤界)	7 868	南桥站(赣粤界)—会昌	6 905
德兴—南昌东	15 685	南昌东—德兴	15 130
南昌西—奉新	13 171	奉新—南昌西	9 373
奉新—天宝	4 238	天宝—奉新	3 909
天宝—铜鼓西站(赣湘界)	5 006	铜鼓西站(赣湘界)—天宝	4 761
上饶—赣闽界	9 452	赣闽界—上饶	9 982
九江县—赣鄂界	6 858	赣鄂界—九江县	5 769
军山枢纽—武宁	6 775	武宁—军山枢纽	6 302
瑞金西—隘岭站(赣闽界)	7 361	隘岭站(赣闽界)—瑞金西	8 284
泰和—界化垄站(赣湘界)	13 023	界化垄站(赣湘界)—泰和	12 709
临川南—乐安	2 542	乐安—临川南	2 428
乐安—吉安北	3 469	吉安北—乐安	3 108
龙南—安远	5 097	安远—龙南	5 097
星子—姑塘	2 989	姑塘—星子	3 051
南昌—万载	9 488	万载—南昌	9 041
万载—上栗	3 329	上栗—万载	3 277
樟树—东乡	8 160	东乡—樟树	8 326
宁都—东江源	9 638	东江源—宁都	9 440
宁都—南昌南	20 772	南昌南—宁都	20 628

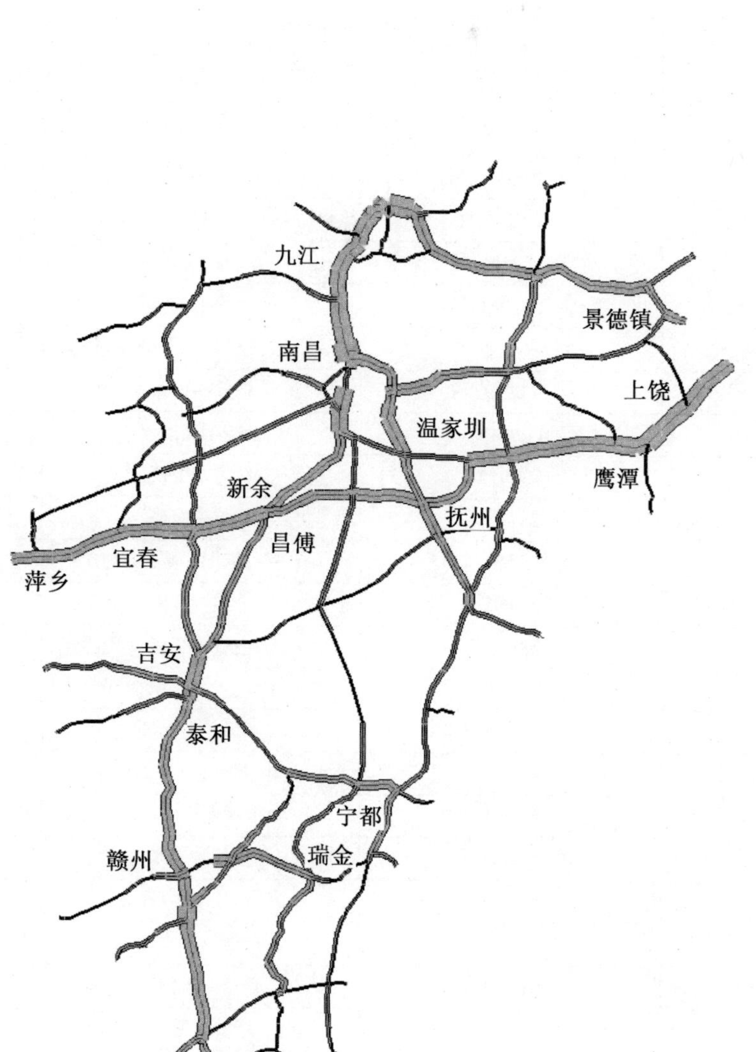

图4.29 2017年江西省高速公路日均客运密度

4.10.2　货运密度分布如表4.30和图4.30所示。

2017年江西省高速公路货运密度　　表4.30

路段起止点	货运密度(吨公里/公里)	路段起止点	货运密度(吨公里/公里)
九江—南昌	90 108	南昌—九江	71 895
南昌北—厚田	60 213	厚田—南昌北	54 223
厚田—昌傅	44 089	昌傅—厚田	42 140
昌傅—吉安	71 821	吉安—昌傅	61 745
吉安—赣鄂	17 955	赣鄂—吉安	31 754
吉安—泰和	102 286	泰和—吉安	78 747
泰和—石城站(赣闽界)	24 246	石城站(赣闽界)—泰和	26 965
泰和—井冈山	1 151	井冈山—泰和	887
泰和—南康	110 961	南康—泰和	85 454
南康—赣粤界	36 412	赣粤界—南康	25 097
南康—梅关	77 919	梅关—南康	73 586
赣浙界—上饶	112 018	上饶—赣浙界	110 266
上饶—鹰潭	111 952	鹰潭—上饶	116 067
鹰潭—赣皖	25 741	赣皖—鹰潭	25 739
鹰潭—温家圳	55 581	温家圳—鹰潭	59 264
鹰潭—金溪	54 692	金溪—鹰潭	55 404
金溪—南城	48 316	南城—金溪	50 754
南城—瑞金	41 700	瑞金—南城	42 247
温家圳—厚田	26 635	厚田—温家圳	35 243
机场互通—温家圳(顺时针)	41 399	温家圳(顺时针)—机场互通	33 123
南昌(长埈)—生米	59 301	生米—南昌(长埈)	51 047
生米—梅岭	50 466	梅岭—生米	47 654
乐化—南昌(长埈)	55 239	南昌(长埈)—乐化	54 182
九江—景德镇	36 571	景德镇—九江	30 306
景德镇—婺源	21 164	婺源—景德镇	17 644
婺源—塔岭	4 472	塔岭—婺源	3 939
婺源—白沙关	19 814	白沙关—婺源	17 324
温家圳—抚州	16 427	抚州—温家圳	12 819
抚州—南城	15 552	南城—抚州	13 570
南城—赣闽界	22 115	赣闽界—南城	17 559
昌傅—新余	46 575	新余—昌傅	39 358
新余—宜春	48 656	宜春—新余	40 388
宜春—萍乡	58 082	萍乡—宜春	45 911
萍乡—赣湘界	75 376	赣湘界—萍乡	49 030
湖口—彭泽	11 174	彭泽—湖口	12 183
赣州北—崇义	5 900	崇义—赣州北	5 126
崇义—崇义西站(赣湘界)	2 978	崇义西站(赣湘界)—崇义	3 378
赣州北—赣县	5 641	赣县—赣州北	10 677
赣县—南康东(顺时针)	16 569	南康东(顺时针)—赣县	12 858

续上表

路段起止点	货运密度(吨公里/公里)	路段起止点	货运密度(吨公里/公里)
赣县—会昌北	10 656	会昌北—赣县	18 146
会昌—南桥站(赣粤界)	30 778	南桥站(赣粤界)—会昌	27 356
德兴—南昌东	8 752	南昌东—德兴	7 455
南昌西—奉新	3 414	奉新—南昌西	2 182
奉新—天宝	1 669	天宝—奉新	1 920
天宝—铜鼓西站(赣湘界)	9 890	铜鼓西站(赣湘界)—天宝	6 577
上饶—赣闽界	24 447	赣闽界—上饶	23 421
九江县—赣鄂界	15 978	赣鄂界—九江县	15 556
军山枢纽—武宁	4 904	武宁—军山枢纽	4 024
瑞金西—隘岭站(赣闽界)	9 185	隘岭站(赣闽界)—瑞金西	11 224
泰和—界化垄站(赣湘界)	10 618	界化垄站(赣湘界)—泰和	8 002
临川南—乐安	1 036	乐安—临川南	723
乐安—吉安北	7 466	吉安北—乐安	6 752
龙南—安远	10 158	安远—龙南	10 268
星子—姑塘	3 858	姑塘—星子	3 250
南昌—万载	10 423	万载—南昌	10 797
万载—上栗	7 649	上栗—万载	7 305
樟树—东乡	22 468	东乡—樟树	19 152
宁都—东江源	43 531	东江源—宁都	29 951
宁都—南昌南	65 497	南昌南—宁都	70 158

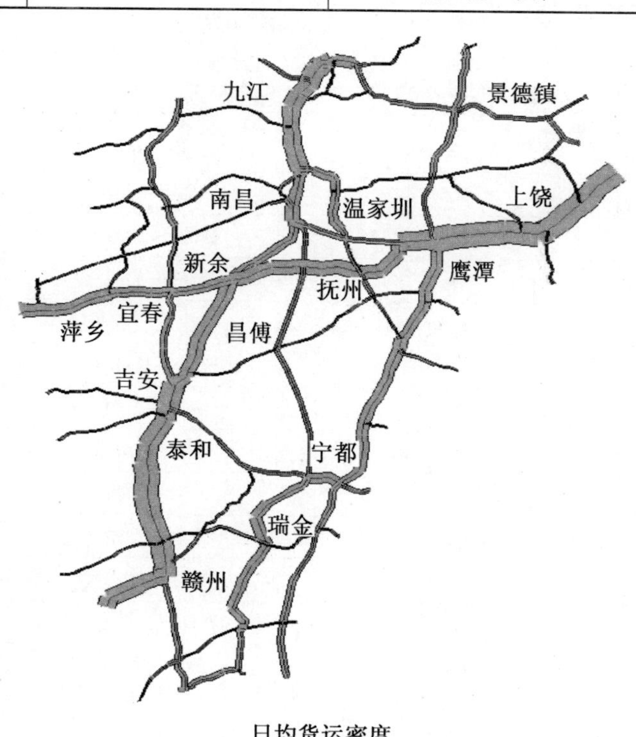

图4.30　2017年江西省高速公路日均货运密度

4.10.3 道路负荷分布如表 4.31 和图 4.31 所示。

2017 年江西省高速公路轴载 表 4.31

路段起止点	轴载(标准轴载当量轴次/日)	路段起止点	轴载(标准轴载当量轴次/日)
九江—南昌	23 496	南昌—九江	12 233
南昌北—厚田	7 988	厚田—南昌北	6 012
厚田—昌傅	10 266	昌傅—厚田	7 481
昌傅—吉安	20 204	吉安—昌傅	9 676
吉安—赣鄂	6 477	赣鄂—吉安	15 779
吉安—泰和	38 415	泰和—吉安	15 902
泰和—石城站(赣闽界)	7 824	石城站(赣闽界)—泰和	6 321
泰和—井冈山	449	井冈山—泰和	300
泰和—南康	38 195	南康—泰和	17 612
南康—赣粤界	14 505	赣粤界—南康	7 946
南康—梅关	12 517	梅关—南康	13 451
赣浙界—上饶	29 098	上饶—赣浙界	14 480
上饶—鹰潭	30 855	鹰潭—上饶	16 731
鹰潭—赣皖	3 602	赣皖—鹰潭	7 380
鹰潭—温家圳	12 384	温家圳—鹰潭	9 376
鹰潭—金溪	20 432	金溪—鹰潭	8 460
金溪—南城	18 853	南城—金溪	8 054
南城—瑞金	16 209	瑞金—南城	6 872
温家圳—厚田	4 935	厚田—温家圳	7 515
机场互通—温家圳(顺时针)	9 336	温家圳(顺时针)—机场互通	6 099
南昌(长堎)—生米	16 858	生米—南昌(长堎)	8 327
生米—梅岭	11 861	梅岭—生米	8 172
乐化—南昌(长堎)	11 596	南昌(长堎)—乐化	12 150
九江—景德镇	17 665	景德镇—九江	5 921
景德镇—婺源	14 383	婺源—景德镇	4 567
婺源—塔岭	720	塔岭—婺源	2 186
婺源—白沙关	14 338	白沙关—婺源	3 620
温家圳—抚州	4 349	抚州—温家圳	2 954
抚州—南城	3 735	南城—抚州	2 469
南城—赣闽界	7 031	赣闽界—南城	3 232
昌傅—新余	8 906	新余—昌傅	6 770
新余—宜春	9 026	宜春—新余	12 203
宜春—萍乡	10 591	萍乡—宜春	13 063
萍乡—赣湘界	15 731	赣湘界—萍乡	13 429
湖口—彭泽	2 054	彭泽—湖口	3 785
赣州北—崇义	3 820	崇义—赣州北	1 289
崇义—崇义西站(赣湘界)	857	崇义西站(赣湘界)—崇义	775
赣州北—赣县	1 436	赣县—赣州北	4 531
赣县—南康东(顺时针)	3 953	南康东(顺时针)—赣县	2 784

续上表

路段起止点	轴载(标准轴载当量轴次/日)	路段起止点	轴载(标准轴载当量轴次/日)
赣县—会昌北	2 848	会昌北—赣县	5 599
会昌—南桥站(赣粤界)	9 917	南桥站(赣粤界)—会昌	4 406
德兴—南昌东	2 064	南昌东—德兴	2 228
南昌西—奉新	910	奉新—南昌西	465
奉新—天宝	440	天宝—奉新	616
天宝—铜鼓西站(赣湘界)	3 354	铜鼓西站(赣湘界)—天宝	1 983
上饶—赣闽界	3 579	赣闽界—上饶	5 955
九江县—赣鄂界	2 531	赣鄂界—九江县	10 470
军山枢纽—武宁	2 500	武宁—军山枢纽	1 015
瑞金西—隘岭站(赣闽界)	1 867	隘岭站(赣闽界)—瑞金西	2 696
泰和—界化垄站(赣湘界)	1 688	界化垄站(赣湘界)—泰和	1 630
临川南—乐安	251	乐安—临川南	192
乐安—吉安北	1 977	吉安北—乐安	1 226
龙南—安远	2 202	安远—龙南	10 087
星子—姑塘	973	姑塘—星子	715
南昌—万载	2 075	万载—南昌	2 000
万载—上栗	2 279	上栗—万载	1 460
樟树—东乡	9 048	东乡—樟树	4 060
宁都—东江源	22 426	东江源—宁都	4 817
宁都—南昌南	10 143	南昌南—宁都	17 075

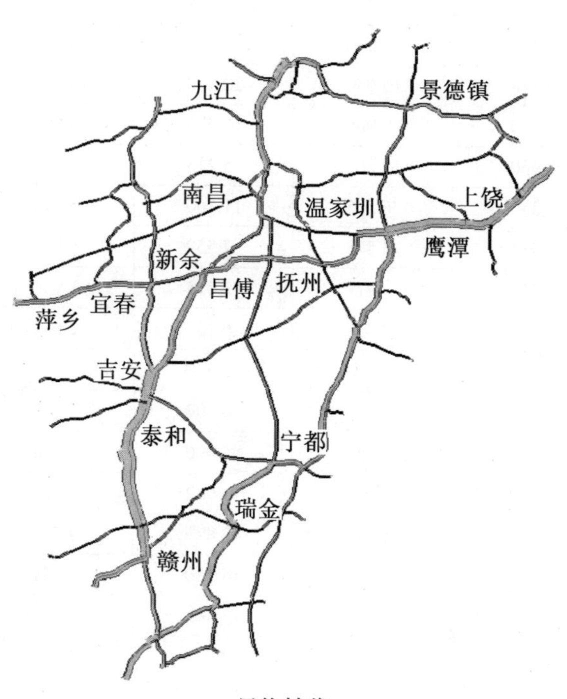

图 4.31　2017 年江西省高速公路日均轴载

4.10.4 交通量分布如表4.32和图4.32所示。

2017年江西省高速公路交通量

表4.32

路段起止点	正向			反向		
	客车折算交通量（辆/日）	货车折算交通量（辆/日）	小计	客车折算交通量（辆/日）	货车折算交通量（辆/日）	小计
九江—南昌	8 782	15 270	24 052	8 366	16 351	24 717
南昌北—厚田	6 420	9 965	16 385	6 528	9 433	15 961
厚田—昌傅	4 858	8 542	13 400	5 012	8 014	13 026
昌傅—吉安	3 382	11 064	14 446	3 445	10 872	14 317
吉安—赣鄂	2 557	5 315	7 872	2 660	3 699	6 359
吉安—泰和	6 732	14 474	21 206	6 595	15 626	22 221
泰和—石城站(赣闽界)	2 607	4 926	7 533	2 495	4 621	7 116
泰和—井冈山	1 577	285	1 862	1 686	315	2 001
泰和—南康	5 296	15 757	21 053	5 172	16 861	22 033
南康—赣粤界	5 112	5 218	10 330	5 033	6 680	11 713
南康—梅关	2 292	11 724	14 016	2 264	11 768	14 032
赣浙界—上饶	6 143	19 708	25 851	6 457	18 976	25 433
上饶—鹰潭	5 886	20 597	26 483	6 135	19 294	25 429
鹰潭—赣皖	2 411	4 749	7 160	2 269	5 285	7 554
鹰潭—温家圳	3 731	10 612	14 343	3 856	9 977	13 833
鹰潭—金溪	2 372	10 390	12 762	2 444	10 150	12 594
金溪—南城	2 268	9 565	11 833	2 346	8 772	11 118
南城—瑞金	2 219	8 141	10 360	2 286	7 391	9 677
温家圳—厚田	2 506	6 937	9 443	2 742	6 168	8 910
机场互通—温家圳(顺时针)	5 726	7 636	13 362	5 707	8 552	14 259
南昌(长埈)—生米	9 138	10 950	20 088	10 189	10 991	21 180
生米—梅岭	6 626	9 909	16 535	6 605	9 690	16 295
乐化—南昌(长埈)	4 950	10 263	15 213	4 908	10 447	15 355
九江—景德镇	5 355	6 505	11 860	5 514	6 944	12 458
景德镇—婺源	3 981	3 578	7 559	4 049	3 903	7 952
婺源—塔岭	1 774	879	2 653	1 930	964	2 894
婺源—白沙关	2 794	3 433	6 227	2 682	3 627	6 309
温家圳—抚州	3 822	3 108	6 930	3 878	3 816	7 694
抚州—南城	3 125	3 082	6 207	3 241	3 740	6 981
南城—赣闽界	2 210	3 780	5 990	2 324	4 589	6 913
昌傅—新余	4 379	7 603	11 982	4 420	8 401	12 821
新余—宜春	4 676	8 220	12 896	4 779	8 778	13 557
宜春—萍乡	4 501	9 729	14 230	4 541	10 036	14 577
萍乡—赣湘界	4 076	10 339	14 415	4 220	12 141	16 361
湖口—彭泽	1 892	2 378	4 270	1 812	2 401	4 213
赣州北—崇义	2 790	1 795	4 585	2 977	1 619	4 596
崇义—赣湘界崇义西站	585	777	1 362	697	660	1 357
赣州北—赣县	4 182	2 295	6 477	4 177	2 253	6 430
赣县—南康东(顺时针)	3 056	3 185	6 241	3 172	3 130	6 302

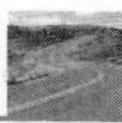

续上表

路段起止点	正向		小计	反向		小计
	客车折算交通量（辆/日）	货车折算交通量（辆/日）		客车折算交通量（辆/日）	货车折算交通量（辆/日）	
赣县—会昌北	3 698	3 097	6 795	3 630	3 127	6 757
会昌—南桥站(赣粤界)	1 249	4 938	6 187	1 490	4 847	6 337
德兴—南昌东	3 719	1 995	5 714	3 821	2 116	5 937
南昌西—奉新	2 831	757	3 588	3 915	1 066	4 981
奉新—天宝	1 120	495	1 615	1 216	479	1 695
天宝—铜鼓西站(赣湘界)	1 286	1 577	2 863	1 345	1 883	3 228
上饶—赣闽界	2 084	4 270	6 354	1 973	4 512	6 485
九江县—赣鄂界	1 539	2 815	4 354	1 838	3 116	4 954
军山枢纽—武宁	1 571	940	2 511	1 745	1 053	2 798
瑞金西—隘岭站(赣闽界)	1 351	2 090	3 441	1 215	1 809	3 024
泰和—界化垄站(赣湘界)	2 241	1 721	3 962	2 291	2 019	4 310
临川南—乐安	752	243	995	770	267	1 037
乐安—吉安北	858	1 347	2 205	943	1 383	2 326
龙南—安远	1 267	2 219	3 486	1 318	2 446	3 764
星子—姑塘	721	767	1 488	687	766	1 453
南昌—万载	2 616	2 776	5 392	2 693	2 407	5 100
万载—上栗	876	1 739	2 615	901	1 841	2 742
东乡—樟树	1 917	4 028	5 945	1 998	3 943	5 941
东江源—宁都	2 334	7 970	10 304	2 380	6 815	9 195
南昌南—宁都	3 336	11 050	14 386	3 424	11 436	14 860

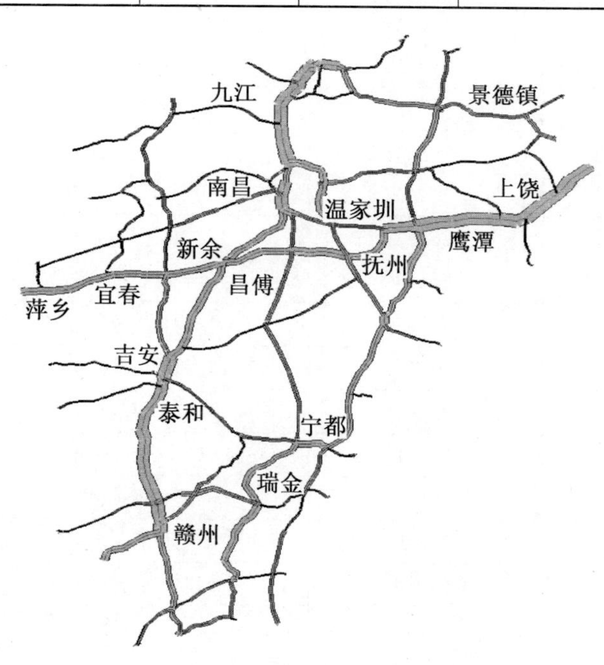

图4.32　2017年江西省高速公路日均交通量

4.11 山东省高速公路运输密度

4.11.1 客运密度分布如表4.33和图4.33所示。

2017年山东省高速公路客运密度

表4.33

路段起止点	客运密度（人公里/公里）	路段起止点	客运密度（人公里/公里）
京福鲁冀(德州)—齐河	23 961	齐河—京福鲁冀(德州)	24 841
齐河—济南	53 204	济南—齐河	61 319
济南—泰安	49 739	泰安—济南	44 390
泰安—曲阜	30 360	曲阜—泰安	29 175
曲阜—京福鲁苏	18 788	京福鲁苏—曲阜	17 863
鲁北—博山	17 617	博山—鲁北	19 213
博山—莱芜	13 156	莱芜—博山	20 735
莱芜—泰安	17 075	泰安—莱芜	18 848
海港—青州	20 686	青州—海港	21 989
坊子—明村	6 748	明村—坊子	7 085
明村—周格庄	7 092	周格庄—明村	6 563
八角—明村	19 230	明村—八角	19 230
八角—莱山	34 176	莱山—八角	34 546
福山—栖霞	31 363	栖霞—福山	31 329
栖霞—胶州	14 356	胶州—栖霞	13 712
胶州—同三鲁苏	34 717	同三鲁苏—胶州	34 538
齐河—冠县	23 066	冠县—齐河	20 948
济南—潍坊	23 707	潍坊—济南	18 987
潍坊—胶州	16 581	胶州—潍坊	15 634
胶州—青岛	21 918	青岛—胶州	20 210
菏泽—曲阜	27 390	曲阜—菏泽	27 881
曲阜—日照	26 082	日照—曲阜	25 788
泰安—京沪鲁苏	24 994	京沪鲁苏—泰安	24 135
齐河—青银鲁冀	13 685	青银鲁冀—齐河	12 243
济南机场—济南	30 354	济南—济南机场	46 698
济南—郓城	33 911	郓城—济南	31 812
济南—胶南	23 071	胶南—济南	21 097
柳花泊—海伯河	26 926	海伯河—柳花泊	29 182
齐河—章丘	33 379	章丘—齐河	29 256
菏泽—济广鲁豫	12 780	济广鲁豫—菏泽	13 511
东明主—菏泽	4 894	菏泽—东明主	5 989
滨州港—前郭	15 544	前郭—滨州港	15 748
寿光—新河	41 041	新河—寿光	38 285
平度—青岛高新	35 747	青岛高新—平度	38 017
即墨—威海	17 746	威海—即墨	17 086

续上表

路段起止点	客运密度（人公里/公里）	路段起止点	客运密度（人公里/公里）
菏关鲁豫—菏泽	14 283	菏泽—菏关鲁豫	13 499
黄岛—海湾大桥	27 416	海湾大桥—黄岛	26 404
滨州港—德州	8 179	德州—滨州港	7 875
青州—沂水北	18 588	沂水北—青州	18 065
沂水北—莒县	19 228	莒县—沂水北	18 623
莒县—长深鲁苏	10 931	长深鲁苏—莒县	10 643
枣庄新城—苍山	11 813	苍山—枣庄新城	12 296
莱山—双岛	21 571	双岛—莱山	23 802
滨德鲁冀—德州北	12 159	德州北—滨德鲁冀	12 547
烟台—海阳东	4 738	海阳东—烟台	4 518
东平南—济宁北	10 364	济宁北—东平南	9 696
高唐西—高邢鲁冀	5 090	高邢鲁冀—高唐西	4 517
乐陵南—济阳	10 729	济阳—乐陵南	11 625
乐陵南—京沪鲁冀	8 120	京沪鲁冀—乐陵南	7 841
菏泽北—德商鲁豫	11 619	德商鲁豫—菏泽北	10 820
聊城南—德商鲁豫	16 314	德商鲁豫—聊城南	14 578
城阳南—河头店	14 881	河头店—城阳南	14 689
文登—荣成	2 054	荣成—文登	1 948
滕州南—枣庄东城	9 631	枣庄东城—滕州南	10 505

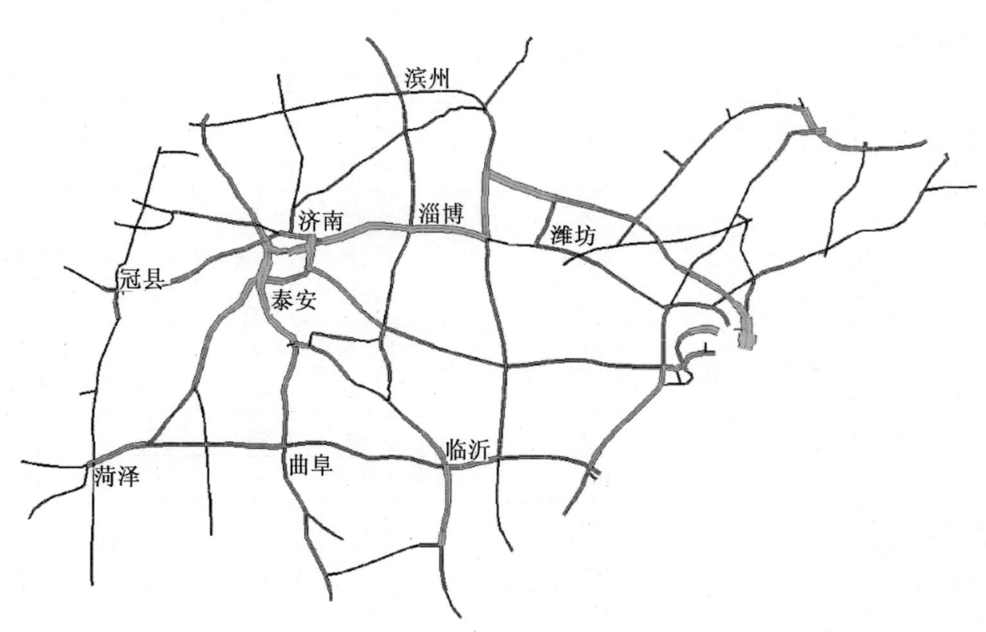

图 4.33　2017 年山东省高速公路日均客运密度

4.11.2 货运密度分布如表 4.34 和图 4.34 所示。

2017 年山东省高速公路货运密度 表 4.34

路段起止点	客运密度（吨公里/公里）	路段起止点	客运密度（吨公里/公里）
京福鲁冀（德州）—齐河	144 697	齐河—京福鲁冀（德州）	111 205
齐河—济南	310 525	济南—齐河	224 563
济南—泰安	252 104	泰安—济南	185 006
泰安—曲阜	105 793	曲阜—泰安	75 720
曲阜—京福鲁苏	95 992	京福鲁苏—曲阜	63 528
鲁北—博山	117 350	博山—鲁北	119 934
博山—莱芜	55 975	莱芜—博山	69 765
莱芜—泰安	41 845	泰安—莱芜	50 436
海港—青州	52 813	青州—海港	50 945
坊子—明村	9 663	明村—坊子	8 495
明村—周格庄	16 004	周格庄—明村	11 004
八角—明村	26 929	明村—八角	22 134
八角—莱山	17 149	莱山—八角	10 695
福山—栖霞	26 169	栖霞—福山	26 092
栖霞—胶州	42 244	胶州—栖霞	35 810
胶州—同三鲁苏	83 082	同三鲁苏—胶州	76 859
齐河—冠县	49 928	冠县—齐河	30 678
济南—潍坊	46 545	潍坊—济南	47 886
潍坊—胶州	27 347	胶州—潍坊	23 856
胶州—青岛	25 144	青岛—胶州	18 644
菏泽—曲阜	93 297	曲阜—菏泽	131 601
曲阜—日照	61 234	日照—曲阜	74 755
泰安—京沪鲁苏	182 005	京沪鲁苏—泰安	143 748
齐河—青银鲁冀	73 486	青银鲁冀—齐河	146 624
济南机场—济南	23 564	济南—济南机场	25 259
济南—郓城	105 857	郓城—济南	56 152
济南—胶南	52 755	胶南—济南	49 292
柳花泊—海伯河	17 206	海伯河—柳花泊	17 138
齐河—章丘	105 161	章丘—齐河	106 205
菏泽—济广鲁豫	66 839	济广鲁豫—菏泽	42 184
东明主—菏泽	14 929	菏泽—东明主	13 753
滨州港—前郭	53 130	前郭—滨州港	61 875
寿光—新河	112 847	新河—寿光	99 492
平度—青岛高新	25 002	青岛高新—平度	14 323
即墨—威海	19 798	威海—即墨	15 177
菏关鲁豫—菏泽	68 129	菏泽—菏关鲁豫	101 519
黄岛—海湾大桥	10 983	海湾大桥—黄岛	7 864

续上表

路段起止点	客运密度（吨公里/公里）	路段起止点	客运密度（吨公里/公里）
滨州港—德州	24 018	德州—滨州港	22 373
青州—沂水北	127 668	沂水北—青州	92 697
沂水北—莒县	113 561	莒县—沂水北	73 708
莒县—长深鲁苏	109 036	长深鲁苏—莒县	76 537
枣庄新城—苍山	14 293	苍山—枣庄新城	21 944
莱山—双岛	12 948	双岛—莱山	6 422
滨德鲁冀—德州北	70 750	德州北—滨德鲁冀	58 190
烟台—海阳东	1 333	海阳东—烟台	1 097
东平南—济宁北	30 282	济宁北—东平南	17 308
高唐西—高邢鲁冀	44 210	高邢鲁冀—高唐西	55 480
乐陵南—济阳	44 992	济阳—乐陵南	29 332
乐陵南—京沪鲁冀	40 799	京沪鲁冀—乐陵南	73 227
菏泽北—德商鲁豫	39 842	德商鲁豫—菏泽北	60 420
聊城南—德商鲁豫	53 586	德商鲁豫—聊城南	33 409
城阳南—河头店	3 574	河头店—城阳南	3 171
文登—荣成	3 557	荣成—文登	2 665
滕州南—枣庄东城	11 336	枣庄东城—滕州南	8 025

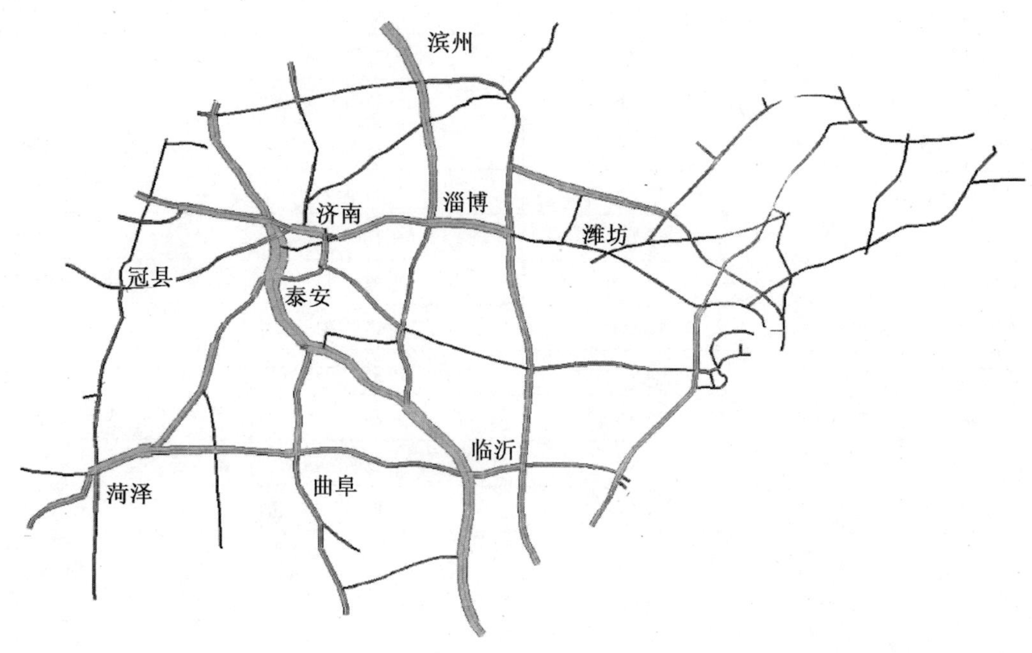

日均货运密度
(吨公里/公里)
300 000　0 000 75 000

图4.34　2017年山东省高速公路日均货运密度

4.11.3 道路负荷分布如表4.35和图4.35所示。

2017年山东省高速公路轴载 表4.35

路段起止点	轴载（标准轴载当量轴次/日）	路段起止点	轴载（标准轴载当量轴次/日）
京福鲁冀（德州）—齐河	24 640	齐河—京福鲁冀（德州）	15 045
齐河—济南	55 484	济南—齐河	32 247
济南—泰安	42 629	泰安—济南	25 908
泰安—曲阜	17 231	曲阜—泰安	12 640
曲阜—京福鲁苏	15 263	京福鲁苏—曲阜	8 912
鲁北—博山	16 708	博山—鲁北	15 274
博山—莱芜	7 776	莱芜—博山	9 051
莱芜—泰安	5 865	泰安—莱芜	7 431
海港—青州	7 270	青州—海港	7 064
坊子—明村	1 514	明村—坊子	1 420
明村—周格庄	2 362	周格庄—明村	1 788
八角—明村	3 778	明村—八角	3 402
八角—莱山	2 478	莱山—八角	1 824
福山—栖霞	4 470	栖霞—福山	4 363
栖霞—胶州	7 399	胶州—栖霞	5 466
胶州—同三鲁苏	13 057	同三鲁苏—胶州	10 673
齐河—冠县	7 096	冠县—齐河	4 629
济南—潍坊	7 023	潍坊—济南	7 006
潍坊—胶州	3 935	胶州—潍坊	3 285
胶州—青岛	3 451	青岛—胶州	2 796
菏泽—曲阜	13 926	曲阜—菏泽	19 740
曲阜—日照	8 544	日照—曲阜	10 673
泰安—京沪鲁苏	27 153	京沪鲁苏—泰安	18 777
齐河—青银鲁冀	11 151	青银鲁冀—齐河	25 161
济南机场—济南	3 927	济南—济南机场	4 094
济南—郓城	15 930	郓城—济南	8 206
济南—胶南	7 802	胶南—济南	7 013
柳花泊—海伯河	2 479	海伯河—柳花泊	2 732
齐河—章丘	16 477	章丘—齐河	15 934
菏泽—济广鲁豫	8 683	济广鲁豫—菏泽	5 609
东明主—菏泽	2 158	菏泽—东明主	1 779
滨州港—前郭	7 809	前郭—滨州港	7 983
寿光—新河	16 731	新河—寿光	14 285
平度—青岛高新	3 569	青岛高新—平度	2 046
即墨—威海	2 768	威海—即墨	2 388
菏关鲁豫—菏泽	9 367	菏泽—菏关鲁豫	14 350

续上表

路段起止点	轴载 (标准轴载当量轴次/日)	路段起止点	轴载 (标准轴载当量轴次/日)
黄岛—海湾大桥	1 412	海湾大桥—黄岛	1 227
滨州港—德州	3 043	德州—滨州港	3 458
青州—沂水北	17 752	沂水北—青州	11 588
沂水北—莒县	15 740	莒县—沂水北	9 241
莒县—长深鲁苏	15 315	长深鲁苏—莒县	9 581
枣庄新城—苍山	2 084	苍山—枣庄新城	3 289
莱山—双岛	1 888	双岛—莱山	1 150
滨德鲁冀—德州北	12 213	德州北—滨德鲁冀	8 204
烟台—海阳东	256	海阳东—烟台	157
东平南—济宁北	4 688	济宁北—东平南	2 679
高唐西—高邢鲁冀	6 017	高邢鲁冀—高唐西	9 048
乐陵南—济阳	6 296	济阳—乐陵南	3 904
乐陵南—京沪鲁冀	5 528	京沪鲁冀—乐陵南	11 581
菏泽北—德商鲁豫	5 326	德商鲁豫—菏泽北	8 433
聊城南—德商鲁豫	6 902	德商鲁豫—聊城南	4 478
城阳南—河头店	542	河头店—城阳南	559
文登—荣成	518	荣成—文登	501
滕州南—枣庄东城	1 870	枣庄东城—滕州南	1 224

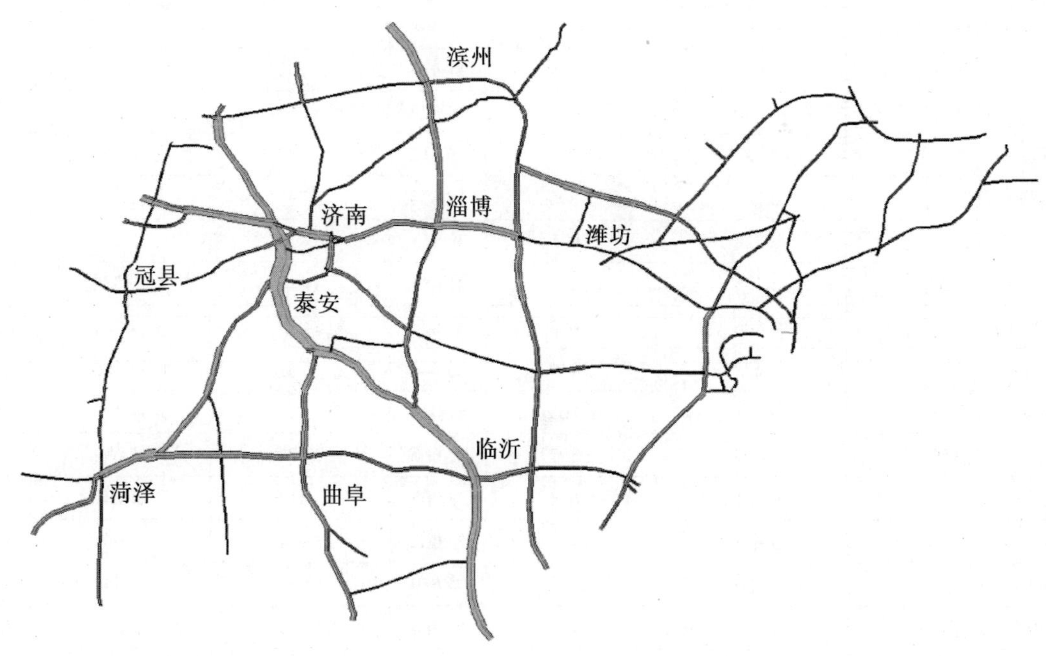

图4.35　2017年山东省高速公路日均轴载

4.11.4　交通量分布如表4.36和图4.36所示。

2017年山东省高速公路交通量　　表4.36

路段起止点	正向		小计	反向		小计
	客车折算交通量（辆/日）	货车折算交通量（辆/日）		客车折算交通量（辆/日）	货车折算交通量（辆/日）	
京福鲁冀(德州)—齐河	7 350	21 706	29 056	7 794	20 325	28 119
齐河—济南	15 584	45 250	60 834	19 001	41 472	60 473
济南—泰安	14 162	36 277	50 439	12 389	32 732	45 121
泰安—曲阜	8 758	16 424	25 182	8 284	15 880	24 164
曲阜—京福鲁苏	5 640	14 638	20 278	5 365	13 650	19 015
鲁北—博山	5 406	18 870	24 276	5 877	21 906	27 783
博山—莱芜	3 420	8 877	12 297	5 380	13 237	18 617
莱芜—泰安	4 688	7 821	12 509	5 230	9 052	14 282
海港—青州	6 165	11 021	17 186	6 449	11 560	18 009
坊子—明村	2 193	2 773	4 966	2 292	2 914	5 206
明村—周格庄	2 104	3 532	5 636	1 955	3 319	5 274
八角—明村	5 024	5 618	10 642	4 941	5 221	10 162
八角—莱山	10 245	4 343	14 588	10 318	4 847	15 165
福山—栖霞	8 839	5 900	14 739	8 698	5 791	14 489
栖霞—胶州	3 654	7 850	11 504	3 646	7 629	11 275
胶州—同三鲁苏	8 149	15 120	23 269	8 185	15 252	23 437
齐河—冠县	6 506	9 046	15 552	5 721	7 190	12 911
济南—潍坊	6 295	9 013	15 308	5 284	9 386	14 670
潍坊—胶州	5 025	6 449	11 474	4 766	6 426	11 192
胶州—青岛	6 540	6 289	12 829	6 088	5 833	11 921
菏泽—曲阜	7 527	19 290	26 817	7 787	20 826	28 613
曲阜—日照	6 783	11 895	18 678	6 797	12 339	19 136
泰安—京沪鲁苏	6 928	25 935	32 863	6 808	25 776	32 584
齐河—青银鲁冀	4 355	17 125	21 480	3 818	19 536	23 354
济南机场—济南	10 606	7 082	17 688	15 039	7 981	23 020
济南—郓城	9 477	16 469	25 946	8 705	14 300	23 005
济南—胶南	6 871	10 163	17 034	6 499	9 195	15 694
柳花泊—海伯河	7 009	5 597	12 606	7 776	6 692	14 468
齐河—章丘	9 301	19 664	28 965	8 573	21 032	29 605
菏泽—济广鲁豫	3 804	10 258	14 062	3 974	9 053	13 027
东明主—菏泽	1 537	3 122	4 659	1 947	3 444	5 391
滨州港—前郭	4 386	11 178	15 564	4 449	11 550	15 999
寿光—新河	10 961	21 907	32 868	10 484	20 207	30 691
平度—青岛高新	12 485	5 353	17 838	13 283	5 049	18 332
即墨—威海	4 116	4 043	8 159	4 128	3 640	7 768
菏关鲁豫—菏泽	3 865	11 994	15 859	3 691	15 914	19 605
黄岛—海湾大桥	8 350	3 709	12 059	7 833	3 083	10 916

续上表

路段起止点	正　向			反　向		
	客车折算交通量（辆/日）	货车折算交通量（辆/日）	小计	客车折算交通量（辆/日）	货车折算交通量（辆/日）	小计
滨州港—德州	2 842	4 921	7 763	2 762	5 318	8 080
青州—沂水北	5 764	21 423	27 187	5 568	19 371	24 939
沂水北—莒县	5 860	18 362	24 222	5 674	16 751	22 425
莒县—长深鲁苏	3 563	16 416	19 979	3 412	15 030	18 442
枣庄新城—苍山	3 974	4 555	8 529	4 116	4 398	8 514
莱山—双岛	5 964	3 430	9 394	6 486	3 602	10 088
滨德鲁冀—德州北	3 996	11 804	15 800	4 260	11 586	15 846
烟台—海阳东	1 639	462	2 101	1 550	468	2 018
东平南—济宁北	3 450	5 079	8 529	3 181	5 194	8 375
高唐西—高邢鲁冀	1 724	8 413	10 137	1 493	7 781	9 274
乐陵南—济阳	3 590	7 406	10 996	3 887	6 452	10 339
乐陵南—京沪鲁冀	2 681	8 767	11 448	2 632	11 454	14 086
菏泽北—德商鲁豫	3 341	8 784	12 125	3 198	9 131	12 329
聊城南—德商鲁豫	4 921	8 486	13 407	4 239	7 774	12 013
城阳南—河头店	4 447	1 425	5 872	4 335	1 210	5 545
文登—荣成	588	673	1 261	546	601	1 147
滕州南—枣庄东城	3 048	2 411	5 459	3 386	2 822	6 208

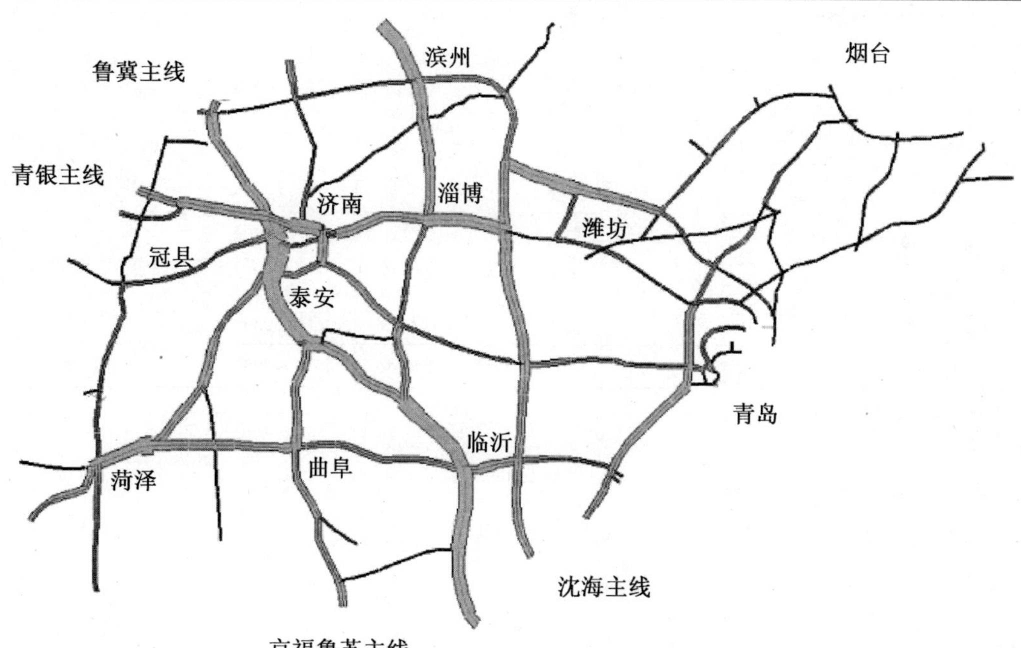

图4.36　2017年山东省高速公路日均交通量

4.12 河南省高速公路运输密度

4.12.1 客运密度分布如表 4.37 和图 4.37 所示。

2017 年河南省高速公路客运密度 表 4.37

路段起止点	客运密度（人公里/公里）	路段起止点	客运密度（人公里/公里）
京港澳豫冀界—鹤壁	27 153	鹤壁—京港澳豫冀界	27 082
鹤壁—新乡	47 214	新乡—鹤壁	47 576
新乡—郑州	61 251	郑州—新乡	61 024
郑州—许昌	73 623	许昌—郑州	72 148
许昌—漯河	42 089	漯河—许昌	41 106
漯河—驻马店	31 315	驻马店—漯河	30 949
驻马店—京港澳豫鄂界	15 166	京港澳豫鄂界—驻马店	14 938
大广豫冀省界—濮阳	18 476	濮阳—大广豫冀省界	18 965
濮阳—周口	17 704	周口—濮阳	17 884
周口—大广豫鄂界	10 186	大广豫鄂界—周口	10 149
二广豫晋省界—济源	3 836	济源—二广豫晋省界	3 919
济源—洛阳	20 498	洛阳—济源	20 307
洛阳—汝阳	22 801	汝阳—洛阳	22 400
汝阳—南阳	6 699	南阳—汝阳	6 893
南阳—二广豫鄂界	14 122	二广豫鄂界—南阳	14 453
连霍豫皖界—商丘	22 209	商丘—连霍豫皖界	25 714
商丘—开封	31 817	开封—商丘	33 275
开封—郑州	63 074	郑州—开封	63 147
郑州—洛阳	40 339	洛阳—郑州	39 746
洛阳—三门峡	23 754	三门峡—洛阳	23 202
三门峡—连霍豫陕界	15 538	连霍豫陕界—三门峡	15 239
宁洛豫皖界—漯河	25 338	漯河—宁洛豫皖界	23 696
漯河—平顶山	17 026	平顶山—漯河	16 578
平顶山—洛阳	15 476	洛阳—平顶山	14 975
沪陕豫皖界—南阳	14 698	南阳—沪陕豫皖界	14 574
南阳—沪陕豫陕界	11 213	沪陕豫陕界—南阳	10 799
日兰豫鲁界—兰考	15 814	兰考—日兰豫鲁界	14 828
兰考—许昌	13 885	许昌—兰考	13 689
许昌—南阳	31 522	南阳—许昌	31 121
大广安南互通—林州	11 470	林州—大广安南互通	11 518

续上表

路段起止点	客运密度（人公里/公里）	路段起止点	客运密度（人公里/公里）
濮阳—鹤壁	22 222	鹤壁—濮阳	22 944
长垣—新乡	11 768	新乡—长垣	12 111
新乡—济源	17 292	济源—新乡	17 781
济源—济邵豫晋	7 017	济邵豫晋—济源	7 028
原阳—焦作	30 406	焦作—原阳	30 364
焦作—晋新豫晋界	15 282	晋新豫晋界—焦作	14 933
焦作—温县	6 020	温县—焦作	5 933
济广豫鲁界—济广豫皖界	11 045	济广豫皖界—济广豫鲁界	11 370
商丘—周口	13 687	周口—商丘	14 447
许亳省界—鄢陵	11 206	鄢陵—许亳省界	10 681
十八里河—郑州西	50 876	郑州西—十八里河	52 083
郑州南—机场	108 577	机场—郑州南	105 352
郑州侯寨—禹州	43 301	禹州—郑州侯寨	43 595
禹州—尧山	13 180	尧山—禹州	13 335
郑州站—登封	41 531	登封—郑州站	41 923
登封—洛阳	15 689	洛阳—登封	15 422
登封—许昌	14 000	许昌—登封	13 938
叶县—泌阳	5 344	泌阳—叶县	5 109
泌阳—焦桐豫鄂界	12 872	焦桐豫鄂界—泌阳	13 188
泌阳—新蔡	9 745	新蔡—泌阳	9 999
安阳—南林豫晋界	9 655	南林豫晋界—安阳	9 612
濮阳—龙王庄	11 454	龙王庄—濮阳	11 474
永亳—永登豫皖界	7 985	永登豫皖界—永亳	8 333
新蔡—新阳豫皖界	4 200	新阳豫皖界—新蔡	4 283
小茴店—固始	4 511	固始—小茴店	4 379
永城—永登豫皖界	11 993	永登豫皖界—永城	11 075
洛龙—栾川	8 042	栾川—洛龙	7 589
周山—灵宝	4 613	灵宝—周山	4 613
灵宝—卢氏	2 732	卢氏—灵宝	2 701
卢氏—三淅豫鄂界	1 587	三淅豫鄂界—卢氏	1 560
尉氏西—周口刘园	24 409	周口刘园—尉氏西	24 436
商丘机场—富航路	9 504	富航路—商丘机场	9 388

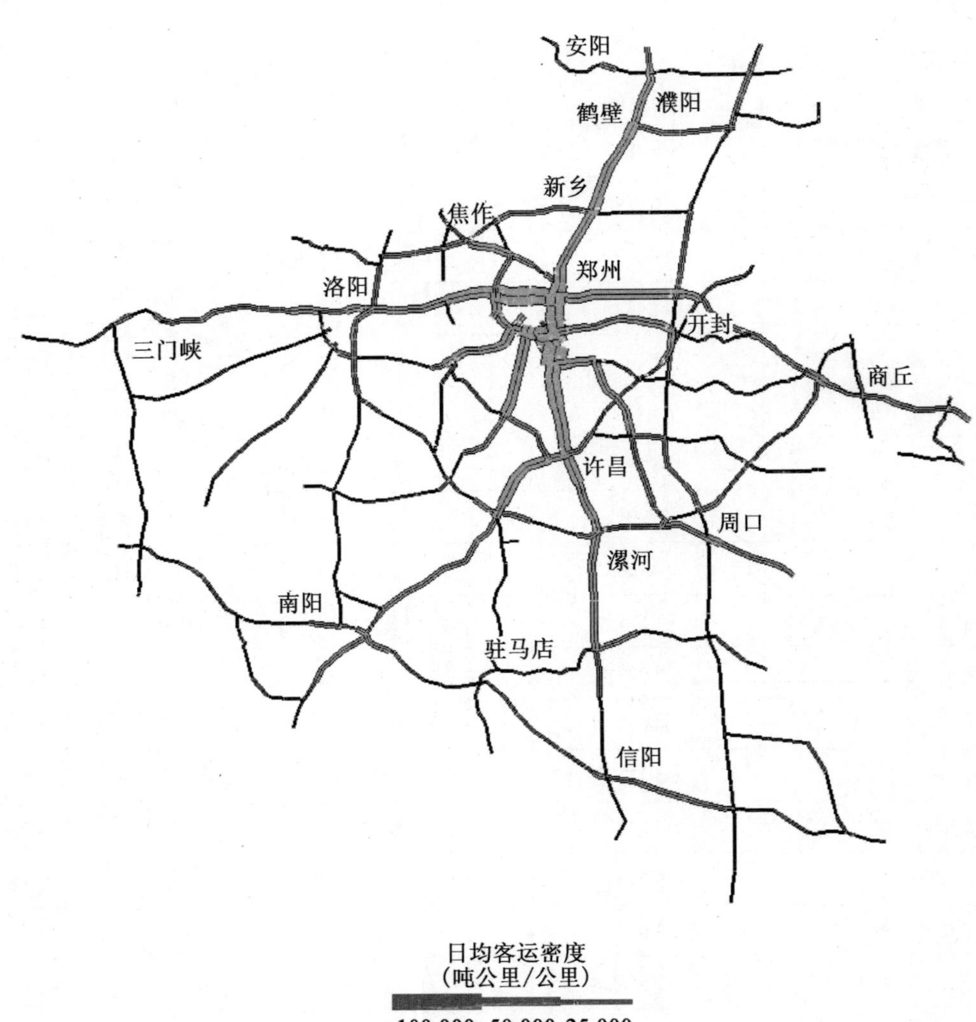

图 4.37　2017 年河南省高速公路日均客运密度

4.12.2　货运密度分布如表4.38和图4.38所示。

2017年河南省高速公路货运密度

表4.38

路段起止点	货运密度（吨公里/公里）	路段起止点	货运密度（吨公里/公里）
京港澳豫冀界—鹤壁	100 283	鹤壁—京港澳豫冀界	71 906
鹤壁—新乡	104 930	新乡—鹤壁	79 035
新乡—郑州	146 357	郑州—新乡	98 637
郑州—许昌	107 979	许昌—郑州	100 101
许昌—漯河	98 038	漯河—许昌	80 217
漯河—驻马店	101 102	驻马店—漯河	91 553
驻马店—京港澳豫鄂界	99 141	京港澳豫鄂界—驻马店	92 993
大广豫冀省界—濮阳	74 340	濮阳—大广豫冀省界	58 108
濮阳—周口	39 701	周口—濮阳	32 482
周口—大广豫鄂界	36 581	大广豫鄂界—周口	30 363
二广豫晋省界—济源	7 817	济源—二广豫晋省界	6 017
济源—洛阳	64 238	洛阳—济源	37 887
洛阳—汝阳	40 362	汝阳—洛阳	26 925
汝阳—南阳	5 452	南阳—汝阳	5 231
南阳—二广豫鄂界	48 406	二广豫鄂界—南阳	40 163
连霍豫皖界—商丘	24 336	商丘—连霍豫皖界	29 002
商丘—开封	39 473	开封—商丘	42 141
开封—郑州	74 586	郑州—开封	64 283
郑州—洛阳	83 840	洛阳—郑州	78 384
洛阳—三门峡	142 902	三门峡—洛阳	98 038
三门峡—连霍豫陕界	151 412	连霍豫陕界—三门峡	94 865
宁洛豫皖界—漯河	37 303	漯河—宁洛豫皖界	44 050
漯河—平顶山	25 957	平顶山—漯河	50 985
平顶山—洛阳	28 508	洛阳—平顶山	47 763
沪陕豫皖界—南阳	24 497	南阳—沪陕豫皖界	25 540
南阳—沪陕豫陕界	28 748	沪陕豫陕界—南阳	43 055
日兰豫鲁界—兰考	93 922	兰考—日兰豫鲁界	63 229
兰考—许昌	63 038	许昌—兰考	65 741
许昌—南阳	63 490	南阳—许昌	66 397
大广安南互通—林州	24 090	林州—大广安南互通	33 553
濮阳—鹤壁	24 949	鹤壁—濮阳	19 128
长垣—新乡	18 193	新乡—长垣	19 490
新乡—济源	50 284	济源—新乡	44 995
济源—济邵豫晋	15 277	济邵豫晋—济源	35 396
原阳—焦作	44 909	焦作—原阳	73 218
焦作—晋新豫晋界	22 279	晋新豫晋界—焦作	87 814
焦作—温县	3 799	温县—焦作	2 517
济广豫鲁界—济广豫皖界	55 128	济广豫皖界—济广豫鲁界	28 077
商丘—周口	31 688	周口—商丘	25 683

续上表

路段起止点	货运密度（吨公里/公里）	路段起止点	货运密度（吨公里/公里）
许亳省界—鄢陵	5 564	鄢陵—许亳省界	12 950
十八里河—郑州西	41 090	郑州西—十八里河	43 624
郑州南—机场	22 420	机场—郑州南	31 346
郑州侯寨—禹州	14 546	禹州—郑州侯寨	19 968
禹州—尧山	3 546	尧山—禹州	8 420
郑州站—登封	6 307	登封—郑州站	18 090
登封—洛阳	4 708	洛阳—登封	9 830
登封—许昌	22 115	许昌—登封	7 761
叶县—泌阳	26 813	泌阳—叶县	20 050
泌阳—焦桐豫鄂界	29 545	焦桐豫鄂界—泌阳	28 009
泌阳—新蔡	7 972	新蔡—泌阳	21 394
安阳—南林豫晋界	10 813	南林豫晋界—安阳	32 477
濮阳—龙王庄	9 546	龙王庄—濮阳	10 958
永亳—永登豫皖界	2 799	永登豫皖界—永亳	3 718
新蔡—新阳豫皖界	20 998	新阳豫皖界—新蔡	8 636
小茴店—固始	2 146	固始—小茴店	2 158
永城—永登豫皖界	10 338	永登豫皖界—永城	5 525
洛龙—栾川	824	栾川—洛龙	371
周山—灵宝	1 696	灵宝—周山	1 942
灵宝—卢氏	3 186	卢氏—灵宝	1 350
卢氏—三淅豫鄂界	9 086	三淅豫鄂界—卢氏	4 942
尉氏西—周口刘园	13 185	周口刘园—尉氏西	11 696
商丘机场—富航路	3 311	富航路—商丘机场	3 269

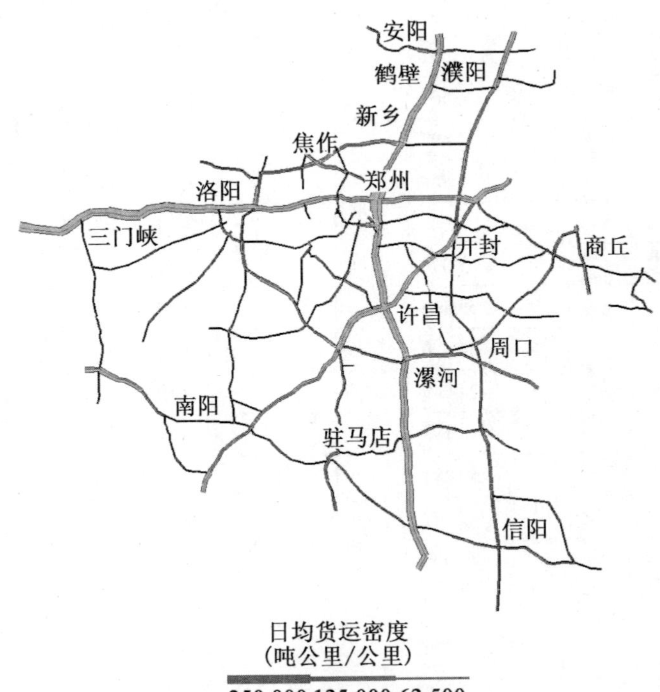

图 4.38　2017 年河南省高速公路日均货运密度

4.12.3　道路负荷分布如表4.39和图4.39所示。

2017年河南省高速公路轴载　　表4.39

路段起止点	轴载（标准轴载当量轴次/日）	路段起止点	轴载（标准轴载当量轴次/日）
京港澳豫冀界—鹤壁	21 398	鹤壁—京港澳豫冀界	10 515
鹤壁—新乡	18 193	新乡—鹤壁	10 929
新乡—郑州	31 041	郑州—新乡	15 092
郑州—许昌	19 071	许昌—郑州	14 814
许昌—漯河	18 119	漯河—许昌	11 806
漯河—驻马店	17 581	驻马店—漯河	14 242
驻马店—京港澳豫鄂界	16 707	京港澳豫鄂界—驻马店	14 909
大广豫冀省界—濮阳	11 531	濮阳—大广豫冀省界	7 621
濮阳—周口	6 221	周口—濮阳	4 280
周口—大广豫鄂界	5 799	大广豫鄂界—周口	7 035
二广豫晋省界—济源	1 162	济源—二广豫晋省界	792
济源—洛阳	10 215	洛阳—济源	5 144
洛阳—汝阳	6 940	汝阳—洛阳	4 316
汝阳—南阳	881	南阳—汝阳	803
南阳—二广豫鄂界	7 168	二广豫鄂界—南阳	5 423
连霍豫皖界—商丘	3 841	商丘—连霍豫皖界	4 475
商丘—开封	5 643	开封—商丘	7 312
开封—郑州	11 557	郑州—开封	11 805
郑州—洛阳	12 504	洛阳—郑州	14 487
洛阳—三门峡	20 946	三门峡—洛阳	13 879
三门峡—连霍豫陕界	22 456	连霍豫陕界—三门峡	12 960
宁洛豫皖界—漯河	5 193	漯河—宁洛豫皖界	8 197
漯河—平顶山	3 812	平顶山—漯河	15 480
平顶山—洛阳	4 250	洛阳—平顶山	9 488
沪陕豫皖界—南阳	3 906	南阳—沪陕豫皖界	3 977
南阳—沪陕豫陕界	3 490	沪陕豫陕界—南阳	5 962
日兰豫鲁界—兰考	14 194	兰考—日兰豫鲁界	10 704
兰考—许昌	9 331	许昌—兰考	10 000
许昌—南阳	9 969	南阳—许昌	15 850
大广安南互通—林州	3 751	林州—大广安南互通	7 186
濮阳—鹤壁	3 696	鹤壁—濮阳	2 641
长垣—新乡	2 833	新乡—长垣	3 632
新乡—济源	7 606	济源—新乡	6 663
济源—济邵豫晋	2 136	济邵豫晋—济源	4 784
原阳—焦作	7 497	焦作—原阳	16 490
焦作—晋新豫晋界	3 302	晋新豫晋界—焦作	12 225
焦作—温县	546	温县—焦作	411
济广豫鲁界—济广豫皖界	14 897	济广豫皖界—济广豫鲁界	4 438
商丘—周口	4 863	周口—商丘	3 937
许亳省界—鄢陵	884	鄢陵—许亳省界	3 218
十八里河—郑州西	7 228	郑州西—十八里河	7 504

续上表

路段起止点	轴载（标准轴载当量轴次/日）	路段起止点	轴载（标准轴载当量轴次/日）
郑州南—机场	3 966	机场—郑州南	5 870
郑州侯寨—禹州	2 642	禹州—郑州侯寨	5 904
禹州—尧山	797	尧山—禹州	3 112
郑州站—登封	1 156	登封—郑州站	7 802
登封—洛阳	762	洛阳—登封	1 980
登封—许昌	9 118	许昌—登封	1 485
叶县—泌阳	4 583	泌阳—叶县	2 648
泌阳—焦桐豫鄂界	4 693	焦桐豫鄂界—泌阳	4 243
泌阳—新蔡	1 521	新蔡—泌阳	6 770
安阳—南林豫晋界	1 576	南林豫晋界—安阳	4 423
濮阳—龙王庄	1 560	龙王庄—濮阳	1 584
永亳—永登豫皖界	415	永登豫皖界—永亳	658
新蔡—新阳豫皖界	5 617	新阳豫皖界—新蔡	1 391
小茴店—固始	403	固始—小茴店	521
永城—永登豫皖界	1 732	永登豫皖界—永城	802
洛龙—栾川	126	栾川—洛龙	60
周山—灵宝	266	灵宝—周山	300
灵宝—卢氏	528	卢氏—灵宝	203
卢氏—三淅豫鄂界	1 234	三淅豫鄂界—卢氏	632
尉氏西—周口刘园	2 682	周口刘园—尉氏西	1 534
商丘机场—富航路	465	富航路—商丘机场	574

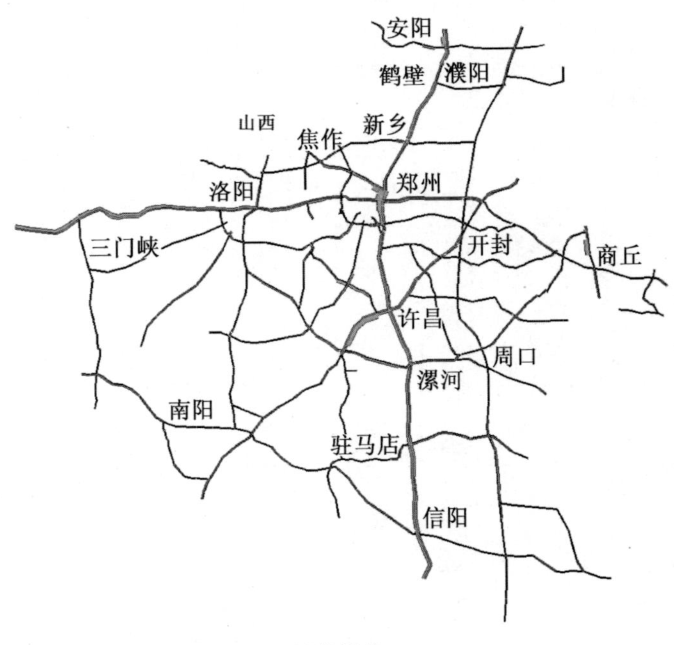

图 4.39　2017 年河南省高速公路日均轴载

4.12.4　交通量分布如表 4.40 和图 4.40 所示。

2017 年河南省高速公路交通量　　表 4.40

路段起止点	正向		小计	反向		小计
	客车折算交通量（辆/日）	货车折算交通量（辆/日）		客车折算交通量（辆/日）	货车折算交通量（辆/日）	
京港澳豫冀界—鹤壁	7 886	13 984	21 870	7 707	14 079	21 786
鹤壁—新乡	12 522	13 995	26 517	12 466	13 097	25 563
新乡—郑州	17 882	19 907	37 789	17 696	20 888	38 584
郑州—许昌	21 401	14 388	35 789	20 818	16 084	36 902
许昌—漯河	10 879	12 249	23 128	10 608	12 810	23 418
漯河—驻马店	7 359	12 960	20 319	7 266	12 805	20 071
驻马店—京港澳豫鄂界	3 622	13 613	17 235	3 547	13 884	17 431
大广豫冀省界—濮阳	4 903	10 568	15 471	4 849	9 799	14 648
濮阳—周口	4 173	5 202	9 375	4 170	5 029	9 199
周口—大广豫鄂界	2 320	5 250	7 570	2 333	3 854	6 187
二广豫晋省界—济源	989	887	1 876	1 043	1 814	2 857
济源—洛阳	5 089	8 296	13 385	5 005	7 033	12 038
洛阳—汝阳	5 927	5 109	11 036	5 876	5 358	11 234
汝阳—南阳	1 519	379	1 898	1 554	547	2 101
南阳—二广豫鄂界	3 517	6 503	10 020	3 567	6 146	9 713
连霍豫皖界—商丘	5 360	3 893	9 253	6 236	4 380	10 616
商丘—开封	8 331	5 985	14 316	8 705	4 884	13 589
开封—郑州	20 020	12 096	32 116	20 191	8 763	28 954
郑州—洛阳	11 451	14 198	25 649	11 286	10 101	21 387
洛阳—三门峡	6 463	21 943	28 406	6 403	14 038	20 441
三门峡—连霍豫陕界	4 495	22 601	27 096	4 520	14 130	18 650
宁洛豫皖界—漯河	6 154	7 782	13 936	5 682	5 597	11 279
漯河—平顶山	5 125	5 500	10 625	4 800	4 789	9 589
平顶山—洛阳	3 596	5 361	8 957	3 439	5 416	8 855
沪陕豫皖界—南阳	3 359	3 886	7 245	3 282	3 680	6 962
南阳—沪陕豫陕界	3 171	4 783	7 954	3 033	6 050	9 083
日兰豫鲁界—兰考	4 157	14 059	18 216	3 851	9 138	12 989
兰考—许昌	3 249	8 783	12 032	3 155	8 708	11 863
许昌—南阳	7 414	8 493	15 907	7 312	8 456	15 768
大广安南互通—林州	3 369	5 869	9 238	3 387	5 179	8 566
濮阳—鹤壁	6 101	3 693	9 794	6 301	2 870	9 171
长垣—新乡	3 405	3 913	7 318	3 551	2 646	6 197
新乡—济源	4 525	7 868	12 393	4 639	6 081	10 720
济源—济邵豫晋	1 609	4 305	5 914	1 600	4 626	6 226
原阳—焦作	8 599	10 882	19 481	8 561	10 137	18 698
焦作—晋新豫晋界	4 147	12 360	16 507	4 020	12 066	16 086
焦作—温县	2 183	720	2 903	2 160	1 063	3 223
济广豫鲁界—济广豫皖界	3 492	8 424	11 916	3 627	6 353	9 980
商丘—周口	3 454	4 202	7 656	3 634	3 332	6 966
许亳省界—鄢陵	2 675	1 686	4 361	2 498	1 074	3 572

续上表

路段起止点	正　向			反　向		
	客车折算交通量（辆/日）	货车折算交通量（辆/日）	小计	客车折算交通量（辆/日）	货车折算交通量（辆/日）	小计
十八里河—郑州西	14 343	11 346	25 689	15 311	8 378	23 689
郑州南—机场	36 940	7 338	44 278	35 472	6 830	42 302
郑州侯寨—禹州	11 496	2 383	13 879	11 544	2 920	14 464
禹州—尧山	3 662	1 052	4 714	3 649	863	4 512
郑州站—登封	12 972	1 208	14 180	12 971	1 878	14 849
登封—洛阳	3 715	514	4 229	3 641	677	4 318
登封—许昌	3 214	1 853	5 067	3 229	2 125	5 354
叶县—泌阳	1 275	3 289	4 564	1 223	3 107	4 330
泌阳—焦桐豫鄂界	3 192	3 845	7 037	3 327	3 863	7 190
泌阳—新蔡	2 650	2 719	5 369	2 713	2 216	4 929
安阳—南林豫晋界	2 750	5 227	7 977	2 694	4 590	7 284
濮阳—龙王庄	3 518	1 555	5 073	3 509	1 887	5 396
永亳—永登豫皖界	2 614	935	3 549	2 713	1 001	3 714
新蔡—新阳豫皖界	986	2 354	3 340	1 030	2 750	3 780
小茴店—固始	968	311	1 279	945	332	1 277
永城—永登豫皖界	3 440	1 773	5 213	3 214	1 416	4 630
洛龙—栾川	2 320	146	2 466	2 159	111	2 270
周山—灵宝	1 248	267	1 515	1 249	273	1 522
灵宝—卢氏	827	300	1 127	817	205	1 022
卢氏—三淅豫鄂界	407	1 089	1 496	400	930	1 330
尉氏西—周口刘园	6 338	1 498	7 836	6 335	2 407	8 742
商丘机场—富航路	2 600	506	3 106	2 581	313	2 894

图 4.40　2017 年河南省高速公路日均交通量

4.13　湖北省高速公路运输密度

4.13.1　客运密度分布如表 4.41 和图 4.41 所示。

2017 年湖北省高速公路客运密度　　表 4.41

路段起止点	客运密度（人公里/公里）	路段起止点	客运密度（人公里/公里）
鄂西北—十堰东	5 525	十堰东—鄂西北	6 250
十堰东—襄樊北	16 087	襄樊北—十堰东	17 128
襄樊北—孝感	17 052	孝感—襄樊北	17 964
襄阳北—荆门	14 533	荆门—襄阳北	13 922
荆门—荆州	10 467	荆州—荆门	9 992
荆州—东岳庙	16 709	东岳庙—荆州	14 287
武汉北—京山	23 711	京山—武汉北	23 038
京山—荆门	14 189	荆门—京山	13 559
荆门—宜都	15 490	宜都—荆门	14 618
宜都—恩施	13 070	恩施—宜都	12 150
恩施—白羊塘	11 818	白羊塘—恩施	10 411
宜昌—枝江	21 717	枝江—宜昌	25 245
枝江—潜江	23 750	潜江—枝江	24 869
潜江—仙桃	33 438	仙桃—潜江	34 871
仙桃—武汉西	38 128	武汉西—仙桃	39 747
鄂豫—潜江	8 010	潜江—鄂豫	7 751
潜江—荆岳桥	12 004	荆岳桥—潜江	11 907
鄂北—武汉北	15 438	武汉北—鄂北	14 951
武汉北—鄂南	20 320	鄂南—武汉北	19 674
武汉—麻城	17 378	麻城—武汉	17 832
麻城—鄂东	7 898	鄂东—麻城	9 455
武汉—杨柳	10 071	杨柳—武汉	10 335
武东—黄石	50 579	黄石—武东	52 122
黄石—黄梅	31 747	黄梅—黄石	32 128
黄梅—鄂皖界	13 519	鄂皖界—黄梅	13 828
黄梅—鄂赣界	20 097	鄂赣界—黄梅	20 252
黄冈北—黄石	8 046	黄石—黄冈北	8 095
黄陂—府河	51 541	府河—黄陂	50 982
武汉绕城(顺时针)	20 406	武汉绕城(逆时针)	20 337

续上表

路段起止点	客运密度（人公里/公里）	路段起止点	客运密度（人公里/公里）
汉南—新滩	13 854	新滩—汉南	5 799
麻城—浠水	9 790	浠水—麻城	9 861
龚家岭—黄石西	15 420	黄石西—龚家岭	15 144
黄石西—鄂赣界	7 199	鄂赣界—黄石西	7 443
鄂东南—鄂湘	4 773	鄂湘—鄂东南	4 261
十堰西—鄂陕	5 534	鄂陕—十堰西	5 264
咸安—大冶	4 395	大冶—咸安	4 453
咸宁—通山	5 926	通山—咸宁	6 747
玉泉—远安北	2 865	远安北—玉泉	3 018
葛店—黄州	11 486	黄州—葛店	10 811
宜昌北—神农溪	12 083	神农溪—宜昌北	11 214
恩施北—丁寨	6 540	丁寨—恩施北	6 793
宜都—石首南	4 197	石首南—宜都	3 975
宜城—关垭子	3 197	关垭子—宜都	2 780
安居—宜城	3 034	宜城—安居	2 952

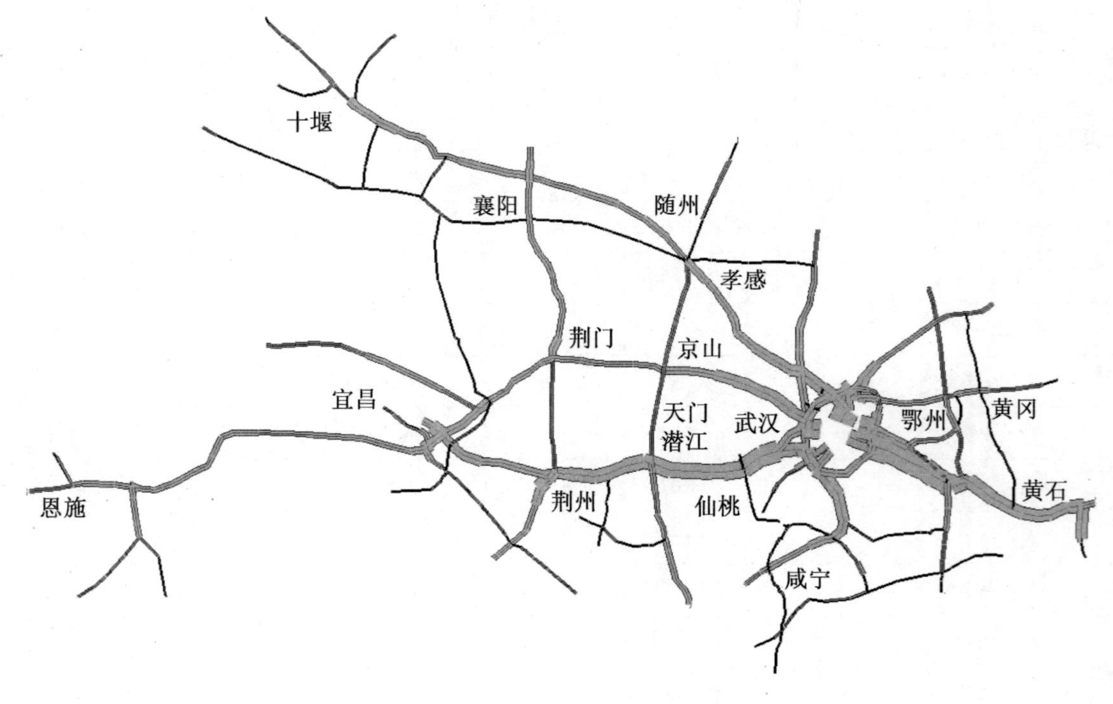

图4.41　2017年湖北省高速公路日均客运密度

4.13.2 货运密度分布如表4.42和图4.42所示。

2017年湖北省高速公路货运密度　　表4.42

路段起止点	货运密度（吨公里/公里）	路段起止点	货运密度（吨公里/公里）
鄂西北—十堰东	21 337	十堰东—鄂西北	14 325
十堰东—襄樊北	27 283	襄樊北—十堰东	31 620
襄樊北—孝感	19 508	孝感—襄樊北	14 404
襄阳北—荆门	77 384	荆门—襄阳北	55 765
荆门—荆州	59 963	荆州—荆门	38 616
荆州—东岳庙	69 153	东岳庙—荆州	46 836
武汉北—京山	16 746	京山—武汉北	16 741
京山—荆门	13 079	荆门—京山	12 312
荆门—宜都	32 623	宜都—荆门	21 064
宜都—恩施	28 895	恩施—宜都	15 612
恩施—白羊塘	22 069	白羊塘—恩施	12 680
宜昌—枝江	12 482	枝江—宜昌	19 986
枝江—潜江	29 750	潜江—枝江	37 705
潜江—仙桃	32 826	仙桃—潜江	39 985
仙桃—武汉西	25 336	武汉西—仙桃	30 941
鄂豫—潜江	46 966	潜江—鄂豫	32 423
潜江—荆岳桥	65 424	荆岳桥—潜江	46 860
鄂北—武汉北	76 505	武汉北—鄂北	68 312
武汉北—鄂南	86 348	鄂南—武汉北	81 131
武汉—麻城	35 008	麻城—武汉	52 395
麻城—鄂东	42 257	鄂东—麻城	52 476
武汉—杨柳	9 946	杨柳—武汉	11 258
武东—黄石	36 803	黄石—武东	32 609
黄石—黄梅	44 254	黄梅—黄石	37 386
黄梅—鄂皖界	47 094	鄂皖界—黄梅	57 754
黄梅—鄂赣界	46 685	鄂赣界—黄梅	35 454
黄冈北—黄石	28 837	黄石—黄冈北	17 856
黄陂—府河	7 774	府河—黄陂	7 260
武汉绕城(顺时针)	52 072	武汉绕城(逆时针)	49 301
汉南—新滩	5 721	新滩—汉南	4 233
麻城—浠水	38 836	浠水—麻城	23 628

续上表

路段起止点	货运密度（吨公里/公里）	路段起止点	货运密度（吨公里/公里）
龚家岭—黄石西	15 751	黄石西—龚家岭	15 520
黄石西—鄂赣界	28 238	鄂赣界—黄石西	17 070
鄂东南—鄂湘	5 399	鄂湘—鄂东南	6 226
十堰西—鄂陕	20 938	鄂陕—十堰西	12 590
咸安—大冶	10 134	大冶—咸安	9 958
咸宁—通山	4 875	通山—咸宁	3 303
玉泉—远安北	1 786	远安北—玉泉	2 051
葛店—黄州	5 826	黄州—葛店	13 032
宜昌北—神农溪	13 073	神农溪—宜昌北	7 540
恩施北—丁寨	3 347	丁寨—恩施北	3 376
宜都—石首南	4 706	石首南—宜都	3 495
宜城—关垭子	1 679	关垭子—宜都	768
安居—宜城	1 021	宜城—安居	1 226

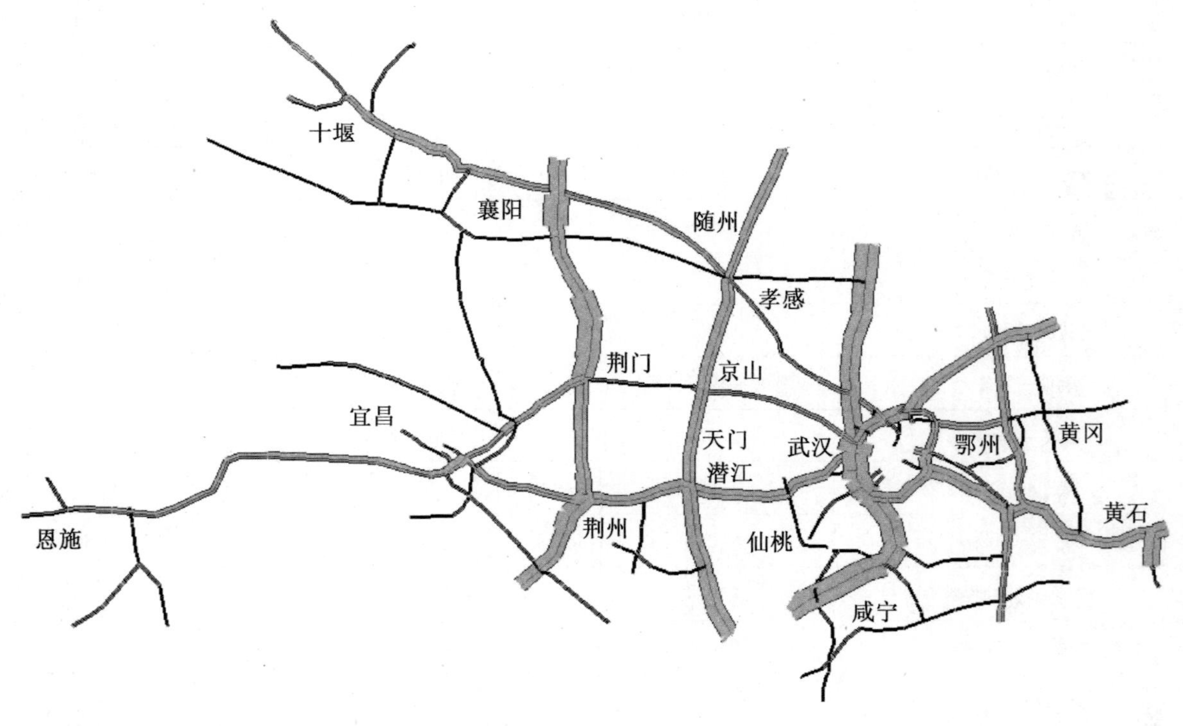

图 4.42　2017 年湖北省高速公路日均货运密度

4.13.3　道路负荷分布如表4.43和图4.43所示。

2017年湖北省高速公路轴载　表4.43

路段起止点	轴载（标准轴载当量轴次/日）	路段起止点	轴载（标准轴载当量轴次/日）
鄂西北—十堰东	2 995	十堰东—鄂西北	2 012
十堰东—襄樊北	3 908	襄樊北—十堰东	4 465
襄樊北—孝感	3 016	孝感—襄樊北	2 084
襄阳北—荆门	11 637	荆门—襄阳北	7 629
荆门—荆州	8 329	荆州—荆门	5 167
荆州—东岳庙	8 960	东岳庙—荆州	6 053
武汉北—京山	2 657	京山—武汉北	2 625
京山—荆门	1 864	荆门—京山	1 765
荆门—宜都	5 672	宜都—荆门	3 534
宜都—恩施	4 670	恩施—宜都	2 388
恩施—白羊塘	2 971	白羊塘—恩施	1 810
宜昌—枝江	1 964	枝江—宜昌	3 427
枝江—潜江	4 273	潜江—枝江	5 614
潜江—仙桃	4 364	仙桃—潜江	5 738
仙桃—武汉西	3 371	武汉西—仙桃	4 569
鄂豫—潜江	6 542	潜江—鄂豫	3 782
潜江—荆岳桥	8 923	荆岳桥—潜江	5 984
鄂北—武汉北	10 216	武汉北—鄂北	8 454
武汉北—鄂南	11 748	鄂南—武汉北	9 842
武汉—麻城	5 100	麻城—武汉	6 744
麻城—鄂东	5 549	鄂东—麻城	6 490
武汉—杨柳	1 582	杨柳—武汉	1 767
武东—黄石	6 206	黄石—武东	5 662
黄石—黄梅	6 440	黄梅—黄石	5 001
黄梅—鄂皖界	6 062	鄂皖界—黄梅	7 434
黄梅—鄂赣界	6 429	鄂赣界—黄梅	4 399
黄冈北—黄石	3 812	黄石—黄冈北	2 321
黄陂—府河	1 140	府河—黄陂	1 288
武汉绕城(顺时针)	7 241	武汉绕城(逆时针)	6 641
汉南—新滩	1 186	新滩—汉南	761
麻城—浠水	6 092	浠水—麻城	3 648

续上表

路段起止点	轴载 （标准轴载当量轴次/日）	路段起止点	轴载 （标准轴载当量轴次/日）
龚家岭—黄石西	2 838	黄石西—龚家岭	3 424
黄石西—鄂赣界	3 759	鄂赣界—黄石西	2 306
鄂东南—鄂湘	797	鄂湘—鄂东南	861
十堰西—鄂陕	2 726	鄂陕—十堰西	1 422
咸安—大冶	1 370	大冶—咸安	1 353
咸宁—通山	983	通山—咸宁	450
玉泉—远安北	401	远安北—玉泉	564
葛店—黄州	1 199	黄州—葛店	3 271
宜昌北—神农溪	2 066	神农溪—宜昌北	940
恩施北—丁寨	609	丁寨—恩施北	472
宜都—石首南	736	石首南—宜都	584
宜城—关垭子	330	关垭子—宜都	172
安居—宜城	181	宜城—安居	223

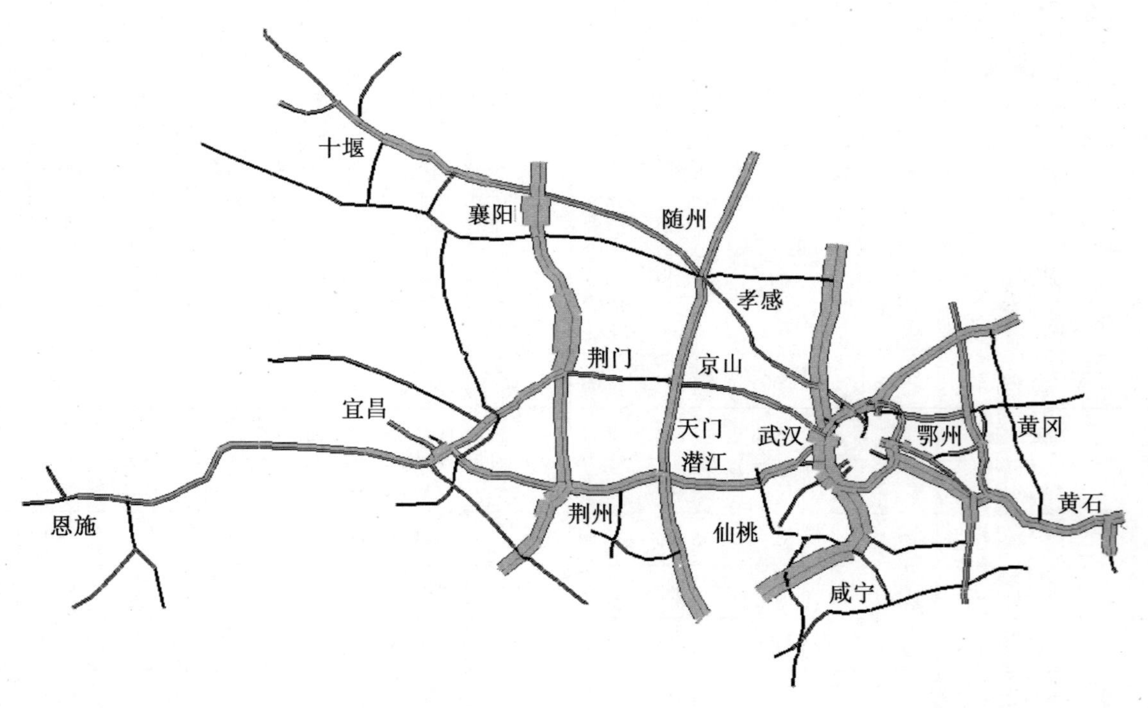

图 4.43　2017 年湖北省高速公路日均轴载

4.13.4 交通量分布如表 4.44 和图 4.44 所示。

2017 年湖北省高速公路交通量

表 4.44

路段起止点	正向		小计	反向		小计
	客车折算交通量（辆/日）	货车折算交通量（辆/日）		客车折算交通量（辆/日）	货车折算交通量（辆/日）	
鄂西北—十堰东	1 758	4 054	5 812	1 858	3 979	5 837
十堰东—襄樊北	4 696	6 448	11 144	4 807	6 850	11 657
襄樊北—孝感	4 881	4 354	9 235	4 887	4 067	8 954
襄阳北—荆门	3 971	13 152	17 123	3 820	12 308	16 128
荆门—荆州	3 065	10 270	13 335	3 002	9 296	12 298
荆州—东岳庙	4 595	11 891	16 486	4 143	11 235	15 378
武汉北—京山	7 112	5 074	12 186	6 854	4 308	11 162
京山—荆门	4 379	3 448	7 827	4 117	3 263	7 380
荆门—宜都	4 530	6 239	10 769	4 268	6 193	10 461
宜都—恩施	3 265	5 698	8 963	3 009	5 098	8 107
恩施—白羊塘	3 178	4 685	7 863	2 705	3 487	6 192
宜昌—枝江	7 060	4 146	11 206	7 675	4 761	12 436
枝江—潜江	6 433	7 865	14 298	6 821	8 759	15 580
潜江—仙桃	9 215	8 549	17 764	9 743	9 058	18 801
仙桃—武汉西	10 510	6 853	17 363	10 899	7 208	18 107
鄂豫—潜江	2 057	7 908	9 965	2 090	7 390	9 480
潜江—荆岳桥	2 955	11 164	14 119	3 057	10 326	13 383
鄂北—武汉北	4 253	13 664	17 917	4 329	14 375	18 704
武汉北—鄂南	5 781	15 480	21 261	5 608	16 316	21 924
武汉—麻城	4 946	8 903	13 849	5 113	10 229	15 342
麻城—鄂东	2 505	8 689	11 194	2 619	10 162	12 781
武汉—杨柳	2 988	2 472	5 460	2 921	2 522	5 443
武东—黄石	13 666	8 754	22 420	13 163	7 922	21 085
黄石—黄梅	7 240	9 374	16 614	7 228	8 534	15 762
黄梅—鄂皖界	3 342	10 467	13 809	3 334	10 916	14 250
黄梅—鄂赣界	5 045	9 208	14 253	5 023	8 200	13 223
黄冈北—黄石	2 251	5 298	7 549	2 363	4 019	6 382
黄陂—府河	15 110	1 957	17 067	14 816	2 100	16 916
武汉绕城(顺时针)	6 069	11 693	17 762	6 102	11 965	18 067
汉南—新滩	4 680	2 158	6 838	1 943	1 376	3 319
麻城—浠水	2 666	7 047	9 713	2 779	5 767	8 546

续上表

路段起止点	正向			反向		
	客车折算交通量（辆/日）	货车折算交通量（辆/日）	小计	客车折算交通量（辆/日）	货车折算交通量（辆/日）	小计
龚家岭—黄石西	5 208	3 891	9 099	5 203	3 776	8 979
黄石西—鄂赣界	2 227	5 142	7 369	2 332	3 637	5 969
鄂东南—鄂湘	1 528	1 197	2 725	1 360	1 373	2 733
十堰西—鄂陕	1 429	3 926	5 355	1 352	2 733	4 085
咸安—大冶	1 307	2 346	3 653	1 312	2 070	3 382
咸宁—通山	2 181	1 171	3 352	1 942	920	2 862
玉泉—远安北	907	799	1 706	935	564	1 499
葛店—黄州	3 740	2 275	6 015	3 627	2 148	5 775
宜昌北—神农溪	2 745	2 858	5 603	2 494	2 619	5 113
恩施北—丁寨	2 068	863	2 931	2 146	1 183	3 329
宜都—石首南	1 254	1 028	2 282	1 183	1 158	2 341
宜城—关垭子	878	442	1 320	865	406	1 271
安居—宜城	962	356	1 318	949	418	1 367

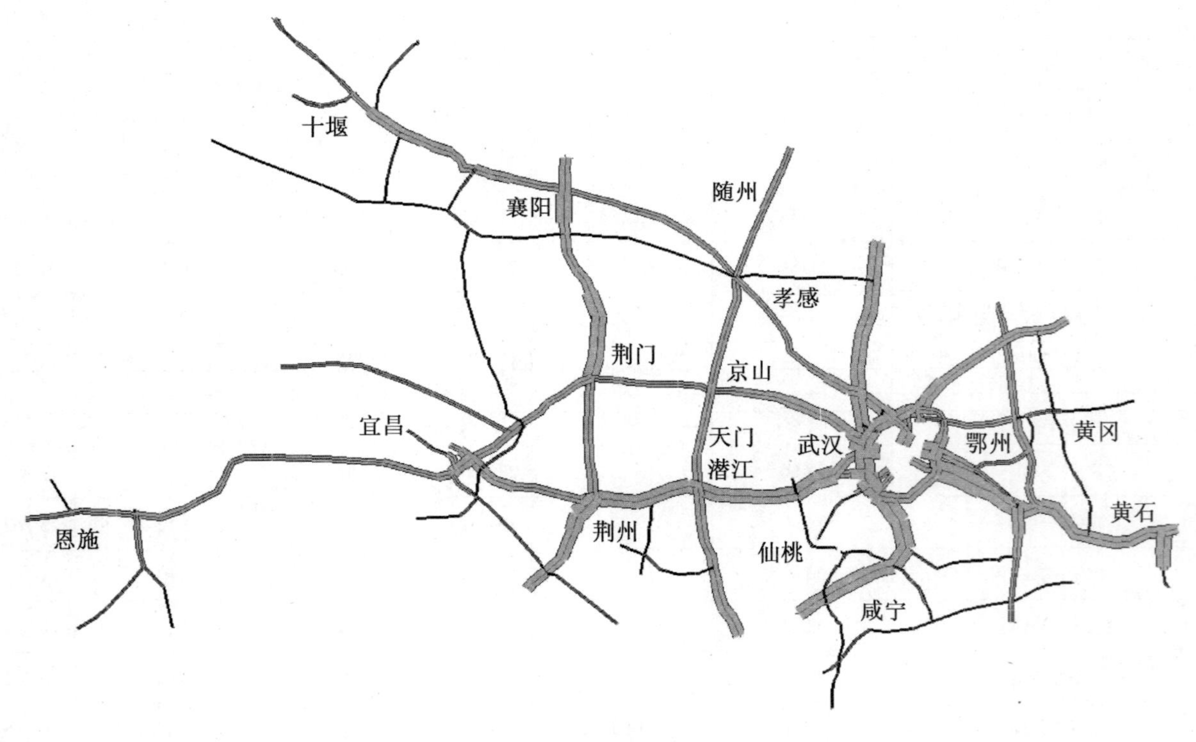

图 4.44　2017 年湖北省高速公路日均交通量

4.14　湖南省高速公路运输密度

4.14.1　客运密度分布如表 4.45 和图 4.45 所示。

2017 年湖南省高速公路客运密度　　表 4.45

路段起止点	客运密度（人公里/公里）	路段起止点	客运密度（人公里/公里）
羊楼司(湘鄂界)—岳阳	14 275	岳阳—羊楼司(湘鄂界)	12 562
岳阳—长沙	39 634	长沙—岳阳	38 942
长沙—永安	56 884	永安—长沙	55 867
长沙—湘潭	58 814	湘潭—长沙	58 983
湘潭—醴陵	31 957	醴陵—湘潭	32 920
望城区—湘潭	15 722	湘潭—望城区	16 754
湘潭—衡阳蒸湘	16 802	衡阳蒸湘—湘潭	15 543
衡阳—常宁	13 737	常宁—衡阳	12 714
常宁—临武	10 970	临武—常宁	9 820
新晃(湘黔界)—怀化南	11 770	怀化南—新晃(湘黔界)	13 148
怀化南—洞口	31 852	洞口—怀化南	34 717
洞口—隆回	41 806	隆回—洞口	44 410
隆回—邵阳南	48 091	邵阳南—隆回	50 736
邵阳南—娄底	27 092	娄底—邵阳南	29 314
娄底—新化	18 056	新化—娄底	17 166
娄底—韶山	33 856	韶山—娄底	34 538
韶山—湘潭	47 279	湘潭—韶山	48 793
小塘(湘粤界)—宜章	28 687	宜章—小塘(湘粤界)	25 400
宜章—郴州	32 318	郴州—宜章	31 095
郴州—耒阳	31 392	耒阳—郴州	29 585
耒阳—衡阳	33 631	衡阳—耒阳	32 448
衡阳—湘潭	43 961	湘潭—衡阳	41 570
枣木铺(湘桂界)—永州	8 641	永州—枣木铺(湘桂界)	8 889
永州—石埠	11 220	石埠—永州	11 453
石埠—衡阳	13 775	衡阳—石埠	14 456
张家界—常德	19 889	常德—张家界	26 556
常德—益阳	50 969	益阳—常德	52 518
益阳—长沙	66 127	长沙—益阳	83 602
常德—吉首	14 317	吉首—常德	13 711
吉首—茶峒	13 684	茶峒—吉首	14 606
吉首—怀化南	30 222	怀化南—吉首	28 554
邵阳县—永州东	25 975	永州东—邵阳县	26 474
永州东—宁远	27 585	宁远—永州东	28 027
宁远东—蓝山	29 031	蓝山—宁远东	29 445
衡东—炎陵	8 472	炎陵—衡东	7 981
大浦—松木塘	19 818	松木塘—大浦	21 214

续上表

路段起止点	客运密度（人公里/公里）	路段起止点	客运密度（人公里/公里）
松木塘—邵阳	12 996	邵阳—松木塘	13 170
长沙—株洲	34 383	株洲—长沙	38 624
郴州南—嘉禾	5 033	嘉禾—郴州南	4 937
嘉禾—宁远南	7 161	宁远南—嘉禾	6 335
宁远南—道州西	5 074	道州西—宁远南	4 295
道州—江永	4 431	江永—道州	2 805
郴州—汝城	4 480	汝城—郴州	4 623
宜章—堡城	4 232	堡城—宜章	3 795
张家界—花垣东	8 497	花垣东—张家界	6 877
怀化南—通道	8 375	通道—怀化南	7 420
醴陵—上塔市	6 233	上塔市—醴陵	6 948
蕉溪—张坊	4 298	张坊—蕉溪	5 009
洞阳—大瑶	9 682	大瑶—洞阳	9 037
凤凰—凤凰西	17 457	凤凰西—凤凰	17 350
醴陵工业园—攸县	13 175	攸县—醴陵工业园	13 192
常德—城头山	21 123	城头山—常德	21 465
湘潭—学士	29 177	学士—湘潭	30 285
怀化—新化	11 126	新化—怀化	10 665
涟源—娄底	11 182	娄底—涟源	12 086
娄底—岳麓	20 791	岳麓—娄底	21 734

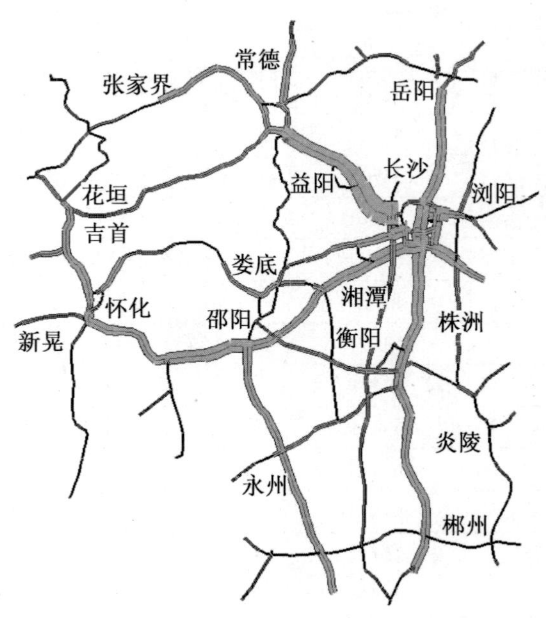

图 4.45　2017 年湖南省高速公路日均客运密度

4.14.2　货运密度分布如表 4.46 和图 4.46 所示。

2017 年湖南省高速公路货运密度　　表 4.46

路段起止点	货运密度（吨公里/公里）	路段起止点	货运密度（吨公里/公里）
羊楼司(湘鄂界)—岳阳	99 307	岳阳—羊楼司(湘鄂界)	84 096
岳阳—长沙	171 946	长沙—岳阳	135 674
长沙—永安	36 374	永安—长沙	43 202
长沙—湘潭	166 599	湘潭—长沙	154 122
湘潭—醴陵	65 528	醴陵—湘潭	84 118
望城区—湘潭	10 227	湘潭—望城区	9 819
湘潭—衡阳蒸湘	9 518	衡阳蒸湘—湘潭	10 079
衡阳—常宁	9 679	常宁—衡阳	6 772
常宁—临武	6 693	临武—常宁	4 828
新晃(湘黔界)—怀化南	22 916	怀化南—新晃(湘黔界)	29 940
怀化南—洞口	43 616	洞口—怀化南	62 544
洞口—隆回	44 273	隆回—洞口	66 148
隆回—邵阳南	42 301	邵阳南—隆回	65 858
邵阳南—娄底	22 493	娄底—邵阳南	35 108
娄底—新化	12 596	新化—娄底	10 371
娄底—韶山	34 324	韶山—娄底	41 330
韶山—湘潭	44 315	湘潭—韶山	54 916
小塘(湘粤界)—宜章	117 253	宜章—小塘(湘粤界)	115 549
宜章—郴州	118 667	郴州—宜章	116 552
郴州—耒阳	115 032	耒阳—郴州	114 759
耒阳—衡阳	130 217	衡阳—耒阳	127 778
衡阳—湘潭	158 997	湘潭—衡阳	157 577
枣木铺(湘桂界)—永州	68 947	永州—枣木铺(湘桂界)	58 648
永州—石埠	63 168	石埠—永州	56 673
石埠—衡阳	60 768	衡阳—石埠	56 365
张家界—常德	6 702	常德—张家界	15 058
常德—益阳	28 048	益阳—常德	31 426
益阳—长沙	33 185	长沙—益阳	36 959
常德—吉首	54 535	吉首—常德	38 230
吉首—茶峒	37 122	茶峒—吉首	25 584
吉首—怀化南	38 993	怀化南—吉首	46 472
邵阳县—永州东	32 970	永州东—邵阳县	40 728
永州东—宁远	24 777	宁远—永州东	30 708
宁远东—蓝山	23 198	蓝山—宁远东	29 805
衡东—炎陵	8 196	炎陵—衡东	10 097
大浦—松木塘	46 277	松木塘—大浦	36 801
松木塘—邵阳	16 835	邵阳—松木塘	9 518
长沙—株洲	25 530	株洲—长沙	30 919

续上表

路段起止点	货运密度（吨公里/公里）	路段起止点	货运密度（吨公里/公里）
郴州南—嘉禾	4 024	嘉禾—郴州南	4 209
嘉禾—宁远南	9 336	宁远南—嘉禾	8 146
宁远南—道州西	6 881	道州西—宁远南	6 533
道州—江永	6 471	江永—道州	4 171
郴州—汝城	4 266	汝城—郴州	2 049
宜章—堡城	3 356	堡城—宜章	3 638
张家界—花垣东	5 985	花垣东—张家界	3 248
怀化南—通道	9 152	通道—怀化南	6 930
醴陵—上塔市	7 318	上塔市—醴陵	8 624
蕉溪—张坊	2 972	张坊—蕉溪	3 968
洞阳—大瑶	15 470	大瑶—洞阳	18 759
凤凰—凤凰西	43 222	凤凰西—凤凰	33 242
醴陵工业园—攸县	6 798	攸县—醴陵工业园	4 180
常德—城头山	44 507	城头山—常德	64 713
湘潭—学士	8 083	学士—湘潭	9 965
怀化—新化	6 687	新化—怀化	13 113
涟源—娄底	8 026	娄底—涟源	7 892
娄底—岳麓	10 587	岳麓—娄底	7 194

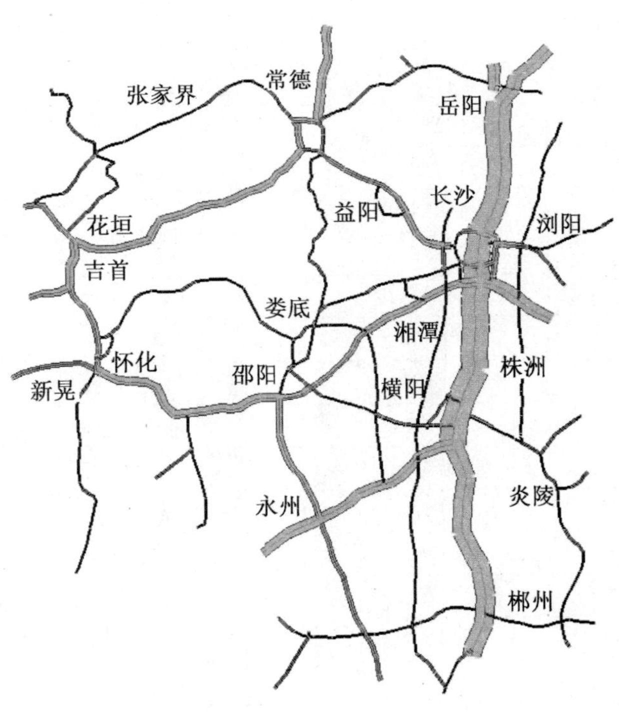

图 4.46　2017 年湖南省高速公路日均货运密度

4.14.3　交通量分布如表4.47和图4.47所示。

2017年湖南省高速公路交通量　　表4.47

路段起止点	正向			反向		
	客车折算交通量（辆/日）	货车折算交通量（辆/日）	小计	客车折算交通量（辆/日）	货车折算交通量（辆/日）	小计
羊楼司(湘鄂界)—岳阳	3 215	16 322	19 537	2 764	16 852	19 616
岳阳—长沙	9 229	28 501	37 730	9 086	28 219	37 305
长沙—永安	16 656	10 540	27 196	16 123	10 005	26 128
长沙—湘潭	14 828	31 101	45 929	14 925	32 339	47 264
湘潭—醴陵	6 681	14 009	20 690	6 971	14 208	21 179
望城区—湘潭	4 303	2 421	6 724	4 602	2 321	6 923
湘潭—衡阳蒸湘	4 411	2 120	6 531	4 063	2 339	6 402
衡阳—常宁	3 573	2 057	5 630	3 379	1 676	5 055
常宁—临武	2 437	1 375	3 812	2 228	1 035	3 263
新晃(湘黔界)—怀化南	2 071	4 505	6 576	2 245	5 355	7 600
怀化南—洞口	4 825	8 394	13 219	5 439	11 120	16 559
洞口—隆回	7 012	9 136	16 148	7 701	11 790	19 491
隆回—邵阳南	8 438	9 316	17 754	9 131	11 750	20 881
邵阳南—娄底	5 635	5 445	11 080	6 228	6 545	12 773
娄底—新化	4 357	2 754	7 111	4 034	2 702	6 736
娄底—韶山	7 413	7 247	14 660	7 568	8 259	15 827
韶山—湘潭	10 722	9 753	20 475	11 097	10 799	21 896
小塘(湘粤界)—宜章	5 475	21 037	26 512	5 196	19 348	24 544
宜章—郴州	6 492	21 082	27 574	6 216	20 083	26 299
郴州—耒阳	6 339	21 187	27 526	5 874	19 337	25 211
耒阳—衡阳	6 966	23 968	30 934	6 704	21 764	28 468
衡阳—湘潭	9 538	29 333	38 871	9 089	27 361	36 450
枣木铺(湘桂界)—永州	2 046	11 077	13 123	2 104	9 873	11 977
永州—石埠	2 738	10 708	13 446	2 790	9 695	12 485
石埠—衡阳	3 106	10 478	13 584	3 297	9 712	13 009
张家界—常德	4 090	2 721	6 811	5 109	2 917	8 026
常德—益阳	10 636	6 400	17 036	11 066	6 749	17 815
益阳—长沙	15 406	7 841	23 247	19 975	8 278	28 253
常德—吉首	2 993	9 265	12 258	2 681	7 881	10 562
吉首—茶峒	2 714	6 376	9 090	2 881	4 930	7 811
吉首—怀化南	5 335	7 664	12 999	5 235	8 615	13 850
邵阳县—永州东	4 345	5 912	10 257	4 481	7 101	11 582
永州东—宁远	4 840	4 528	9 368	4 975	5 429	10 404
宁远东—蓝山	5 041	4 271	9 312	5 206	5 262	10 468
衡东—炎陵	1 759	1 835	3 594	1 648	1 868	3 516
大浦—松木塘	4 223	8 114	12 337	4 480	7 854	12 334
松木塘—邵阳	2 548	2 968	5 516	2 473	2 598	5 071
长沙—株洲	9 994	7 177	17 171	10 939	7 430	18 369

续上表

路段起止点	正　向			反　向		
	客车折算交通量（辆/日）	货车折算交通量（辆/日）	小计	客车折算交通量（辆/日）	货车折算交通量（辆/日）	小计
郴州南—嘉禾	1 599	882	2 481	1 557	941	2 498
嘉禾—宁远南	2 117	1 838	3 955	1 832	1 687	3 519
宁远南—道州西	1 560	1 449	3 009	1 308	1 359	2 667
道州—江永	1 422	1 445	2 867	884	871	1 755
郴州—汝城	1 170	890	2 060	1 189	784	1 973
宜章—堡城	1 144	910	2 054	1 078	806	1 884
张家界—花垣东	1 739	1 130	2 869	1 469	1 131	2 600
怀化南—通道	1 834	2 022	3 856	1 616	1 508	3 124
醴陵—上塔市	1 839	1 641	3 480	2 009	1 682	3 691
蕉溪—张坊	1 304	1 010	2 314	1 508	985	2 493
洞阳—大瑶	2 911	4 510	7 421	2 650	3 777	6 427
凤凰—凤凰西	3 525	7 709	11 234	3 447	6 920	10 367
醴陵工业园—攸县	3 255	1 567	4 822	3 303	1 216	4 519
常德—城头山	4 955	9 450	14 405	4 971	10 698	15 669
湘潭—学士	7 802	1 839	9 641	8 341	2 541	10 882
怀化—新化	2 428	2 551	4 979	2 440	2 428	4 868
涟源—娄底	2 843	1 720	4 563	3 248	1 668	4 916
娄底—岳麓	5 649	2 301	7 950	5 982	1 958	7 940

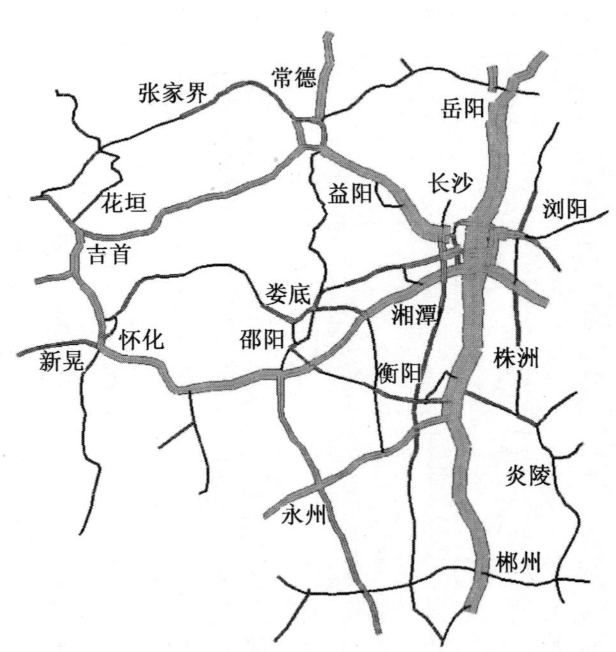

图4.47　2017年湖南省高速公路日均交通量

4.15　广东省高速公路运输密度

4.15.1　客运密度分布如表4.48和图4.48所示。

2017年广东省高速公路客运密度　　表4.48

路段起止点	客运密度（人公里/公里）	路段起止点	客运密度（人公里/公里）
广州—阳江	84 116	阳江—广州	77 121
阳江—湛江	48 160	湛江—阳江	40 519
粤西—湛江	3 641	湛江—粤西	12 897
湛江—徐闻	11 806	徐闻—湛江	13 668
广州—三水	212 038	三水—广州	226 758
三水—云浮	41 191	云浮—三水	40 476
云浮—平台	19 478	平台—云浮	20 110
粤北主线—广州	15 468	广州—粤北主线	15 601
韶关—梅关	12 219	梅关—韶关	10 484
广州—太平	173 009	太平—广州	160 996
太平—深圳皇岗	159 974	深圳皇岗—太平	141 449
广州—惠州	89 766	惠州—广州	92 676
惠州—河源	70 311	河源—惠州	68 647
惠州—凌坑	29 065	凌坑—惠州	31 139
惠州—龙岗	78 109	龙岗—惠州	72 069
河源—粤赣	30 333	粤赣—河源	28 238
东源—梅州	15 481	梅州—东源	15 398
城西—广福主线	5 691	广福主线—城西	5 565
梅州—揭阳	15 388	揭阳—梅州	14 517
揭阳—潮州	21 601	潮州—揭阳	21 591
揭阳—东港	16 491	东港—揭阳	16 920
汾水关—汕头	23 156	汕头—汾水关	23 968
汕头—陆丰	18 572	陆丰—汕头	22 720
陆丰—惠东	37 158	惠东—陆丰	39 646
惠东—深圳	84 380	深圳—惠东	84 184
珠海—东城	14 255	东城—珠海	14 181

续上表

路段起止点	客运密度（人公里/公里）	路段起止点	客运密度（人公里/公里）
江门—珠海西	21 779	珠海西—江门	21 887
司前—斗山	10 133	斗山—司前	10 331
广州—怀集	60 988	怀集—广州	60 189
清新—凤头岭	24 943	凤头岭—清新	23 233
义和—沥林	20 276	沥林—义和	20 867
月环—南屏主线	35 757	南屏主线—月环	40 624
沙溪—坦洲	70 746	坦洲—沙溪	73 053
附城—蓸滨主线	28 319	蓸滨主线—附城	27 053
粤北主线(复线)—广州	27 988	广州—粤北主线(复线)	29 859

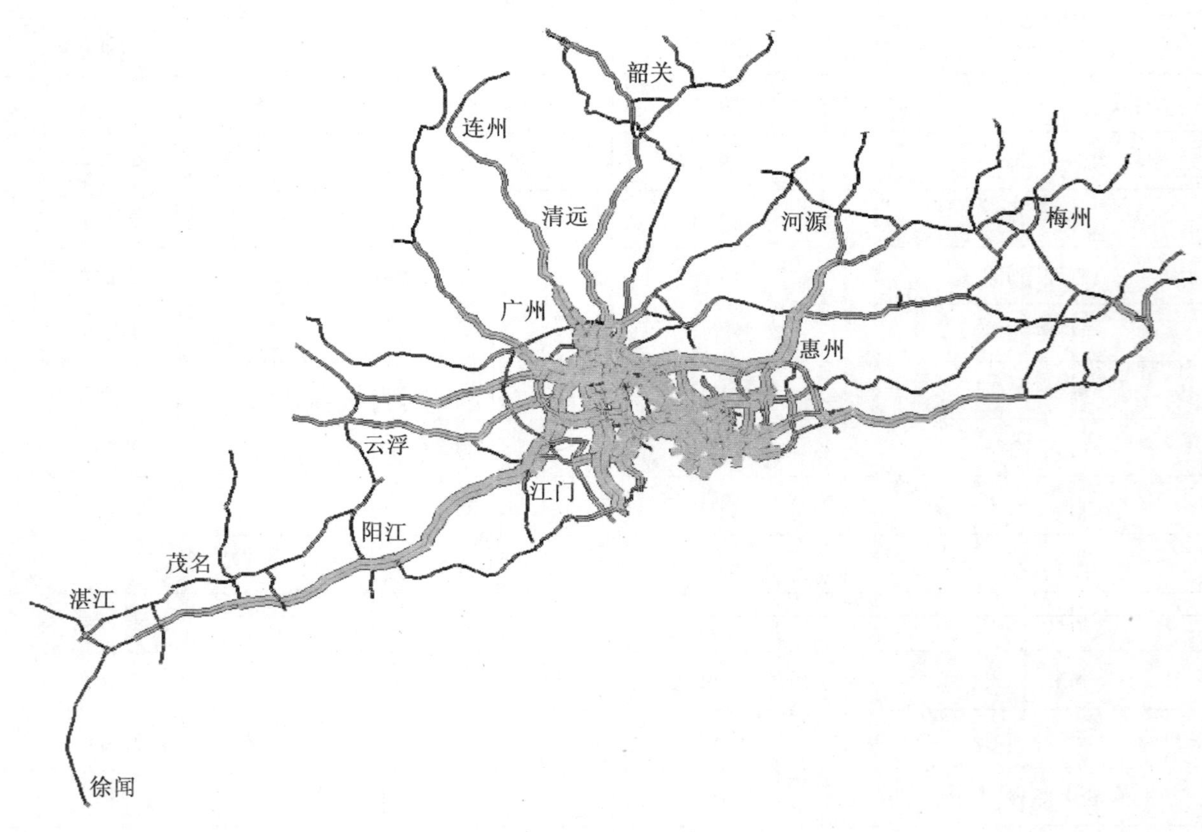

图4.48　2017年广东省高速公路日均客运密度

4.15.2　货运密度分布如表4.49和图4.49所示。

2017年广东省高速公路货运密度　　表4.49

路段起止点	货运密度（吨公里/公里）	路段起止点	货运密度（吨公里/公里）
广州—阳江	93 643	阳江—广州	87 620
阳江—湛江	71 267	湛江—阳江	64 277
粤西—湛江	2 219	湛江—粤西	31 991
湛江—徐闻	19 103	徐闻—湛江	34 493
广州—三水	135 452	三水—广州	141 865
三水—云浮	58 890	云浮—三水	66 239
云浮—平台	42 618	平台—云浮	51 143
粤北主线—广州	51 002	广州—粤北主线	50 948
韶关—梅关	79 511	梅关—韶关	77 781
广州—太平	95 033	太平—广州	82 725
太平—深圳皇岗	51 286	深圳皇岗—太平	39 022
广州—惠州	105 646	惠州—广州	84 775
惠州—河源	86 921	河源—惠州	105 750
惠州—凌坑	37 641	凌坑—惠州	27 502
惠州—龙岗	71 303	龙岗—惠州	66 628
河源—粤赣	45 378	粤赣—河源	67 941
东源—梅州	17 370	梅州—东源	16 194
城西—广福主线	19 216	广福主线—城西	21 928
梅州—揭阳	71 552	揭阳—梅州	51 781
揭阳—潮州	44 028	潮州—揭阳	44 806
揭阳—东港	18 651	东港—揭阳	14 867
汾水关—汕头	71 301	汕头—汾水关	62 424
汕头—陆丰	42 175	陆丰—汕头	36 376
陆丰—惠东	44 129	惠东—陆丰	44 184
惠东—深圳	45 962	深圳—惠东	41 953
珠海—东城	12 149	东城—珠海	9 570

续上表

路段起止点	货运密度（吨公里/公里）	路段起止点	货运密度（吨公里/公里）
江门—珠海西	15 478	珠海西—江门	16 881
司前—斗山	5 793	斗山—司前	4 433
广州—怀集	77 650	怀集—广州	77 168
清新—凤头岭	18 568	凤头岭—清新	23 183
义和—沥林	23 690	沥林—义和	15 699
月环—南屏主线	13 691	南屏主线—月环	10 314
沙溪—坦洲	43 634	坦洲—沙溪	38 348
附城—莟滨主线	48 289	莟滨主线—附城	43 364
粤北—广州(复线)	174 982	广州—粤北主线(复线)	173 348

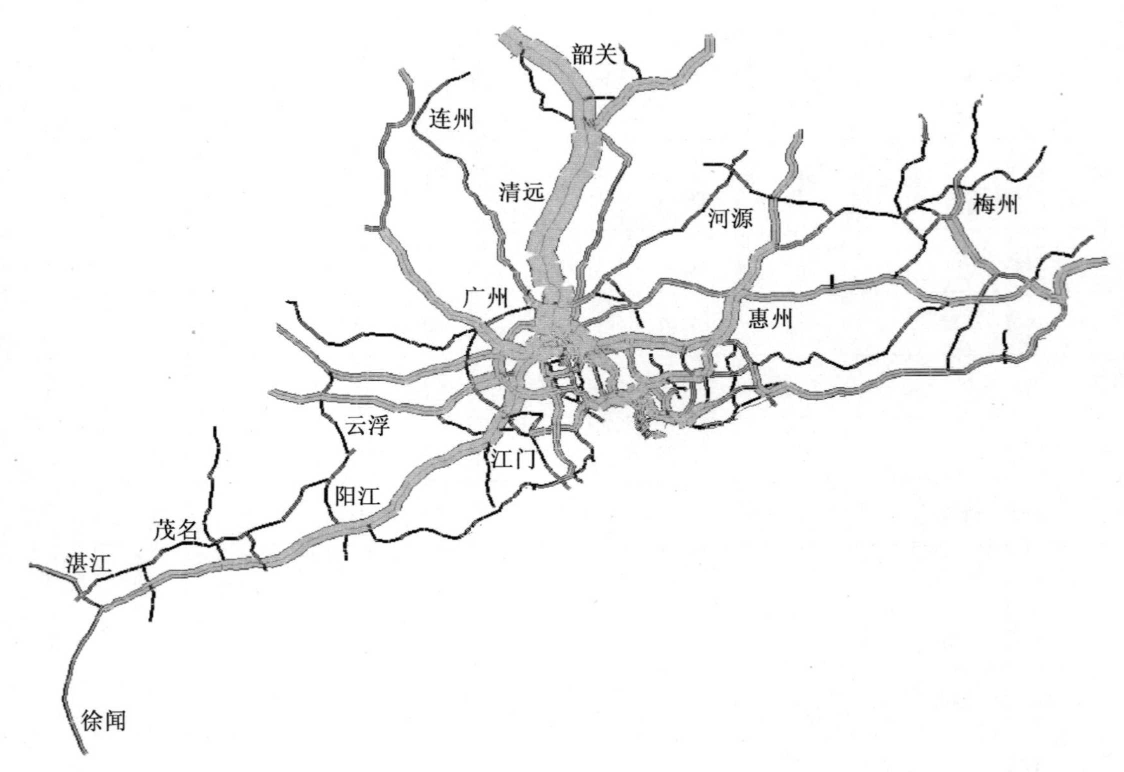

图 4.49 2017 年广东省高速公路日均货运密度

4.16 重庆市高速公路运输密度

4.16.1 客运密度分布如表4.50和图4.50所示。

2017年重庆市高速公路客运密度 表4.50

路段起止点	客运密度（人公里/公里）	路段起止点	客运密度（人公里/公里）
G65 渝北—长寿	46 256	长寿—G65 渝北	45 569
长寿—垫江	28 055	垫江—长寿	26 870
垫江—万州	12 739	万州—垫江	12 326
万州—云阳	17 849	云阳—万州	17 705
云阳—小三峡	11 435	小三峡—云阳	11 439
小周—开县	16 987	开县—小周	12 215
夔门—巫溪	4 597	巫溪—夔门	3 276
垫江—牡丹源	6 454	牡丹源—垫江	6 215
垫江—忠县	8 288	忠县—垫江	8 539
忠县—冷水	7 726	冷水—忠县	7 558
长寿—涪陵	11 568	涪陵—长寿	11 646
G65 渝北—草坝场	22 133	草坝场—G65 渝北	24 989
G65 巴南—南川	33 854	南川—G65 巴南	33 933
南川—武隆	24 131	武隆—南川	23 777
武隆—黔江	15 100	黔江—武隆	15 296
黔江—酉阳	12 582	酉阳—黔江	13 019
酉阳—G65 洪安	11 631	G65 洪安—酉阳	11 996
G75 巴南—綦江	48 632	綦江—G75 巴南	48 570
綦江—崇溪河	24 773	崇溪河—綦江	22 203
綦江—南川	10 544	南川—綦江	10 185
西彭—G93 江津	25 752	G93 江津—西彭	24 644
G85 九龙坡—永川	47 427	永川—G85 九龙坡	44 537
永川—渝荣	22 866	渝荣—永川	22 164
G93 沙坪坝—铜梁	39 084	铜梁—G93 沙坪坝	37 114
铜梁—书房坝	18 823	书房坝—铜梁	17 663
G75 北碚—合川	44 821	合川—G75 北碚	46 031
合川—兴山	18 019	兴山—合川	17 776
西彭——品	23 646	一品—西彭	24 440
一品—复盛	12 109	复盛——品	12 151
复盛—G75 北碚	20 776	G75 北碚—复盛	19 984

续上表

路段起止点	客运密度（人公里/公里）	路段起止点	客运密度（人公里/公里）
G75 北碚—璧山	27 893	璧山—G75 北碚	28 440
璧山—西彭	32 688	西彭—璧山	33 130
G50 南岸—麻柳嘴	14 122	麻柳嘴—G50 南岸	14 076
茶店互通—涪陵南	17 322	涪陵南—茶店互通	17 449
涪陵南—丰都	9 480	丰都—涪陵南	9 663
丰都—石柱	6 934	石柱—丰都	7 163
马鞍—双河口	8 308	双河口—马鞍	8 365
沙坪坝—大足	19 157	大足—沙坪坝	19 077
永川—石蟆	4 926	石蟆—永川	4 657
铜梁—永川	6 160	永川—铜梁	5 964
沙溪—铜梁	5 081	铜梁—沙溪	4 959
綦江—江津	2 686	江津—綦江	2 960

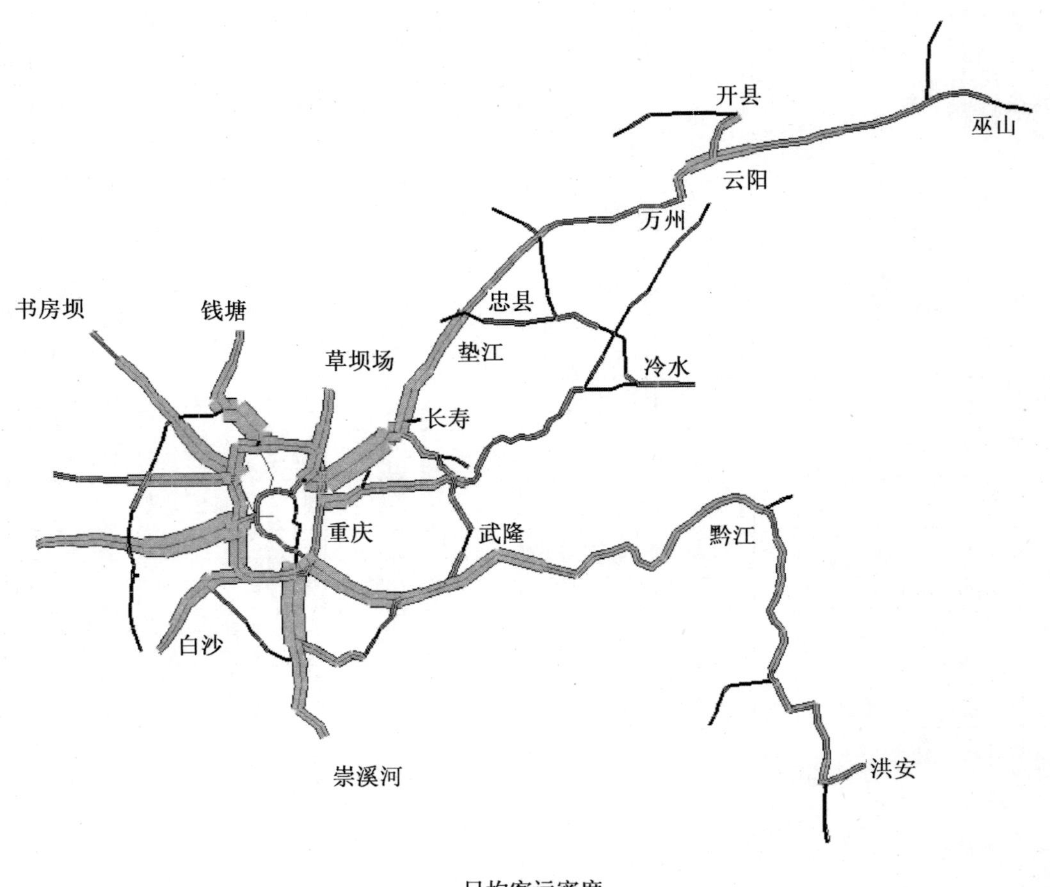

图 4.50　2017 年重庆市高速公路日均客运密度

4.16.2 货运密度分布如表 4.51 和图 4.51 所示。

2017 年重庆市高速公路货运密度 表 4.51

路段起止点	货运密度（吨公里/公里）	路段起止点	货运密度（吨公里/公里）
G50 江北—长寿	26 824	长寿—G50 江北	29 679
长寿—垫江	14 273	垫江—长寿	12 038
垫江—万州	8 906	万州—垫江	8 458
万州—云阳	6 859	云阳—万州	8 550
云阳—小三峡	4 777	小三峡—云阳	8 321
小周—开县	4 242	开县—小周	4 323
夔门—巫溪	2 430	巫溪—夔门	1 679
垫江—牡丹源	10 055	牡丹源—垫江	11 443
垫江—忠县	8 094	忠县—垫江	7 379
忠县—冷水	11 391	冷水—忠县	13 194
长寿—涪陵	11 853	涪陵—长寿	12 782
G65 渝北—草坝场	20 325	草坝场—G65 渝北	38 246
G65 巴南—南川	34 455	南川—G65 巴南	41 603
南川—武隆	33 221	武隆—南川	41 445
武隆—黔江	35 292	黔江—武隆	42 218
黔江—酉阳	31 503	酉阳—黔江	41 296
酉阳—G65 洪安	29 194	G65 洪安—酉阳	41 197
G75 巴南—綦江	26 469	綦江—G75 巴南	18 128
綦江—崇溪河	26 129	崇溪河—綦江	18 332
綦江—南川	3 594	南川—綦江	4 335
西彭—G93 江津	18 416	G93 江津—西彭	12 353
G85 九龙坡—永川	28 463	永川—G85 九龙坡	24 663
永川—渝荣	20 242	渝荣—永川	18 110
G93 沙坪坝—铜梁	17 931	铜梁—G93 沙坪坝	16 781
铜梁—书房坝	18 353	书房坝—铜梁	11 761
G75 北碚—合川	20 306	合川—G75 北碚	29 516
合川—兴山	10 871	兴山—合川	9 429
西彭——品	17 110	一品—西彭	16 008
一品—复盛	22 132	复盛——品	25 475
复盛—G75 北碚	30 631	G75 北碚—复盛	22 057
G75 北碚—璧山	39 373	璧山—G75 北碚	29 056

续上表

路段起止点	货运密度（吨公里/公里）	路段起止点	货运密度（吨公里/公里）
璧山—西彭	36 805	西彭—璧山	37 771
G50 南岸—麻柳嘴	5 986	麻柳嘴—G50 南岸	8 676
茶店互通—涪陵南	6 343	涪陵南—茶店互通	9 397
涪陵南—丰都	10 404	丰都—涪陵南	16 897
丰都—石柱	10 892	石柱—丰都	16 630
马鞍—双河口	9 234	双河口—马鞍	8 176
沙坪坝—大足	48 387	大足—沙坪坝	36 995
永川—石蟆	3 518	石蟆—永川	2 949
铜梁—永川	3 532	永川—铜梁	3 151
沙溪—铜梁	7 588	铜梁—沙溪	3 387
綦江—江津	4 606	江津—綦江	4 176

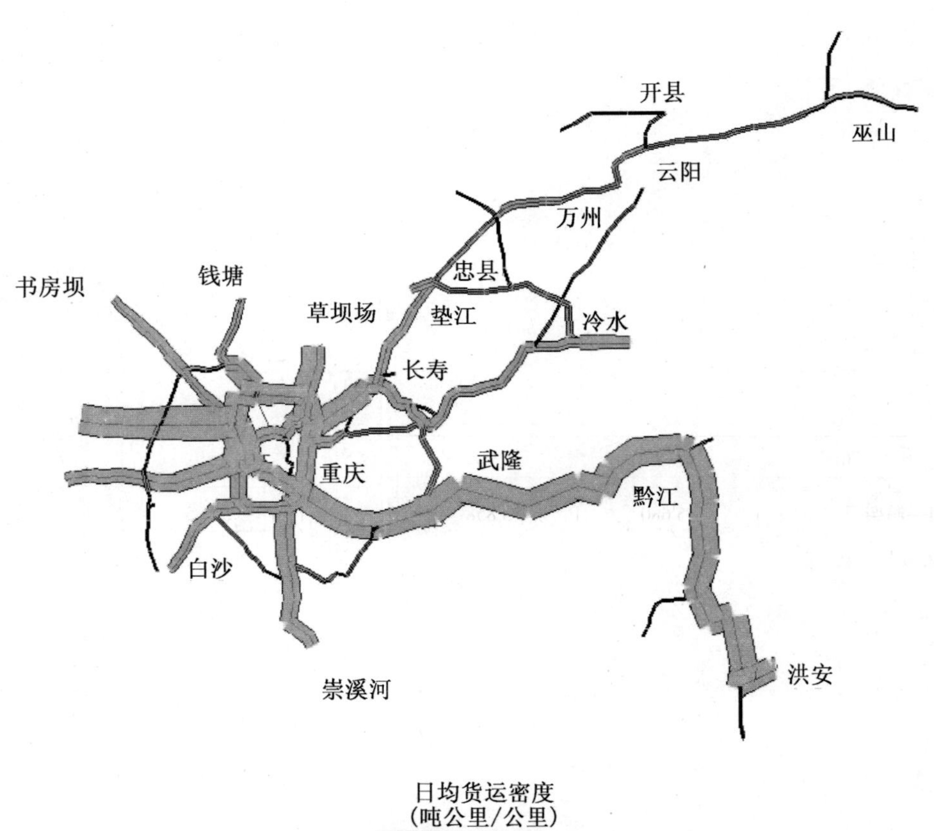

图 4.51　2017 年重庆市高速公路日均货运密度

4.16.3 交通量分布如表 4.52 和图 4.52 所示。

2017 年重庆市高速公路交通量 表 4.52

路段起止点	正向		小计	反向		小计
	客车折算交通量（辆/日）	货车折算交通量（辆/日）		客车折算交通量（辆/日）	货车折算交通量（辆/日）	
G50 江北—长寿	12 847	6 101	18 948	12 724	6 366	19 090
长寿—垫江	7 804	2 749	10 553	7 372	2 768	10 140
垫江—万州	3 486	1 704	5 190	3 346	1 946	5 292
万州—云阳	5 100	1 536	6 636	5 056	2 088	7 144
云阳—小三峡	2 828	1 088	3 916	2 845	1 704	4 549
小周—开县	4 988	1 178	6 166	3 765	1 232	4 997
夔门—巫溪	1 361	526	1 887	949	524	1 473
垫江—牡丹源	1 859	2 095	3 954	1 776	2 024	3 800
垫江—忠县	2 594	1 522	4 116	2 675	1 440	4 115
忠县—冷水	2 139	2 188	4 327	2 104	2 601	4 705
长寿—涪陵	3 105	2 490	5 595	3 241	2 811	6 052
G65 渝北—草坝场	6 097	5 347	11 444	7 141	6 024	13 165
G65 巴南—南川	9 073	6 008	15 081	8 896	7 443	16 339
南川—武隆	5 776	5 728	11 504	5 602	7 206	12 808
武隆—黔江	3 372	5 927	9 299	3 379	7 349	10 728
黔江—酉阳	2 665	5 381	8 046	2 734	7 026	9 760
酉阳—G65 洪安	2 459	5 249	7 708	2 452	6 819	9 271
G75 巴南—綦江	14 231	4 680	18 911	14 394	4 498	18 892
綦江—崇溪河	6 767	4 323	11 090	6 126	4 202	10 328
綦江—南川	3 252	1 115	4 367	3 134	977	4 111
西彭—G93 江津	7 137	3 353	10 490	6 726	3 355	10 081
G85 九龙坡—永川	12 861	5 695	18 556	12 091	5 534	17 625
永川—渝荣	5 680	3 858	9 538	5 585	3 798	9 383
G93 沙坪坝—铜梁	12 094	3 824	15 918	11 254	3 694	14 948
铜梁—书房坝	5 363	3 368	8 731	4 976	2 970	7 946
G75 北碚—合川	12 349	6 017	18 366	12 829	5 628	18 457
合川—兴山	5 060	2 121	7 181	4 959	2 100	7 059
西彭——品	7 130	3 877	11 007	7 530	3 959	11 489
一品—复盛	3 710	5 474	9 184	3 670	5 327	8 997
复盛—G75 北碚	6 008	6 758	12 766	5 558	5 613	11 171
G75 北碚—璧山	9 378	9 025	18 403	9 675	8 393	18 068

续上表

路段起止点	正向			反向		
	客车折算交通量（辆/日）	货车折算交通量（辆/日）	小计	客车折算交通量（辆/日）	货车折算交通量（辆/日）	小计
壁山—西彭	10 851	8 239	19 090	11 058	8 813	19 871
G50 南岸—麻柳嘴	4 457	1 468	5 925	4 406	1 655	6 061
茶店互通—涪陵南	5 294	1 355	6 649	5 297	1 740	7 037
涪陵南—丰都	2 620	2 036	4 656	2 684	2 991	5 675
丰都—石柱	1 867	2 039	3 906	1 943	2 959	4 902
马鞍—双河口	2 051	1 783	3 834	2 208	1 938	4 146
沙坪坝—大足	6 470	8 644	15 114	6 401	7 134	13 535
永川—石蟆	1 626	915	2 541	1 528	907	2 435
铜梁—永川	2205	759	2964	2145	818	2963
沙溪—铜梁	1728	1339	3067	1688	1093	2781
綦江—江津	910	935	1845	1003	895	1898

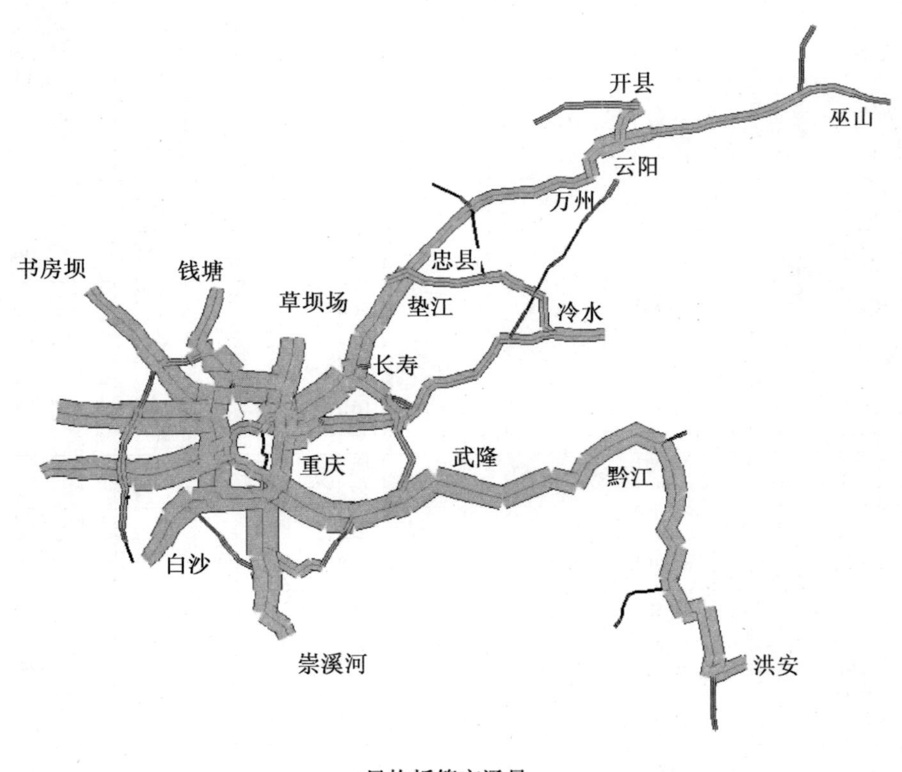

图 4.52　2017 年重庆市高速公路日均交通量

4.17　四川省高速公路运输密度

4.17.1　客运密度分布如表4.53和图4.53所示。

2017年四川省高速公路客运密度　　表4.53

路段起止点	客运密度（人公里/公里）	路段起止点	客运密度（人公里/公里）
棋盘关—广元	10 340	广元—棋盘关	10 773
广元—绵阳	21 328	绵阳—广元	22 568
绵阳—德阳	37 115	德阳—绵阳	39 294
德阳—成都	64 209	成都—德阳	72 578
绵阳南—什邡北	19 209	什邡北—绵阳南	18 985
什邡北—成都	34 402	成都—什邡北	30 106
成都—崇州	108 106	崇州—成都	98 222
崇州—邛崃	43 807	邛崃—崇州	42 427
桑园—名山	18 694	名山—桑园	16 799
名山—汉源北	27 114	汉源北—名山	25 947
汉源北—西昌	17 669	西昌—汉源北	16 721
西昌—盐边	11 563	盐边—西昌	10 608
盐边—田房	6 816	田房—盐边	6 707
攀田鱼塘—丽攀民主(川滇界)	5 587	丽攀民主(川滇界)—攀田鱼塘	4 478
成都—眉山	94 460	眉山—成都	87 275
眉山—乐山	43 627	乐山—眉山	40 637
乐山—宜宾北	11 965	宜宾北—乐山	11 269
名山—青龙	30 019	青龙—名山	31 381
成都—简阳	52 973	简阳—成都	51 375
简阳—内江	37 513	内江—简阳	34 639
内江—隆昌	16 295	隆昌—内江	15 886
隆昌—渔箭(川渝界)	21 533	渔箭(川渝界)—隆昌	21 393
隆昌—泸州	19 558	泸州—隆昌	19 183
泸州—纳溪	22 553	纳溪—纳溪	21 245
纳溪—纳黔四川(川黔界)	18 908	纳黔四川(川黔界)—纳溪	18 108
内江—自贡	39 299	自贡—内江	38 132
自贡—宜宾北	31 506	宜宾北—自贡	32 289
宜宾北—四川主线(川滇界)	19 309	四川主线(川滇界)—宜宾北	20 042

续上表

路段起止点	客运密度（人公里/公里）	路段起止点	客运密度（人公里/公里）
成都—都江堰	67 267	都江堰—成都	62 713
都江堰—映秀	18 037	映秀—都江堰	20 846
成都绕城（逆时针）	128 983	成都绕城（顺时针）	125 063
成都第二绕城（逆时针）	17 331	成都第二绕城（顺时针）	17 120
成都—仁寿	51 727	仁寿—成都	50 343
仁寿—自贡东	35 695	自贡东—仁寿	36 441
自贡东—泸州	21 454	泸州—自贡东	20 978
宜宾—泸渝四川（川渝界）	19 775	泸渝四川（川渝界）—宜宾	18 284
乐山—雅安	8 521	雅安—乐山	8 315
乐山—自贡	9 531	自贡—乐山	9 654
荣县—内江	4 760	内江—荣县	4 776
内江—安居	11 178	安居—内江	10 912
洪雅—资阳	6 192	资阳—洪雅	6 677
资阳—遂宁	7 166	遂宁—资阳	7 930
遂宁—广安	11 688	广安—遂宁	11 125
成都—南充	33 856	南充—成都	31 439
南充—广安	11 706	广安—南充	11 184
广安—邻水	26 411	邻水—广安	25 728
邻水—邻垫四川（川渝界）	12 307	邻垫四川（川渝界）—邻水	13 623
成都—三台	45 792	三台—成都	42 253
三台—巴中	18 314	巴中—三台	18 197
巴中—南江北	7 430	南江北—巴中	6 332
绵阳—遂宁	10 286	遂宁—绵阳	10 371
大英回马—遂渝四川（川渝界）	19 961	遂渝四川（川渝界）—大英回马	18 535
遂宁—西充	5 473	西充—遂宁	5 163
南充—广元	13 168	广元—南充	13 619
广元—广甘四川（川甘界）	7 358	广甘四川（川甘界）—广元	6 825
广元绕城（逆时针）	7 838	广元绕城（顺时针）	6 141
广元—巴中	6 746	巴中—广元	6 184
巴中—达州	10 027	达州—巴中	9 666
达州—达万四川（川渝界）	7 284	达万四川（川渝界）—达州	6 964

续上表

路段起止点	客运密度（人公里/公里）	路段起止点	客运密度（人公里/公里）
南充绕城(逆时针)	12 378	南充绕城(顺时针)	11 716
南充—南渝四川(川渝界)	17 418	南渝四川(川渝界)—南充	16 461
南充—大竹	12 959	大竹—南充	12 767
南充新店—广安	4 566	广安—南充新店	4 393
达渝四川(川渝界)—邻水	24 993	邻水—达渝四川(川渝界)	24 697
邻水—达州	20 602	达州—邻水	21 813
达州—达陕四川(川陕界)	10 370	达陕四川(川陕界)—达州	9 432

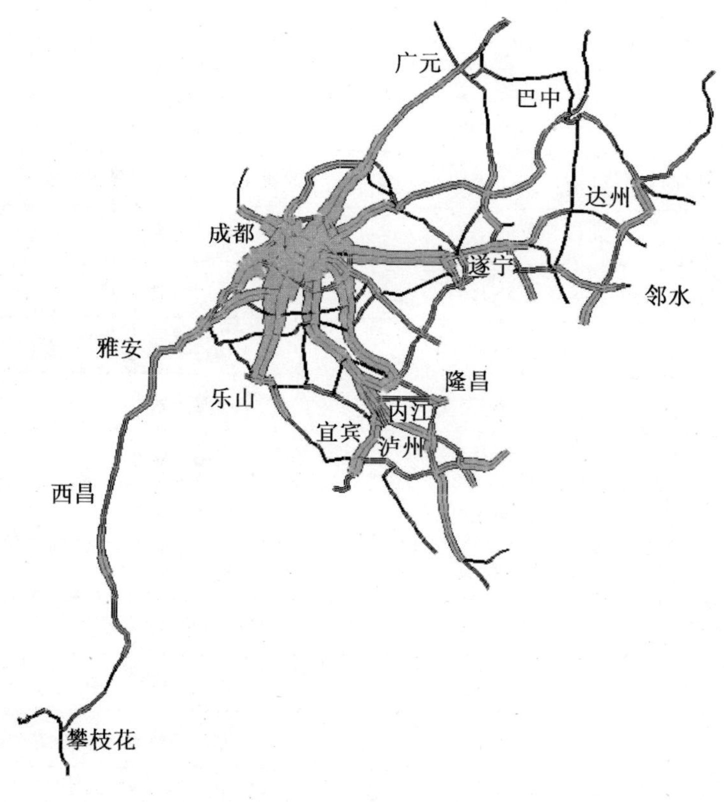

图 4.53　2017 年四川省高速公路日均客运密度

4.17.2 货运密度分布如表4.54和图4.54所示。

2017年四川省高速公路货运密度

表4.54

路段起止点	货运密度（吨公里/公里）	路段起止点	货运密度（吨公里/公里）
棋盘关—广元	103 781	广元—棋盘关	57 153
广元—绵阳	99 892	绵阳—广元	62 489
绵阳—德阳	69 964	德阳—绵阳	41 683
德阳—成都	39 031	成都—德阳	24 193
绵阳南—什邡北	56 301	什邡北—绵阳南	40 341
什邡北—成都	44 746	成都—什邡北	33 181
成都—崇州	22 985	崇州—成都	21 192
崇州—邛崃	21 455	邛崃—崇州	20 152
桑园—名山	22 028	名山—桑园	20 771
名山—汉源北	28 089	汉源北—名山	26 775
汉源北—西昌	20 336	西昌—汉源北	17 751
西昌—盐边	16 208	盐边—西昌	18 388
盐边—田房	12 965	田房—盐边	14 001
攀田鱼塘—丽攀民主（川滇界）	5 056	丽攀民主（川滇界）—攀田鱼塘	8 258
成都—眉山	32 532	眉山—成都	53 229
眉山—乐山	18 336	乐山—眉山	45 189
乐山—宜宾北	13 656	宜宾北—乐山	9 275
名山—青龙	6 428	青龙—名山	8 789
成都—简阳	9 005	简阳—成都	6 729
简阳—内江	20 449	内江—简阳	16 634
内江—隆昌	8 264	隆昌—内江	6 757
隆昌—渔箭（川渝界）	17 198	渔箭（川渝界）—隆昌	17 705
隆昌—泸州	11 035	泸州—隆昌	7 884
泸州—纳溪	19 129	纳溪—泸州	16 587
纳溪—纳黔四川（川黔界）	21 890	纳黔四川（川黔界）—纳溪	17 915
内江—自贡	33 227	自贡—内江	23 942
自贡—宜宾北	32 016	宜宾北—自贡	27 977
宜宾北—四川主线（川滇界）	26 243	四川主线（川滇界）—宜宾北	22 644
成都—都江堰	11 796	都江堰—成都	20 189

续上表

路段起止点	货运密度（吨公里/公里）	路段起止点	货运密度（吨公里/公里）
都江堰—映秀	9 977	映秀—都江堰	31 038
成都绕城（逆时针）	38 366	成都绕城（顺时针）	41 648
成都第二绕城（逆时针）	20 147	成都第二绕城（顺时针）	17 373
成都—仁寿	23 964	仁寿—成都	19 542
仁寿—自贡东	29 082	自贡东—仁寿	20 731
自贡东—泸州	22 632	泸州—自贡东	17 503
宜宾—泸渝四川（川渝界）	10 169	泸渝四川（川渝界）—宜宾	11 138
乐山—雅安	10 404	雅安—乐山	7 284
乐山—自贡	15 526	自贡—乐山	6 804
荣县—内江	5 128	内江—荣县	2 350
内江—安居	15 127	安居—内江	22 467
洪雅—资阳	9 505	资阳—洪雅	4 544
资阳—遂宁	10 423	遂宁—资阳	8 410
遂宁—广安	12 118	广安—遂宁	12 558
成都—南充	21 668	南充—成都	27 771
南充—广安	6 478	广安—南充	10 765
广安—邻水	19 035	邻水—广安	20 507
邻水—邻垫四川（川渝界）	11 432	邻垫四川（川渝界）—邻水	9 474
成都—三台	13 360	三台—成都	12 728
三台—巴中	17 911	巴中—三台	5 041
巴中—南江北	3 447	南江北—巴中	11 863
绵阳—遂宁	8 037	遂宁—绵阳	7 272
大英回马—遂渝四川（川渝界）	14 991	遂渝四川（川渝界）—大英回马	12 984
遂宁—西充	12 334	西充—遂宁	16 781
南充—广元	13 416	广元—南充	22 802
广元—广甘四川（川甘界）	11 404	广甘四川（川甘界）—广元	14 059
广元绕城（逆时针）	24 603	广元绕城（顺时针）	27 198
广元—巴中	7 832	巴中—广元	1 762
巴中—达州	4 980	达州—巴中	4 331
达州—达万四川（川渝界）	4 683	达万四川（川渝界）—达州	2 495

续上表

路段起止点	货运密度（吨公里/公里）	路段起止点	货运密度（吨公里/公里）
南充绕城（逆时针）	6 724	南充绕城（顺时针）	6 555
南充—南渝四川（川渝界）	7 666	南渝四川（川渝界）—南充	7 741
南充—大竹	14 518	大竹—南充	17 337
南充新店—广安	9 749	广安—南充新店	6 648
达渝四川（川渝界）—邻水	21 607	邻水—达渝四川（川渝界）	34 570
邻水—达州	26 593	达州—邻水	39 931
达州—达陕四川（川陕界）	21 607	达陕四川（川陕界）—达州	34 570

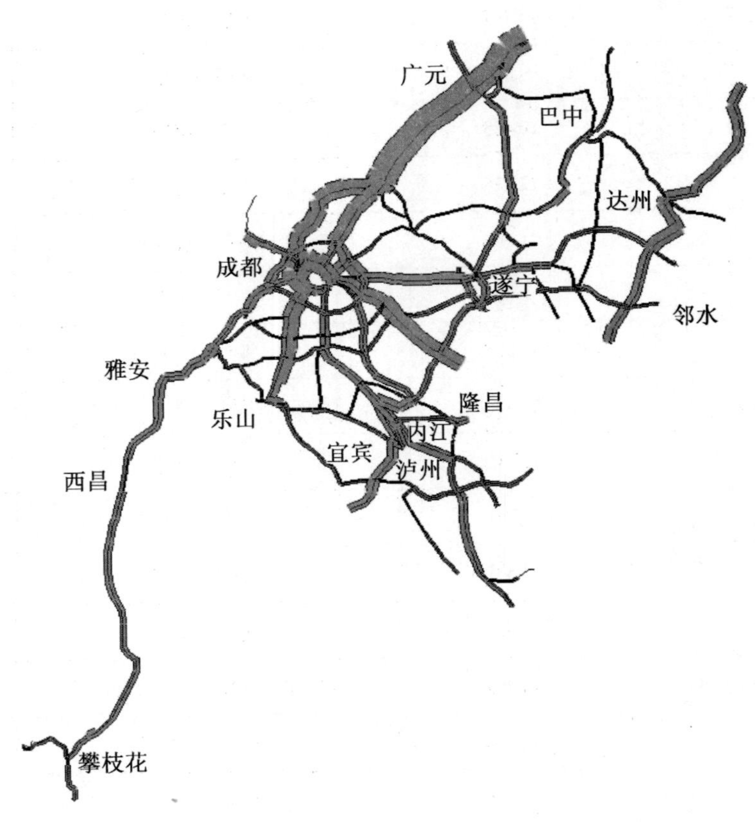

图 4.54　2017 年四川省高速公路日均货运密度

4.17.3　交通量分布如表4.55和图4.55所示。

2017年四川省高速公路交通量　　表4.55

路段起止点	正向			反向		
	客车折算交通量（辆/日）	货车折算交通量（辆/日）	小计	客车折算交通量（辆/日）	货车折算交通量（辆/日）	小计
棋盘关—广元	2 078	16 232	18 310	2 253	16 707	18 960
广元—绵阳	4 564	16 349	20 913	4 975	17 092	22 067
绵阳—德阳	8 860	12 551	21 411	9 555	12 734	22 289
德阳—成都	16 920	8 906	25 826	19 085	8 982	28 067
绵阳南—什邡北	5 258	10 631	15 889	5 106	11 634	16 740
什邡北—成都	9 862	9 737	19 599	8 351	10 109	18 460
成都—崇州	28 646	9 001	37 647	27 196	8 470	35 666
崇州—邛崃	11 249	5 789	17 038	11 060	5 759	16 819
桑园—名山	4 822	4 844	9 666	4 511	4 802	9 313
名山—汉源北	5 952	5 746	11 698	5 677	5 699	11 376
汉源北—西昌	3 784	3 965	7 749	3 608	3 597	7 205
西昌—盐边	2 687	4 007	6 694	2 679	3 768	6 447
盐边—田房	1 655	3 163	4 818	1 702	3 196	4 898
攀田鱼塘—丽攀民主(川滇界)	1 375	1 857	3 232	1 415	1 894	3 309
成都—眉山	23 063	14 463	37 526	21 058	13 277	34 335
眉山—乐山	10 336	9 912	20 248	9 786	8 942	18 728
乐山—宜宾北	2 872	2 951	5 823	2 951	3 279	6 230
名山—青龙	6 597	2 102	8 699	6 983	2 289	9 272
成都—简阳	11 056	2 573	13 629	10 769	2 680	13 449
简阳—内江	7 648	4 905	12 553	7 430	5 068	12 498
内江—隆昌	3 440	2 071	5 511	3 352	2 221	5 573
隆昌—渔箭(川渝界)	3 881	4 088	7 969	3 925	3 951	7 876
隆昌—泸州	4 318	2 663	6 981	4 642	2 420	7 062
泸州—纳溪	5 091	4 482	9 573	5 174	4 106	9 280
纳溪—纳黔四川(川黔界)	4 420	4 439	8 859	4 375	4 097	8 472
内江—自贡	7 728	6 738	14 466	7575	6 250	13 825
自贡—宜宾北	6 675	7 155	13 830	7 175	6 556	13 731
宜宾北—四川主线(川滇界)	5 032	5 720	10 752	5 184	5 235	10 419
成都—都江堰	17 231	5 712	22 943	17 195	6 431	23 626
都江堰—映秀	3 787	4 768	8 555	4 393	6 380	10 773
成都绕城(逆时针)	38 734	16 382	55 116	37 817	16 797	54 614
成都第二绕城(逆时针)	4 759	5 452	10 211	4 777	5 290	10 067

续上表

路段起止点	正向			反向		
	客车折算交通量（辆/日）	货车折算交通量（辆/日）	小计	客车折算交通量（辆/日）	货车折算交通量（辆/日）	小计
成都—仁寿	13 715	6 167	19 882	13 164	5 638	18 802
仁寿—自贡东	9 180	6 446	15 626	9 177	5 767	14 944
自贡东—泸州	4 717	4 866	9 583	4 676	4 702	9 378
宜宾—泸渝四川(川渝界)	4 459	2 757	7 216	4 355	2 834	7 189
乐山—雅安	2 041	2 278	4 319	2 093	2 223	4 316
乐山—自贡	2 293	2 780	5 073	2 307	3 022	5 329
荣县—内江	1 261	1 079	2 340	1 243	1 221	2 464
内江—安居	2 513	3 695	6 208	2 509	4 094	6 603
洪雅—资阳	1 822	1 899	3 721	1 842	1 549	3 391
资阳—遂宁	1 996	2 529	4 525	2 109	1 970	4 079
遂宁—广安	2 979	3 087	6 066	2 872	2 844	5 716
成都—南充	8 497	6 696	15 193	7 971	6 893	14 864
南充—广安	2 885	2 359	5 244	2 830	2 350	5 180
广安—邻水	6 547	5 237	11 784	6 931	5 093	12 024
邻水—邻垫四川(川渝界)	2 622	2 605	5 227	3 011	2 536	5 547
成都—三台	11 365	4 135	15 500	10 162	3 871	14 033
三台—巴中	4 483	3 391	7 874	4 140	2 916	7 056
巴中—南江北	2 171	3 691	5 862	1 918	2 016	3 934
绵阳—遂宁	2 453	1 866	4 319	2 483	2 017	4 500
大英回马—遂渝四川(川渝界)	4 595	3 736	8 331	4 337	4 025	8 362
遂宁—西充	1 394	2 749	4 143	1 329	2 833	4 162
南充—广元	3 401	3 894	7 295	3 388	3 962	7 350
广元—广甘四川(川甘界)	1 818	2 415	4 233	1 764	2 384	4 148
广元绕城(逆时针)	1 825	2 732	4 557	1 437	2 657	4 094
广元—巴中	1 592	1 431	3 023	1 581	1 826	3 407
巴中—达州	2 461	1 420	3 881	2 552	1 603	4 155
达州—达万四川(川渝界)	1 791	999	2 790	1 768	1 067	2 835
南充绕城(逆时针)	3 089	2 215	5 304	2 969	2 322	5 291
南充—南渝四川(川渝界)	3 837	2 045	5 882	3 663	2 003	5 666
南充—大竹	3 276	3 656	6 932	3 522	3 761	7 283
南充新店—广安	1 455	756	2 211	1 150	875	2 025
达渝四川(川渝界)—邻水	5 499	5 879	11 378	5 499	5 879	11 378
邻水—达州	5 233	7 020	12 253	5 233	7 020	12 253
达州—达陕四川(川陕界)	2 461	6 192	8 653	2 461	6 192	8 653

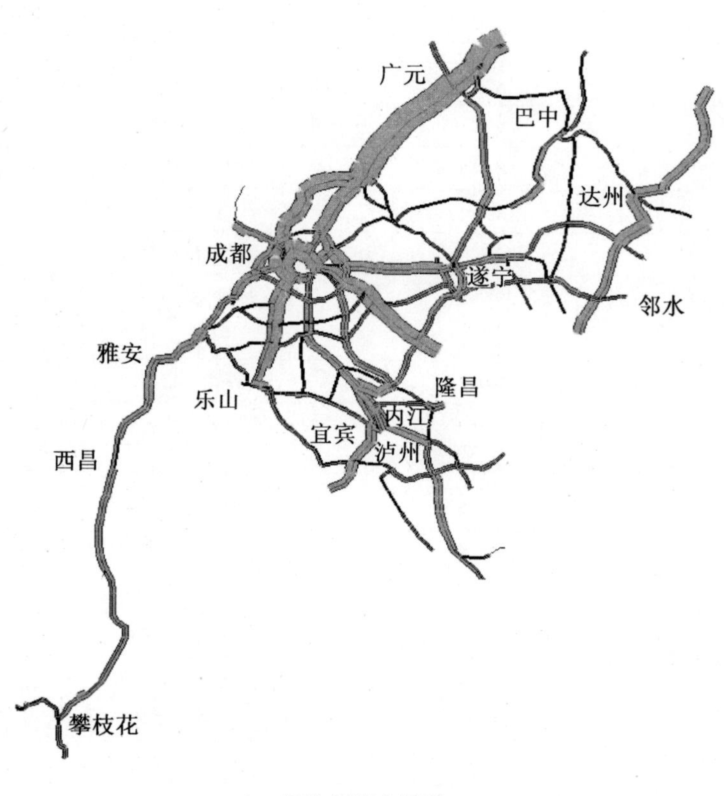

图4.55　2017年四川省高速公路日均交通量

4.18 陕西省高速公路运输密度

4.18.1 客运密度分布如表4.56和图4.56所示。

2017年陕西省高速公路客运密度 表4.56

路段起止点	客运密度（人公里/公里）	路段起止点	客运密度（人公里/公里）
陕蒙界—榆林	5 382	榆林—陕蒙界	5 251
榆林—店塔	6 699	店塔—榆林	6 659
榆林—靖边	8 517	靖边—榆林	8 609
靖边—延安南	9 321	延安南—靖边	9 420
延安南—铜川	8 856	铜川—延安南	9 365
铜川—聂冯（环城）	2 116	聂冯（环城）铜川	1 958
新筑—禹门口	22 344	禹门口—新筑	22 696
灞桥—潼关	39 966	潼关—灞桥	38 399
香王—商洛西	16 367	商洛西—香王	18 070
商洛西—界牌	6 052	界牌—商洛西	6 128
阎村—漫川关主线	5 780	漫川关主线—阎村	6 129
曲江—五里	14 718	五里—曲江	14 505
流水—陕川界	7 150	陕川界—流水	6 640
河池寨—汉中	20 148	汉中—河池寨	20 140
汉中—宁强	9 703	宁强—汉中	9 792
三桥—咸阳西	65 329	咸阳西—三桥	62 460
咸阳西—杨凌	47 492	杨凌—咸阳西	43 612
杨凌—宝鸡	28 525	宝鸡—杨凌	27 549
宝鸡—陈仓	7 239	陈仓—宝鸡	7 026
六村堡—永寿南	42 132	永寿南—六村堡	41 424
永寿南—彬县	21 458	彬县—永寿南	18 425
彬县—陕甘界	14 263	陕甘界—彬县	13 835
汉城—机场	54 102	机场—汉城	51 146
法门寺—太白山	5 966	太白山—法门寺	6 128
西安南环城（逆时针）	71 476	西安南环城（顺时针）	73 365
西安北环城（逆时针）	55 805	西安北环城（顺时针）	58 750
牛家梁—史家湾	4 655	史家湾—牛家梁	4 748
吴堡主线—靖边	2 638	靖边—吴堡主线	2 687
靖边—王圈梁	7 105	王圈梁—靖边	7 234
陕西壶口—富县	3 515	富县—陕西壶口	3 984
富县—张家湾	1 213	张家湾—富县	1 247
虢镇—陇关	5 290	陇关—虢镇	5 295
茅坪—安康	5 614	安康—茅坪	5 723
安康—汉中	6 897	汉中—安康	6 907
汉中东—略阳	3 563	略阳—汉中东	3 537

续上表

路段起止点	客运密度（人公里/公里）	路段起止点	客运密度（人公里/公里）
神木—府谷	3 212	府谷—神木	3 283
渭南东—孙镇	4 286	孙镇—渭南东	4 390
田王—商洛	8 612	商洛—田王	7 928
榆林—陕西佳县	3 299	陕西佳县—榆林	3 386
沿河湾立交—吴起	3 845	吴起—沿河湾立交	3 838
马庄—旬邑	6 441	旬邑—马庄	8 278
未央—铜川	18 031	铜川—未央	18 392
铜川—黄陵	10 104	黄陵—铜川	10 533
黄陵—延安	7 780	延安—黄陵	7 829
汉中—陕西南郑	913	陕西南郑—汉中	1 023
延安—陕西延川	2 458	陕西延川—延安	2 518
安康—陕西平利	3 272	陕西平利—安康	3 289
锦界—王家砭	544	王家砭—锦界	518
渭南—玉山	1 479	玉山—渭南	1 546
西咸北环线(逆时针)	5 884	西咸北环线(顺时针)	6 209

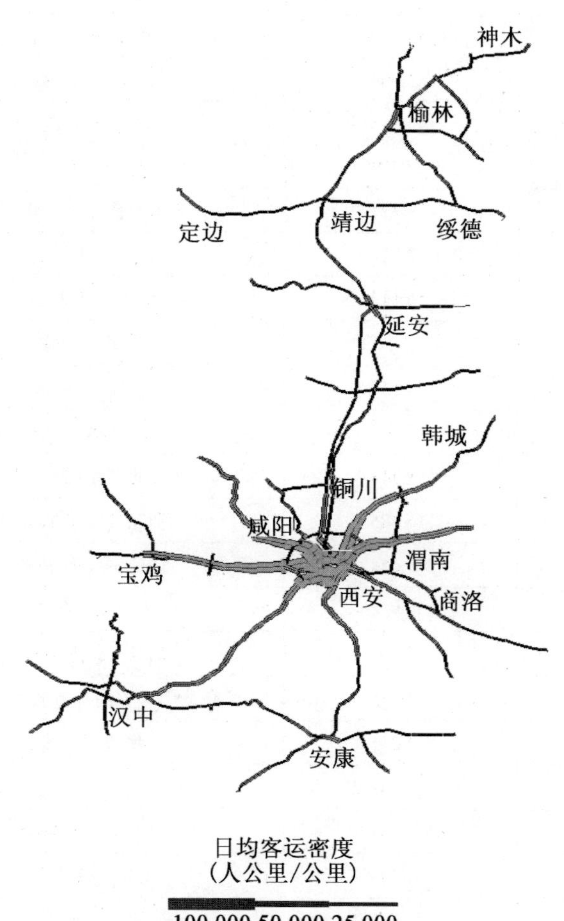

图4.56 2017年陕西省高速公路日均客运密度

4.18.2 货运密度分布如表4.57和图4.57所示。

2017年陕西省高速公路货运密度

表4.57

路段起止点	货运密度（吨公里/公里）	路段起止点	货运密度（吨公里/公里）
陕蒙界—榆林	36 202	榆林—陕蒙界	13 078
榆林—店塔	11 088	店塔—榆林	14 266
榆林—靖边	71 248	靖边—榆林	16 642
靖边—延安南	73 703	延安南—靖边	21 785
延安南—铜川	13 018	铜川—延安南	13 076
铜川—聂冯(环城)	15 085	聂冯(环城)铜川	8 345
新筑—禹门口	22 609	禹门口—新筑	51 319
灞桥—潼关	111 146	潼关—灞桥	157 995
香王—商洛西	100 722	商洛西—香王	64 558
商洛西—界牌	106 435	界牌—商洛西	67 518
阎村—漫川关主线	22 376	漫川关主线—阎村	13 296
曲江—五里	42 629	五里—曲江	21 954
流水—陕川界	44 765	陕川界—流水	22 461
河池寨—汉中	87 858	汉中—河池寨	63 845
汉中—宁强	108 626	宁强—汉中	67 948
三桥—咸阳西	36 239	咸阳西—三桥	27 001
咸阳西—杨凌	53 969	杨凌—咸阳西	42 092
杨凌—宝鸡	42 793	宝鸡—杨凌	39 608
宝鸡—陈仓	27 509	陈仓—宝鸡	23 115
六村堡—永寿南	59 971	永寿南—六村堡	91 084
永寿南—彬县	62 677	彬县—永寿南	77 327
彬县—陕甘界	56 417	陕甘界—彬县	52 264
汉城—机场	7	机场—汉城	5
法门寺—太白山	5 352	太白山—法门寺	3 700
西安南环城(逆时针)	72 359	西安南环城(顺时针)	85 502
西安北环城(逆时针)	98 648	西安北环城(顺时针)	114 886
牛家梁—史家湾	16 485	史家湾—牛家梁	3 113
吴堡主线—靖边	75 654	靖边—吴堡主线	75 641
靖边—王圈梁	58 918	王圈梁—靖边	55 451
陕西壶口—富县	7 143	富县—陕西壶口	14 428
富县—张家湾	1 465	张家湾—富县	1 192
虢镇—陇关	7 241	陇关—虢镇	11 981
茅坪—安康	29 647	安康—茅坪	20 036
安康—汉中	21 731	汉中—安康	18 046
汉中东—略阳	4 236	略阳—汉中东	2 889
神木—府谷	148 412	府谷—神木	5 818
渭南东—孙镇	3 446	孙镇—渭南东	6 944

续上表

路段起止点	货运密度 （吨公里/公里）	路段起止点	货运密度 （吨公里/公里）
田王—商洛	23 766	商洛—田王	13 754
榆林—陕西佳县	40 838	陕西佳县—榆林	8 641
沿河湾立交—吴起	1 773	吴起—沿河湾立交	739
马庄—旬邑	3 483	旬邑—马庄	8 992
未央—铜川	23 352	铜川—未央	73 989
铜川—黄陵	26 002	黄陵—铜川	83 610
黄陵—延安	26 470	延安—黄陵	68 127
汉中—陕西南郑	2 871	陕西南郑—汉中	909
延安—陕西延川	1 292	陕西延川—延安	1 532
安康—陕西平利	2 579	陕西平利—安康	851
锦界—王家砭	18 116	王家砭—锦界	487
渭南—玉山	6 749	玉山—渭南	3 498
西咸北环线（逆时针）	29 668	西咸北环线（顺时针）	34 811

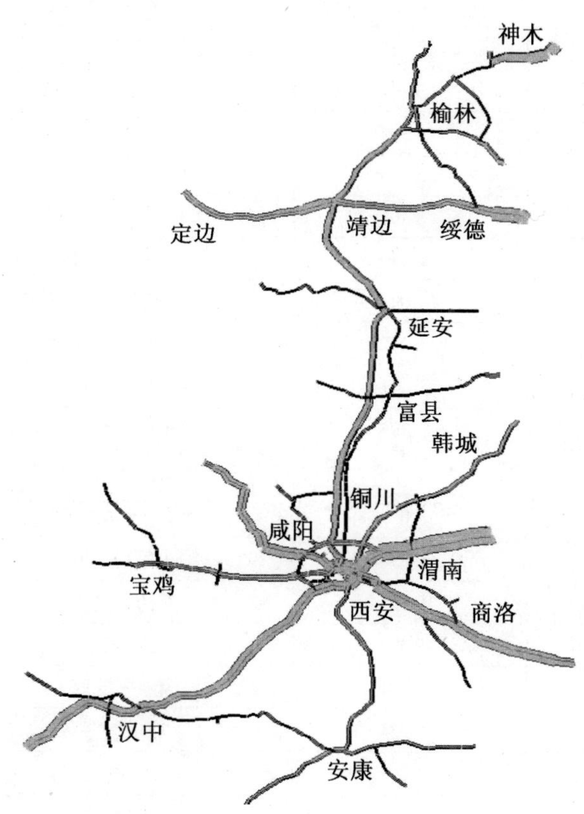

图4.57　2017年陕西省高速公路日均货运密度

4.18.3　道路负荷分布如表4.58和图4.58所示。

2017年陕西省高速公路轴载　　　表4.58

路段起止点	轴载（标准轴载当量轴次/日）	路段起止点	轴载（标准轴载当量轴次/日）
陕蒙界—榆林	1 850	榆林—陕蒙界	5 129
榆林—店塔	1 858	店塔—榆林	2 065
榆林—靖边	2 651	靖边—榆林	9 564
靖边—延安南	3 013	延安南—靖边	9 911
延安南—铜川	1 721	铜川—延安南	1 975
铜川—聂冯（环城）	2 562	聂冯（环城）铜川	1 798
新筑—禹门口	3 379	禹门口—新筑	6 110
灞桥—潼关	13 595	潼关—灞桥	18 643
香王—商洛西	13 872	商洛西—香王	7 356
商洛西—界碑	15 260	界碑—商洛西	7 785
阎村—漫川关主线	3 305	漫川关主线—阎村	1 573
曲江—五里	5 293	五里—曲江	2 842
流水—陕川界	5 246	陕川界—流水	2 690
河池寨—汉中	8 860	汉中—河池寨	10 364
汉中—宁强	12 032	宁强—汉中	9 447
三桥—咸阳西	5 301	咸阳西—三桥	4 632
咸阳西—杨凌	6 992	杨凌—咸阳西	5 969
杨凌—宝鸡	5 442	宝鸡—杨凌	5 106
宝鸡—陈仓	3 407	陈仓—宝鸡	3 086
六村堡—永寿南	7 140	永寿南—六村堡	12 795
永寿南—彬县	7 097	彬县—永寿南	10 947
彬县—陕甘界	6 242	陕甘界—彬县	7 176
汉城—机场	1	机场—汉城	0
法门寺—太白山	395	太白山—法门寺	679
西安南环城（逆时针）	7 435	西安南环城（顺时针）	9 212
西安北环城（逆时针）	14 069	西安北环城（顺时针）	15 349
牛家梁—史家湾	2 398	史家湾—牛家梁	452
吴堡主线—靖边	10 164	靖边—吴堡主线	8 164
靖边—王圈梁	7 332	王圈梁—靖边	6 094
陕西壶口—富县	1 051	富县—陕西壶口	1 739
富县—张家湾	235	张家湾—富县	175
虢镇—陇关	1 266	陇关—虢镇	1 656
茅坪—安康	2 055	安康—茅坪	3 571
安康—汉中	2 465	汉中—安康	2 129
汉中东—略阳	389	略阳—汉中东	341
神木—府谷	24 908	府谷—神木	1 026
渭南东—孙镇	429	孙镇—渭南东	1 025
田王—商洛	3 702	商洛—田王	1 828

续上表

路段起止点	轴载 (标准轴载当量轴次/日)	路段起止点	轴载 (标准轴载当量轴次/日)
榆林—陕西佳县	5 425	陕西佳县—榆林	1 186
沿河湾立交—吴起	303	吴起—沿河湾立交	128
马庄—旬邑	547	旬邑—马庄	1 526
未央—铜川	2 572	铜川—未央	9 461
铜川—黄陵	3 296	黄陵—铜川	10 942
黄陵—延安	3 559	延安—黄陵	9 060
汉中—陕西南郑	391	陕西南郑—汉中	133
延安—陕西延川	146	陕西延川—延安	172
安康—陕西平利	379	陕西平利—安康	122
锦界—王家砭	2 134	王家砭—锦界	202
渭南—玉山	1 058	玉山—渭南	386
西咸北环线(逆时针)	4 538	西咸北环线(顺时针)	3 593

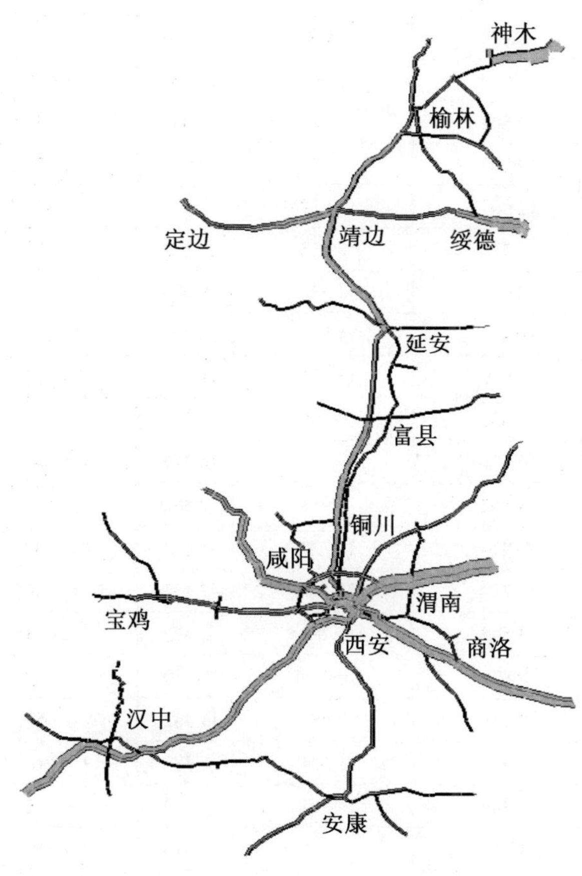

图4.58　2017年陕西省高速公路日均轴载

4.18.4 交通量分布如表4.59和图4.59所示。

2017年陕西省高速公路交通量 表4.59

路段起止点	正向			反向		
	客车折算交通量（辆/日）	货车折算交通量（辆/日）	小计	客车折算交通量（辆/日）	货车折算交通量（辆/日）	小计
陕蒙界—榆林	1 598	7 149	8 747	1 540	4 855	6 395
榆林—店塔	1 964	3 675	5 639	1 964	2 683	4 647
榆林—靖边	2 474	14 656	17 130	2 506	9 853	12 359
靖边—延安南	2 702	11 692	14 394	2 712	9 988	12 700
延安南—铜川	2 015	3 767	5 782	2 289	2 452	4 741
铜川—聂冯(环城)	671	4 510	5 181	582	5 113	5 695
新筑—禹门口	6 576	7 361	13 937	6 665	8 288	14 953
灞桥—潼关	10 937	19 670	30 607	10 342	24 606	34 948
香王—商洛西	3 927	13 569	17 496	4 144	11 630	15 774
商洛西—界牌	1 493	14 012	15 505	1 499	11 347	12 846
阎村—漫川关主线	1 483	3 511	4 994	1 587	3 437	5 024
曲江—五里	3 598	6 830	10 428	3 549	6 614	10 163
流水—陕川界	1 974	7 062	9 036	1 866	5 765	7 631
河池寨—汉中	4 652	13 208	17 860	4 640	12 956	17 596
汉中—宁强	2 509	15 443	17 952	2 551	15 749	18 300
三桥—咸阳西	19 209	10 473	29 682	18 175	9 699	27 874
咸阳西—杨凌	12 607	11 532	24 139	11 443	10 832	22 275
杨凌—宝鸡	7 723	8 635	16 358	7 477	8 478	15 955
宝鸡—陈仓	2 041	4 592	6 633	1 978	4 546	6 524
六村堡—永寿南	10 969	14 532	25 501	10 875	14 082	24 957
永寿南—彬县	5 059	13 437	18 496	4 356	11 187	15 543
彬县—陕甘界	3 452	9 798	13 250	3 328	7 819	11 147
汉城—机场	16 371	5	16 376	15 784	12	15 796
法门寺—太白山	1 652	1 228	2 880	1 612	1 110	2 722
西安南环城(逆时针)	23 944	12 728	36 672	24 549	14 494	39 043
西安北环城(逆时针)	18 754	23 379	42 133	19 967	25 350	45 317
牛家梁—史家湾	1 595	2 280	3 875	1 611	2 049	3 660
吴堡主线—靖边	872	10 038	10 910	879	12 131	13 010
靖边—王圈梁	2 015	9 467	11 482	2 057	9 794	11 851
陕西壶口—富县	879	1 504	2 383	910	2 098	3 008
富县—张家湾	346	327	673	357	391	748
虢镇—陇关	1 514	1 801	3 315	1 509	2 087	3 596
茅坪—安康	1 333	3 586	4 919	1 358	5 077	6 435
安康—汉中	1 649	3 603	5 252	1 652	3 272	4 924
汉中东—略阳	1 012	896	1 908	1 002	849	1 851
神木—府谷	996	17 902	18 898	1 029	13 842	14 871
渭南东—孙镇	1 428	1 079	2 507	1 453	1 393	2 846

续上表

路段起止点	正向			反向		
	客车折算交通量（辆/日）	货车折算交通量（辆/日）	小计	客车折算交通量（辆/日）	货车折算交通量（辆/日）	小计
田王—商洛	2 321	3 852	6 173	2 215	3 224	5 439
榆林—陕西佳县	1 041	5 571	6 612	1 064	4 591	5 655
沿河湾立交—吴起	1 074	463	1 537	1 075	362	1 437
马庄—旬邑	1 886	1 295	3 181	2 284	1 554	3 838
未央—铜川	5 691	9 979	15 670	5 557	9 698	15 255
铜川—黄陵	2 998	11 688	14 686	2 961	10 837	13 798
黄陵—延安	2 380	10 508	12 888	2 264	9 082	11 346
汉中—陕西南郑	319	442	761	361	816	1 177
延安—陕西延川	722	374	1 096	725	338	1 063
安康—陕西平利	936	591	1 527	942	575	1 517
锦界—王家砭	172	2 141	2 313	165	986	1 151
渭南—玉山	455	1 096	1 551	472	1 006	1 478
西咸北环线(逆时针)	1 814	6 019	7 833	1 879	5 052	6 931

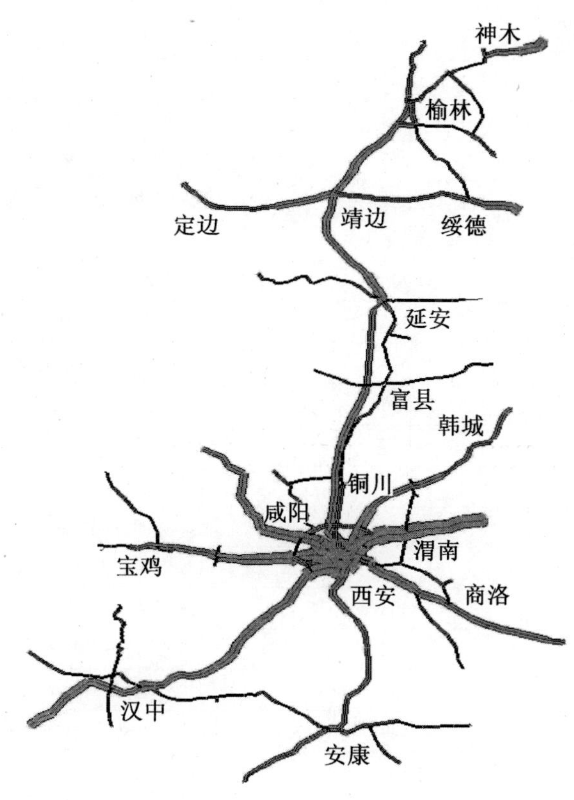

图4.59 2017年陕西省高速公路日均交通量

4.19 贵州省高速公路运输密度

4.19.1 客运密度分布见表 4.60 和图 4.60。

2017 年贵州省高速公路客运密度

表 4.60

路段起止点	客运密度（人公里/公里）	路段起止点	客运密度（人公里/公里）
黔渝界松坎主线—桐梓	21 376	桐梓—黔渝界松坎主线	21 363
桐梓—遵义	31 776	遵义—桐梓	32 306
遵义—黔川界茅台主线	34 788	黔川界茅台主线—遵义	33 882
遵义—金沙	11 627	金沙—遵义	11 499
金沙—毕节	11 899	毕节—金沙	11 861
遵义—息烽	46 657	息烽—遵义	47 062
息烽—贵阳	58 083	贵阳—息烽	59 421
贵阳—清镇	83 899	清镇—贵阳	87 092
清镇—安顺	46 612	安顺—清镇	46 137
安顺—普定	12 479	普定—安顺	11 940
安顺—晴隆	21 005	晴隆—安顺	20 280
晴隆—黔滇界胜境关主线	11 838	黔滇界胜境关主线—晴隆	11 739
晴隆—兴仁	7 577	兴仁—晴隆	7 632
惠水—紫云	9 118	紫云—惠水	8 840
紫云—兴仁	8 089	兴仁—紫云	8 103
兴仁—兴义	20 620	兴义—兴仁	20 783
兴义—黔滇界岔江主线	3 976	黔滇界岔江主线—兴义	4 026
兴义—黔桂界板坝主线	7 581	黔桂界板坝主线—兴义	7 847
贵阳绕城（顺时针）	34 096	贵阳绕城（逆时针）	34 759
贵阳—贵定	54 790	贵定—贵阳	55 280
贵定—台江	34 336	台江—贵定	34 852
台江—三穗	25 078	三穗—台江	24 627
三穗—铜仁	22 556	铜仁—三穗	22 189
龙里—都匀	9 252	都匀—龙里	10 095
都匀—榕江	5 527	榕江—都匀	5 390
榕江—黔桂界雷洞主线	2 340	黔桂界雷洞主线—榕江	2 256
从江—黎平	5 316	黎平—从江	5 339
都匀—黔桂界新寨主线	21 408	黔桂界新寨主线—都匀	21 421
独山—荔波	9 946	荔波—独山	10 054
赤水—仁怀	12 039	仁怀—赤水	11 960
遵义汇川区高坪镇—绥阳	15 129	绥阳—遵义汇川区高坪镇	14 690
遵义—思南	21 558	思南—遵义	21 359
思南—镇远	10 912	镇远—思南	11 111
贵阳—惠水	24 428	惠水—贵阳	24 520
安顺—六枝	9 757	六枝—安顺	9 665
盘县—水城	9 554	水城—盘县	9 173
毕节—周家院主线	8 236	周家院主线—毕节	8 231

续上表

路段起止点	客运密度（人公里/公里）	路段起止点	客运密度（人公里/公里）
惠水—断杉	8 549	断杉—惠水	8 338
大方—黔西	19 467	黔西—大方	19 817
黔西—织金	5 799	织金—黔西	5 586
麻江—瓮安	27 869	瓮安—麻江	28 171
遵义绕城(顺时针)	15 060	遵义绕城(逆时针)	14 619
思南—铜仁	14 556	铜仁—思南	14 442
铜仁北—铜仁大兴	17 201	铜仁大兴—铜仁北	17 339
铜仁—黄板	7 199	黄板—铜仁	7 706
贵阳南环线(顺时针)	14 971	贵阳南环线(逆时针)	15 091
镇宁—魏旗站	27 455	魏旗站—镇宁	28 224
凯里北—丹寨	6 902	丹寨—凯里北	6 879
黎平—瓦寨	5 176	瓦寨—黎平	5 181
瓮安—湄潭	7 048	湄潭—瓮安	6 687
百宜—闵孝镇	5 067	闵孝镇—百宜	5 098
红枫—九洞天	7 880	九洞天—红枫	7 980
毕节—法窝	10 178	法窝—毕节	10 211
六枝—滥坝	12 406	滥坝—六枝	12 386
凯里东—雷山主线	9 195	雷山主线—凯里东	9 261
重安—余庆	6 916	余庆—重安	6 961
合兴—沙子	5 544	沙子—合兴	5 754
余安高速立交—望谟西	2 699	望谟西—余安高速立交	2 760

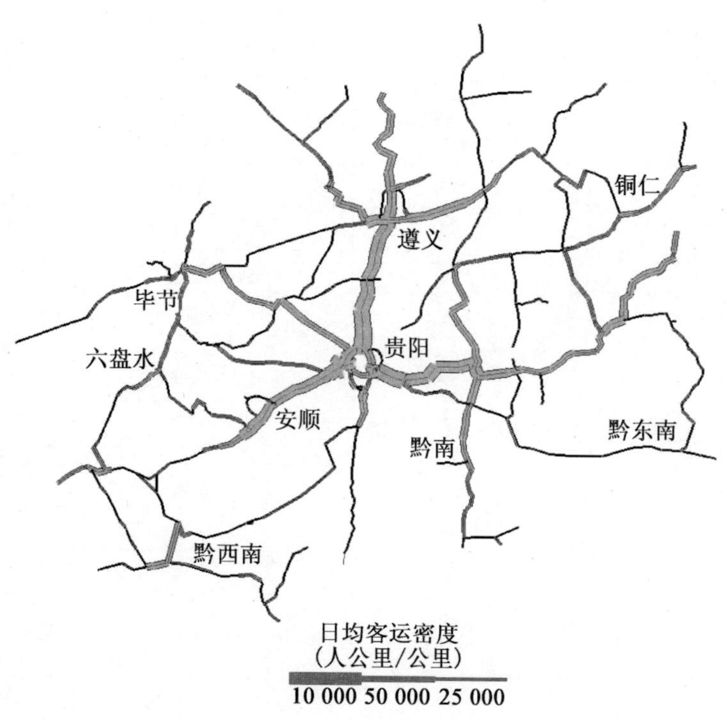

图4.60　2017年贵州省高速公路日均客运密度

4.19.2 货运密度分布见表4.61和图4.61。

2017年贵州省高速公路货运密度 表4.61

路段起止点	货运密度（吨公里/公里）	路段起止点	货运密度（吨公里/公里）
黔渝界松坎主线—桐梓	22 302	桐梓—黔渝界松坎主线	15 977
桐梓—遵义	21 945	遵义—桐梓	19 742
遵义—黔川界茅台主线	10 535	黔川界茅台主线—遵义	9 280
遵义—金沙	4 001	金沙—遵义	4 202
金沙—毕节	4 482	毕节—金沙	3 910
遵义—息烽	16 468	息烽—遵义	18 961
息烽—贵阳	19 803	贵阳—息烽	20 059
贵阳—清镇	37 528	清镇—贵阳	30 062
清镇—安顺	30 494	安顺—清镇	33 464
安顺—普定	8 709	普定—安顺	10 406
安顺—晴隆	27 824	晴隆—安顺	35 827
晴隆—黔滇界胜境关主线	27 999	黔滇界胜境关主线—晴隆	33 379
晴隆—兴仁	2 221	兴仁—晴隆	2 077
惠水—紫云	2 399	紫云—惠水	2 566
紫云—兴仁	3 046	兴仁—紫云	3 514
兴仁—兴义	10 579	兴义—兴仁	9 627
兴义—黔滇界岔江主线	13 613	黔滇界岔江主线—兴义	10 834
兴义—黔桂界板坝主线	19 094	黔桂界板坝主线—兴义	13 827
贵阳绕城(顺时针)	32 020	贵阳绕城(逆时针)	28 756
贵阳—贵定	74 217	贵定—贵阳	70 848
贵定—台江	42 061	台江—贵定	41 656
台江—三穗	28 168	三穗—台江	23 361
三穗—铜仁	17 193	铜仁—三穗	14 624
龙里—都匀	1 975	都匀—龙里	3 493
都匀—榕江	5 749	榕江—都匀	1 771
榕江—黔桂界雷洞主线	2 989	黔桂界雷洞主线—榕江	955
从江—黎平	966	黎平—从江	799
都匀—黔桂界新寨主线	31 679	黔桂界新寨主线—都匀	31 024
独山—荔波	15 491	荔波—独山	16 929
赤水—仁怀	3 935	仁怀—赤水	3 777
遵义汇川区高坪镇—绥阳	1 507	绥阳—遵义汇川区高坪镇	811
遵义—思南	9 352	思南—遵义	9 702
思南—镇远	2 039	镇远—思南	1 853
贵阳—惠水	6 188	惠水—贵阳	4 721
安顺—六枝	3 588	六枝—安顺	2 257
盘县—水城	4 980	水城—盘县	3 502
毕节—周家院主线	3 669	毕节—周家院主线	2 360
惠水—断杉	4 499	断杉—惠水	1 726

续上表

路段起止点	货运密度 (吨公里/公里)	路段起止点	货运密度 (吨公里/公里)
大方—黔西	4 162	黔西—大方	5 301
黔西—织金	1 710	织金—黔西	2 019
麻江—瓮安	30 894	瓮安—麻江	29 554
遵义绕城(顺时针)	6 397	遵义绕城(逆时针)	5 865
思南—铜仁	16 215	铜仁—思南	17 900
铜仁北—铜仁大兴	26 493	铜仁大兴—铜仁北	27 579
铜仁—黄板	3 529	黄板—铜仁	2 751
贵阳南环线(顺时针)	16 906	贵阳南环线(逆时针)	17 016
镇宁—魏旗站	23 931	魏旗站—镇宁	20 854
凯里北—丹寨	1 300	丹寨—凯里北	868
黎平—瓦寨	1 007	瓦寨—黎平	874
瓮安—湄潭	8 628	湄潭—瓮安	7 768
百宜—闵孝镇	793	闵孝镇—百宜	520
红枫—九洞天	14 543	九洞天—红枫	14 180
毕节—法窝	2 354	法窝—毕节	2 180
六枝—滥坝	7 189	滥坝—六枝	6 871
凯里东—雷山主线	2 621	雷山主线—凯里东	2 164
重安—余庆	408	余庆—重安	262
合兴—沙子	1 048	沙子—合兴	957
余安高速立交—望谟西	1 000	望谟西—余安高速立交	799

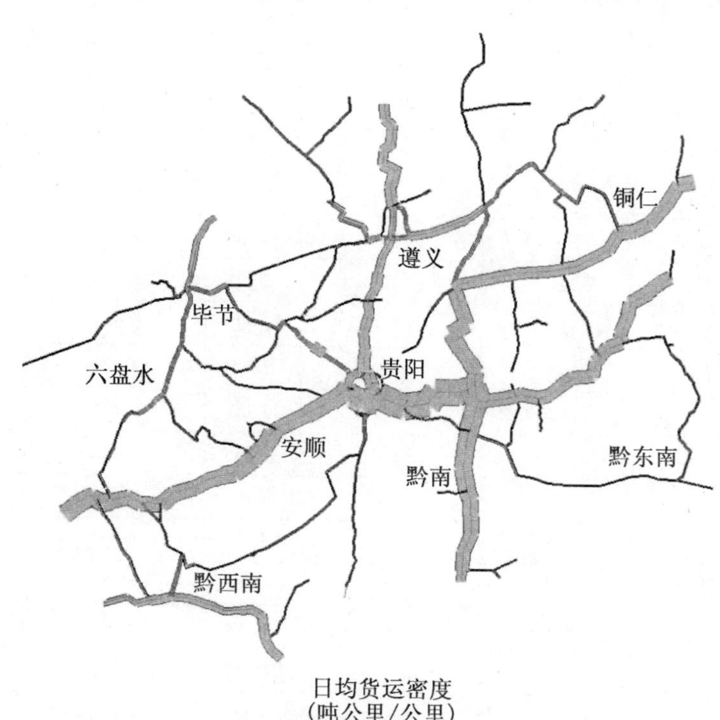

图4.61　2017年贵州省高速公路日均货运密度

4.19.3　交通量分布如表 4.62 和图 4.62 所示。

2017 年贵州省高速公路交通量　　表 4.62

路段起止点	正向		小计	反向		小计
	客车折算交通量（辆/日）	货车折算交通量（辆/日）		客车折算交通量（辆/日）	货车折算交通量（辆/日）	
黔渝界松坎主线—桐梓	6 136	4 555	10 691	6 032	4 668	10 700
桐梓—遵义	9 572	5 144	14 716	9 641	5 135	14 776
遵义—黔川界茅台主线	11 235	3 145	14 380	10 880	3 183	14 063
遵义—金沙	3 400	1 289	4 689	3 383	1 488	4 871
金沙—毕节	3 537	1 279	4 816	3 478	1 373	4 851
遵义—息烽	14 237	4 938	19 175	14 223	5 005	19 228
息烽—贵阳	18 306	6 025	24 331	18 629	6 013	24 642
贵阳—清镇	26 436	9 622	36 058	27 314	9 314	36 628
清镇—安顺	13 406	7 595	21 001	13 280	7 855	21 135
安顺—普定	3 575	2 290	5 865	3 514	2 423	5 937
安顺—晴隆	5 651	6 425	12 076	5 593	6 848	12 441
晴隆—黔滇界胜境关主线	3 760	6 091	9 851	3 729	6 444	10 173
晴隆—兴仁	2 268	792	3 060	2 271	768	3 039
惠水—紫云	2 860	921	3 781	2 796	913	3 709
紫云—兴仁	2 582	954	3 536	2 614	1 178	3 792
兴仁—兴义	6 805	3 040	9 845	6 860	2 987	9 847
兴义—黔滇界岔江主线	1 195	2 811	4 006	1 204	2 607	3 811
兴义—黔桂界板坝主线	2 377	3 850	6 227	2 470	2 730	5 200
贵阳绕城（顺时针）	10 698	8 554	19 253	10 763	8 273	19 036
贵阳—贵定	15 833	16 036	31 869	15 556	15 589	31 145
贵定—台江	9 143	8 998	18 141	9 128	9 048	18 176
台江—三穗	6 433	6 028	12 461	6 275	5 056	11 331
三穗—铜仁	6 402	3 922	10 324	6 112	3 493	9 605
龙里—都匀	2 806	948	3 754	2 974	923	3 897
都匀—榕江	2 212	1 509	3 721	1 726	981	2 707
榕江—黔桂界雷洞主线	1 327	1 160	2 487	663	323	986
从江—黎平	1 468	525	1 993	1 398	467	1 865
都匀—黔桂界新寨主线	5 382	6 870	12 252	5 401	6 527	11 928
独山—荔波	2 203	3 652	5 855	2 258	3 007	5 265
赤水—仁怀	3 462	1 283	4 745	3 460	1 343	4 803
遵义汇川区高坪镇—绥阳	5 006	658	5 664	4 798	704	5 502
遵义—思南	5 780	2 488	8 268	5 783	2 768	8 551
思南—镇远	3 306	888	4 194	3 441	823	4 264
贵阳—惠水	8 217	2 200	10 417	8 269	2 391	10 660
安顺—六枝	3 449	1 132	4 581	3 432	1 258	4 690
盘县—水城	3 262	1 379	4 641	3 049	1 335	4 384
毕节—周家院主线	2 703	1 044	3 747	2 625	1 034	3 659

续上表

路段起止点	正向			反向		
	客车折算交通量（辆/日）	货车折算交通量（辆/日）	小计	客车折算交通量（辆/日）	货车折算交通量（辆/日）	小计
惠水—断杉	2 863	1 015	3 878	2 852	1 204	4 056
大方—黔西	5 838	1 736	7 574	5 906	1 551	7 457
黔西—织金	1 935	694	2 629	1 894	608	2 502
麻江—瓮安	8 943	6 741	15 684	9 015	6 739	15 754
遵义绕城(顺时针)	4 699	1 813	6 512	4 564	1 917	6 481
思南—铜仁	3 395	3 685	7 080	3 597	3 597	7 194
铜仁北—铜仁大兴	4 272	5 690	9 962	4 462	5 380	9 842
铜仁—黄板	2 201	985	3 186	2 306	912	3 218
贵阳南环线(顺时针)	4 867	4 543	9 410	4 872	4 623	9 495
镇宁—魏旗站	7 955	5 362	13 317	8 029	5 184	13 213
凯里北—丹寨	2 015	542	2 557	1 982	524	2 506
黎平—瓦寨	1 492	438	1 930	1 455	450	1 905
瓮安—湄潭	2 297	1 949	4 246	2 182	1 704	3 886
百宜—闵孝镇	1 630	339	1 969	1 641	347	1 988
红枫—九洞天	2 552	2 982	5 534	2 546	2 888	5 434
毕节—法窝	3 212	821	4 033	3 225	829	4 054
六枝—滥坝	4 183	1 959	6 142	4 293	1 909	6 202
凯里东—雷山主线	3 225	991	4 216	3 238	1 069	4 307
重安—余庆	1 897	266	2 163	1 896	293	2 189
合兴—沙子	1 612	449	2 061	1 683	427	2 110
余安高速立交—望谟西	865	325	1 190	889	335	1 224

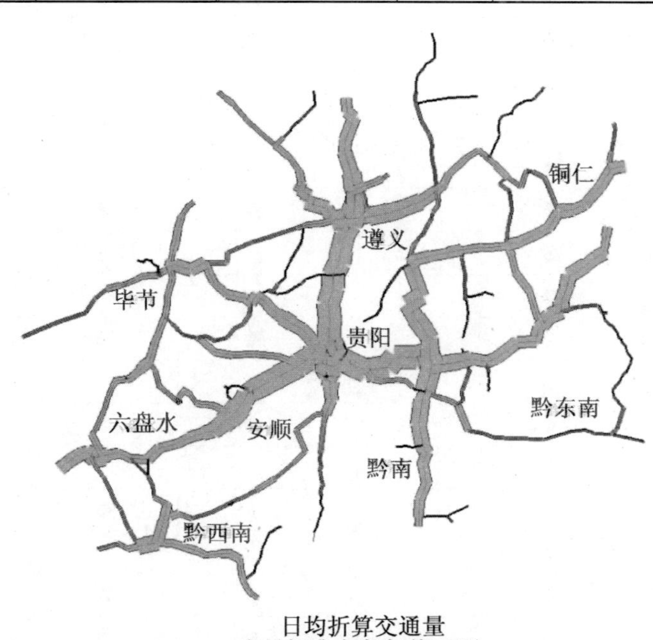

图4.62　2017年贵州省高速公路日均交通量

附　录

附录1　各省(区、市)高速公路收费系统数据库信息类型

2017年高速公路运输量统计主要数据来源更加完善,见附表1。

2017年度各省(区、市)收费系统数据库信息　　附表1

	车型	客车车型	货车车型	货车轴型	货车轴重	货车总重	货车轴数
北京	●						
天津		●		●		●	
河北		●		●	●	●	
山西		●		●	●	●	
内蒙古		●				●	●
辽宁		●				●	●
吉林		●				●	●
黑龙江		●		●		●	
上海		●	●				
江苏		●		●	●	●	
浙江		●				●	●
安徽		●		●		●	
福建		●		●	●	●	
江西		●		●	●	●	
山东		●		●	●	●	
河南		●		●	●	●	
湖北		●		●	●	●	
湖南		●		●	●	●	
广东		●	●		●	●	●
广西		●				●	●
重庆		●		●	●	●	
四川		●				●	●
贵州		●		●	●	●	
云南		●				●	●
陕西		●		●	●	●	
甘肃		●				●	●
宁夏		●		●	●	●	
青海		●		●	●	●	
新疆		●				●	●

注:1. 表中●项表示数据库中有该项信息;

2. 海南省高速公路因不设收费站,无数据库信息。

附录2　各省(区、市)客车收费车型划分标准

北京、天津、河北、山西、内蒙古、辽宁、吉林、黑龙江、上海、江苏、浙江、安徽、江西、福建、山东、河南、湖北、湖南、广西、四川、贵州、云南、陕西、宁夏、青海、新疆等省(区、市)执行部标 JT/T 489—2003《收费公路车辆通行费车型分类》,见附表2;广东省见附表3。

收费客车车型划分(JT/T 489—2003)　　附表2

车型	Ⅰ	Ⅱ	Ⅲ	Ⅳ
座位数	≤7	8~19	20~39	≥40

广东省收费客车车型划分　　附表3

车型	Ⅰ	Ⅱ	Ⅲ	Ⅳ
轴数	2	2	2	3
轮胎数	2~4	4	6	6~10
车头高度(m)	<1.3	≥1.3	≥1.3	≥1.3
轴距(m)	<3.2	≥3.2	≥3.2	≥3.2

附录3　运输结构主要数据说明

在统计运输指标时,没有包括香港、澳门特别行政区和台湾省相关数据。各省(区、市)(不含海南省)已通车而相关数据未进入收费系统数据库的路段运输量也未计入。

高速公路运输结构指标性数据的处理和统计学测试等项参见《2008 中国高速公路运输量调查分析报告》。

高速公路运输量统计调查工作采取统一核算方式。派专人到各省(区、市)高速公路管理部门和业主单位采集收费系统数据库数据和相关资料。全部数据汇总后,集中进行处理、核算和分析,撰写调查分析报告。

统一核算方式有助于提高高速公路运输量统计数据的质量,增强运输经济运行分析的可信度。同时,可以减轻各省(区、市)被调查部门和单位的工作量。

1. 高速公路运输与国民经济

(1)每万元国内生产总值(按现价计算)的高速公路货运量

$$=\frac{\text{年度全国高速公路货运量(吨)}}{\text{年度国内生产总值(按当年价格计算)(万元)}}$$

(2)每万元国内生产总值(按现价计算)的高速公路货物周转量

$$=\frac{\text{年度全国高速公路货物周转量(吨公里)}}{\text{年度国内生产总值(按当年价格计算)(万元)}}$$

(3)全国平均每人高速公路乘车次数

$$=\frac{\text{年度全国高速公路客运量(人次)}}{\text{年度全国总人口}}$$

(4)全国平均每人高速公路乘行距离(公里)

$$=\frac{\text{年度全国高速公路旅客周转量(人公里)}}{\text{年度全国总人口}}$$

2. 高速公路基础设施

(1)通车里程(公里)是指高速公路已建成通车的里程。

(2)车道里程(公里)是用于车辆通行的主线车道的长度,用于反映公路的综合通行能力。

(3)平均车道数(条)$=\frac{\text{车道里程(公里)}}{\text{通车里程(公里)}}$。

3. 高速公路交通状况

(1)货车在行驶量中比重(%)$=\frac{\text{货车行驶量(车公里)}}{\text{行驶量(车公里)}}$。

(2)道路负荷以标准轴载当量轴次计。

在取得车辆轴重数据的省(区、市),绝大部分可按照部标《公路沥青路面设计规范》(JTG D50—2006)计算各个路段的道路负荷。

4. 高速公路旅客运输

(1)客运量(亿人)

为避免重复计算,全国高速公路客运量只汇总各省(区、市)的省(区、市)内客运量和出省(区、市)客运量。有26个省(区、市)(里程占全国高速公路通车里程的90.69%)可以同时求取高速公路客运量和旅客周转量两项指标;其他省(区、市)可以求取高速公路旅客周转量指标。通过26个省(区、市)的高速公路旅客周转量在全国高速公路旅客周转量中的比重,可推算全国高速公路客运量。

(2)客运密度(万人公里/公里)

$$\text{客运密度(万人公里/公里)}=\frac{\text{旅客周转量(万人公里)}}{\text{通车里程(公里)}}$$

客运密度是指每公里高速公路上通过的旅客人数。客运密度分布是把各个路段的客运密度汇总在某一干线、某一省(区、市)或全国高速公路路网上。

(3)旅客平均行程(公里)

$$\text{旅客平均行程(公里)}=\frac{\text{旅客周转量(亿人公里)}}{\text{客运量(亿人)}}$$

旅客平均行程是指旅客在高速公路网中的旅行距离,是旅客完成一次旅行总距离的一部分,是由26个省(区、市)(里程占全国高速公路通车里程的90.69%)的旅客周转量除以省(区、市)内客运量和出省(区、市)客运量之和得到的。

(4)省(区、市)内旅客平均行程(公里)

省(区、市)内旅客平均行程(公里)是由26个省(区、市)(里程占全国高速公路通车里程的90.69%)的省(区、市)内旅客周转量除以省(区、市)内客运量得到的。

(5)跨省(区、市)的旅客平均行程(公里)

跨省(区、市)的旅客平均行程(公里)是由26个省(区、市)(里程占全国高速公路通车里程的90.69%)的跨省(区、市)旅客周转量除以出省(区、市)的客运量得到的。

(6)客车平均速度(公里/小时)

$$\text{每辆客车的速度}=\frac{\text{客车行驶距离(公里)}}{\text{运行时间(小时)}}$$

这里的运行时间是指出口时刻与入口时刻之差,包括行驶时间、服务区(或停车区)休息时间、路边暂停时间以及出口交费等待时间。

客车平均速度是由河北、辽宁、吉林、江苏、浙江、山东、福建、江西、山西、河南、湖北、湖南、广西、贵州、安徽、重庆、四川、陕西、甘肃等19个省(区、市)数据计算出的。

（7）高速公路客运结构分析

①≤7 座客运车辆在客车车数中的比重（%）。

②≤7 座客运车辆人数在客运量中的比重（%）。

③≤7 座客运车辆完成的周转量在旅客周转量中的比重（%）。

未执行部标（JT/T 489—2003）《收费公路车辆通行费车型分类》的省市，统计时把Ⅰ型客车划入≤7座客运车辆项目内。

④客运车辆平均座位数和乘坐率。

大多数省（区、市）执行部标（JT/T 489—2003）《收费公路车辆通行费车型分类》，通过收费站的调查，求取各个车型客运车辆的平均座位数和乘坐率：

$$车型客运车辆的平均乘坐率（\%）=\frac{该车型客运车辆乘客数}{该车型客运车辆座位数}$$

⑤轿车平均乘坐人数（人/车）。

$$5座轿车的平均乘坐人数（人/车）=\frac{轿车乘客数（人）}{轿车数（车）}$$，由收费站调查求得。

5. 高速公路货物运输

（1）货运量（亿吨）

各省（区、市）高速公路货运量包括省（区、市）内货运量、出省（区、市）货运量、进省（区、市）货运量和穿越货运量。

为避免重复计算，全国高速公路货运量只汇总各省（区、市）的省（区、市）内货运量和出省省（区、市）货运量。有 26 个省（区、市）（里程占全国高速公路通车里程的 90.69%）可以同时求取高速公路货运量和货物周转量两项指标；其他省（区、市）可以求取高速公路货物周转量指标。通过 26 个省（区、市）的高速公路货物周转量在全国高速公路货物周转量中的比重，可推算全国高速公路货运量。

（2）货运密度（万吨公里/公里）

$$货运密度（万吨公里/公里）=\frac{货物周转量（万吨公里）}{通车里程（公里）}$$

货运密度是每公里高速公路上通过的货物量。货运密度分布是把各个路段的货运密度汇总在某一干线、某一省区市或全国高速公路路网上。

（3）货物平均运距（公里）

$$货物平均运程（公里）=\frac{货物周转量（亿吨公里）}{货运量（亿吨）}$$

仅指货物在高速公路网中的运输距离，是货物完成一次运输过程总距离的一部分，是由 26 个省（区、市）（里程占全国高速公路通车里程的 91.33%）的货物周转量除以省（区、市）内货运量和出省（区、市）货运量之和求出的。

（4）省（区、市）内货物平均运距（公里）

省（区、市）内货物平均运距（公里）是由 26 个省（区、市）（里程占全国高速公路通车里程的 90.69%）的省（区、市）内货物周转量除以省（区、市）内货运量求出的。

（5）跨省（区、市）的货物平均运距（公里）

跨省（区、市）货物平均运距（公里）是由 26 个省（区、市）（里程占全国高速公路通车里程的 90.69%）跨省货物周转量除以出省（区、市）货运量求出的。

（6）货车平均速度（公里/小时）

$$每辆货车的速度（公里/小时）=\frac{货车行驶距离（公里）}{运行时间（小时）}$$

这里的运行时间是指出口时刻与入口时刻之差，包括行驶时间、服务区（或停车区）休息时间、路边暂停时间以及出口交费等待时间。

货车平均速度由河北、山西、黑龙江、江苏、山东、福建、湖北、湖南、河南、江西、重庆、贵州、陕西13个省(区、市)数据求出。

(7)高速公路货运结构分析

①货车轴型构成

货车轴型构成是指各种轴型货车在高速公路网的货车车数、货车行驶量以及完成的货物周转量中的比重。轴型按轴数、轮胎数、单一车体和汽车列车划分为2轴4胎、2轴6胎、3轴和4轴单车以及半挂列车4大类。

②货车空驶状况

货车空驶状况用空车走行率来衡量:

$$\text{空车走行率}(\%)=\frac{\text{空车行驶量(车公里)}}{\text{重车行驶量(车公里)}}$$

③货车超限运输状况

车辆的轴载质量限值按国标GB 1589—2016《道路车辆外廓尺寸、轴载及质量限值》如附表4所示。

汽车及挂车单轴、二轴组及三轴组的最大允许轴荷限值(kg) 附表4

类型			最大允许轴荷限值
单轴	每侧单轮胎		7 000
	每侧双轮胎	非驱动轴	10 000
		驱动轴	11 500
二轴组	轴距<1 000mm		11 500
	轴距≥1 000mm,且<1 300mm		16 000
	轴距≥1 300mm,且<1 800mm		18 000
	轴距≥1 800mm(仅挂车)		18 000
三轴组	相邻两轴之间距离≤1 300mm		21 000
	相邻两轴之间距离>1 300mm,且≤1 400mm		24 000

按照行政治超的限值规定,车辆总质量的限值为:

2轴货车　20吨;

3轴货车　30吨;

4轴货车　40吨;

5轴货车　50吨;

6轴货车　55吨。

分别按两种规定的限值,计算超限0~30%(含30%),30%~50%(含50%),50%~100%(含100%)以及>100%的超限运输车辆在货车总数中的比重(超限率)。

6.县乡运输量比重(%)

县乡运输量比重是指从县级及县级以下地区内的高速公路收费站进入的客运量和货运量与总客运量和总货运量之比。

所列指标根据河北、山西、辽宁、江苏、浙江、安徽、江西、福建、山东、河南、湖北、湖南、广西、陕西、甘肃、贵州16个省区(里程占全国高速公路通车里程的62.99%)统计得到。其中江苏省长江以南地区、浙江省杭州、嘉兴、湖州、绍兴、宁波五市全部辖区都列入城市区域。

7.省(区、市)的穿越车流状况

省(区、市)的穿越车流是指起止点都不在省(区、市)域高速公路网内的车流。穿越车流与被穿越的省份社会经济发展并无直接关系,但这部分车流的畅通影响全国高速公路网整体平稳有序的运营。

8.道路负荷分布

按照JTG D50—2006《公路沥青路面设计规范》的规定,标准轴载为单轴双胎轴载10吨。

各型车轴标准轴载当量轴次 m 为：

(1)单轴单胎　$m=6.4\times\left(\frac{P}{10}\right)^{4.35}$；

(2)单轴双胎　$m=1.0\times\left(\frac{P}{10}\right)^{4.35}$；

(3)双联轴单胎　$m=2.2\times6.4\times\left(\frac{P}{20}\right)^{4.35}$；

(4)双联轴双胎　$m=2.2\times\left(\frac{P}{20}\right)^{4.35}$；

(5)三联轴单胎　$m=3.4\times6.4\times\left(\frac{P}{30}\right)^{4.35}$；

(6)三联轴双胎　$m=3.4\times\left(\frac{P}{30}\right)^{4.35}$。

式中，P 为该型车轴的总轴重(吨)。

高速公路多为沥青路面，上述当量轴次算式仅用在以设计弯沉值为指标及沥青层层底拉应力验算时。

省(市)的道路负荷分布是把各个路段的标准轴载当量轴次汇总在省(市)高速公路路网上。

9. 交通量分布

交通运输部办公厅《关于调整公路交通情况调查车型分类及折算系数的通知》(厅规划字〔2010〕205 号)文件，规定了公路交通情况调查机动车车型分类和公路交通情况调查机动车型折算系数参考值，而《公路工程技术标准》(JTG B01—2014)在此基础上将大型车的折算系数修订为 2.5，其中与高速公路有关的车型划分见附表 5。

公路交通情况调查机动车型折算系数参考值　　附表 5

一级分类	二级分类	额定载荷参数	轮廓及轴数特征参数	当量标准小客车换算系数
小型车	中小客车	额定座位≤19 座	车长 <6m，2 轴	1.0
	小型货车	载货量≤2 吨		1.0
中型车	大客车	额定座位 >19 座	6m≤车长≤12m，2 轴	1.5
	中型货车	2 吨 < 载质量≤7 吨		1.5
大型车	大型货车	7 吨 < 载质量≤20 吨	6m≤车长≤12m，3 轴或 4 轴	2.5
特大型车	特大型货车	载质量 >20 吨	车长 >12m 或 4 轴以上；且车高 <3.8m，或车高 >4.2m	4.0
	集装箱车		车长 >12m 或 4 轴以上；且 3.8m≤车高≤4.2m	4.0
	拖挂车	—		4.0

将公路交通情况调查机动车型折算系数参考值与附表 2——部颁标准《收费公路车辆通行费车型分类》(JT/T 489—2003)对照后，高速公路客车交通量的当量标准小客车换算系数按照附表 6 折算。

高速公路客车的当量标准小客车换算系数　　附表 6

收费车型	座位数	车型二级分类	当量标准小客车换算系数
Ⅰ型	≤7	中小客车	1.0
Ⅱ型	8 ~ 19	中小客车	1.0
Ⅲ型	20 ~ 39	大客车	1.5
Ⅳ型	≥40	大客车	1.5

在附表 2 中一些省(市)收费客车车型划分与部标 JT/T 489—2003 虽有差别，但也可参照部颁标准进行划分。

将高速公路的货车轴型分类与公路交通情况调查机动车型折算系数参考值对比后，高速公路货车交通量的当量标准小客车换算系数按照附表7计算。

2015高速公路货车的当量标准小客车换算系数 附表7

轴　型	轴　数	二级分类	当量标准小客车换算系数
	2轴4胎	小型货车	1.0
	2轴6胎	中型货车	1.23
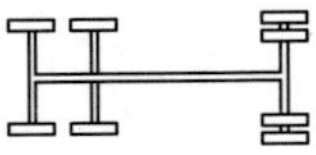	3轴单车	大型货车	2.5
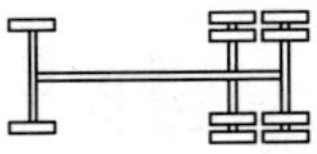			
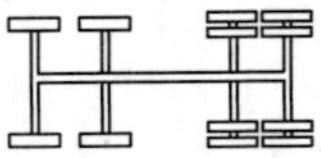	4轴单车	大型货车	2.5
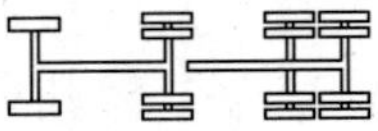	4轴半挂列车	特大型货车、拖挂车、集装箱车	4.0
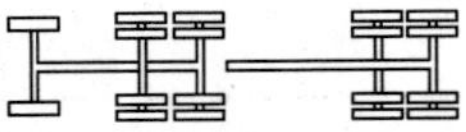	5轴半挂列车		
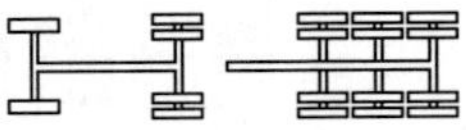			
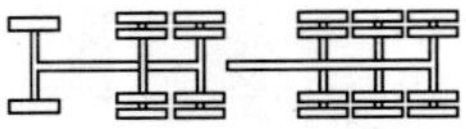	6轴半挂列车		
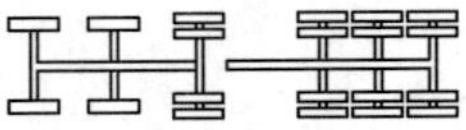			

省(市)的交通量分布是把各个路段客车、货车(含重车和空车)的当量标准小客车车次汇总在省(市)高速公路路网上。

致　　谢

《中国高速公路运输量统计调查分析报告》已经出版10年，为社会公众披露了中国高速公路运输状况。报告得到了交通运输部综合规划司统计处、交通运输部交通科学研究院信息中心的大力支持。在此，表示衷心的感谢！

2017年报告在编制的过程中，分阶段完成了高速公路联网收费数据库的采集，处理分析了100.07亿辆次的通行数据。结合对各省（区、市）高速公路收费站进行的实际抽样调查数据，顺利完成了《2017中国高速公路运输量统计调查分析报告》撰写工作。

为此，长安大学运输科学研究院全体成员付出了相当大的精力与汗水，特别感谢乔敏、韩玉琦、王毅萌、黄胜、王博慧、马健、李郁菡、赵慧等在高速公路联网收费数据进行汇总、处理分析及收费站实际抽样调查中的辛勤工作，通过了严密的审查和验证，保证了数据的真实性和可靠性。

长安大学运输科学研究院

2018年10月19日